中山大学"985"二期专项基金资助

旅游研究进展

（第一辑）

保继刚　主编

商务印书馆
2009年·北京

图书在版编目(CIP)数据

旅游研究进展(第一辑)/保继刚主编. —北京:商务印书馆,2009
ISBN 978-7-100-06020-2

Ⅰ. 旅… Ⅱ. 保… Ⅲ. 旅游经济—文集 Ⅳ. F59-53

中国版本图书馆 CIP 数据核字(2008)第 144062 号

旅游研究进展
(第一辑)
保继刚 主编

商务印书馆出版
(北京王府井大街36号 邮政编码 100710)
商务印书馆发行
北京瑞古冠中印刷厂印刷
ISBN 978-7-100-06020-2

2009年9月第1版 开本 787×1092 1/16
2009年9月北京第1次印刷 印张 12¾
定价:36.00元

主编的话

中国的现代旅游研究起步于20世纪80年代初，迄今刚好到而立之年。对一个学科而言，30年的发展不算长，也不算太短。但是当对这30年的研究作一个回顾的时候，我们发现可以将这30年作一个粗略的划分。第一个10年是理想主义思潮主导，第二个10年是实用主义思潮主导，第三个10年是实用主义与理性回归的理想主义思潮混合主导。第一个10年的理想主义是"四人帮"倒台后，"科学的春天"到来，科技工作者被压抑的思想得到解放，并且将科学探索作为一项神圣的精神追求。只可惜这个10年是中国旅游研究的起步期，投入的力量少，对国外的研究也了解不多，刚刚出了一些好的成果，就被第二个10年的实用主义所取代。在实用主义的时代，中国旅游研究的绝大部分力量都投入到了旅游开发的浪潮中去了，这个时期真正的学术研究相对较少。最近的理想主义的回归是一次理性的回归，是一批有学术追求的研究者对研究的反思的结果。

什么是研究？研究的目的是什么？是讨论如何进行中国旅游研究之前必须回答的问题。简单地说，研究是回答人类社会对自然、社会、文化、经济的未知，其目的是发现以前所不知道的东西，强化人类对知识的了解，以使人类对某一方面的认知更清楚。因此，评价一项工作是否属于研究的唯一标准就在于该工作是否有新的发现，这是我们讨论中国旅游研究如何发展的一个基本点。在此，有必要对旅游规划、旅游研究、研究规范和学术贡献作一说明。

目前，我国国民经济的快速发展对旅游资源开发和管理的需求较为旺盛，研究者在进行科学研究的同时还要承担大量的旅游规划任务，在这样的背景下，旅游规划和旅游研究在概念上容易产生混淆。

在规划实践中，规划师往往使用研究的结果对未来可能要发生的事情进行预测，并根据预测提前作出安排和设计。规划是运用研究的成果，运用研究得到的规律和结论去预测和规划未来的发展。而旅游规划实践往往是发现问题、获得研究可进入性和研究经费的重要途径。在多数情况下，正因为承担了地方的规划项目，所以才有机会及时发现问题、获得研究经费并与地方政府形成了良好的合作关系，在后续的旅游调查研究中，可进入性较好。这就是目前国内规划和研究之间关系的表现。另外，就旅游研究者的职能而言，在承担规划任务的同时，他们必须善于发现新问题，进而对这些问题进行研究，再将研究的结果运用到规划实践中去，指导实践的发展，即需要承担相应的社会公共任务和责任。

旅游研究与旅游规划概念混淆的原因可以归结为四点：第一，旅游研究以任务带学科的发展现实将生产实践和理论研究混在一起不加区分；第二，研究者以课题为导向，不重视学术问题和学术研究的规律；第三，科研资源严重依赖于旅游规划等实践应用研究，基础研究不足，学科独立性差；第四，将非学术性"规划报告"、"咨询报告"当作研究论文发表，低水平重复工作较多。

研究规范是在某一定时期、某一定社会背景条件下，从事同样研究的学者群体所形成的一种共识。研究的根本目的在于创新，最根本的研究规范要以保证创新为基础，而学术规范的前提是学术独立。由于真正的学术规范是在学术独立的传统中自发形成的，所以要以学术创新为目的和学术独立为前提来看学术规范。

中国旅游研究为什么到今天还有那么多缺少学术贡献的"论文"发表呢？其根本原因在于缺乏科学研究规范的约束。长期以来，我们的旅游研究不完全是以发现未知为目标，从各种学科转入旅游的研究者往往简单地将本学科形成的写作习惯移植过来，这种习惯慢慢就演变成了一部分研究者所认为的"学术规范"。

在知识创新基础上和学术独立前提下的研究规范应该包括研究过程规范、成果表达规范和学术评价规范。以这样的标准衡量我们当代的旅游学术研究，可以发现目前我国多数旅游研究的规范是缺失的。这种缺失表现为旧"习惯"对知识创新的不适应，缺乏有效规范的指导必然混淆旅游规划和旅游研究的概念，使得研究过程、成果表达以及学术评价难以形成公认的标准，最终导致研究失范，使得中国的旅游研究难以与国际学术界进行真正的学术交流。

怎样做才算有学术贡献呢？答案是，发现未知。因为回答了人类未知的东西你就对学术有贡献。尽管短期内很难评价一个学者的学术贡献，但科学史已证明，衡量学者最终的贡献，不取决于研究经费和发表成果的数量，而是取决于若干年以后大家公认的对知识和人类文化创新与积累的贡献。

出版《旅游研究进展》的目的在于鼓励创新，鼓励真正的学术贡献，这个想法得到了商务印书馆李平先生的支持。《旅游研究进展》计划每年推出1～2辑，每辑6～8篇文章，以系统深度的研究性论文为主。前几辑将重点刊登这几年中山大学旅游发展与规划研究中心的博士论文纲要，之后将以约稿的方式编辑。

良好的研究氛围和研究规范的形成可能需要几代人的不懈努力，但万事只要开了头，就不难了。

保继刚

2008年6月于康乐园

主编导读

进入21世纪，中国的旅游研究面临着大的突破。一方面，中国旅游20年的发展已经积累了大量的问题需要理论给予指导；另一方面，学术界已经对旅游研究开始重视，旅游管理的博士点在中山大学等校已经建立。这些因素促成了这个阶段的旅游学术研究的繁荣。本书的六篇博士论文辑要部分反映了这个时期的进展。其中有五篇完成于2004年，一篇完成于2006年。

选题的成长性好是这个阶段的博士论文的普遍特点，有些选题甚至开辟了一个新的研究方向。套用一句电视剧的话，做旅游研究者"有幸生在这个时代"。

'99昆明世界园艺博览会的成功，引发了国内策划"能吸引世人眼球的大项目"的热潮，全国具备条件或不具备条件的城市都在争先恐后地举办"大型事件"。透过戴光全的"重大事件的影响研究——以'99昆明世界园艺博览会为例"，我们可以全面地了解一个重大事件对城市方方面面的影响，为即将发生的或正在筹划的各种各样的"大型事件"提供一份理性的思考和参考。

世界遗产地因其对游客的独特吸引力和对其保护的强大呼声，而成了政府、媒体、学者十分关注的对象。这种特殊性导致的既得利益分配和信息不透明，使得世界遗产地的研究往往缺乏可进入性，以致所发表的成果多流于表面，可信度低。张朝枝的"旅游发展与世界遗产地政府治理：理论与实证"可以帮助我们提高对中国世界遗产地的政府治理的认识。

社区参与旅游的问题是中国旅游能否可持续发展、旅游扶贫能否真正实现的重大问题。社区在以往旅游研究者和旅游规划者的视野中仅仅是旅游影响的承受群体；在政府和企业等相对强势的旅游业利益相关群体眼中，也往往是被忽略的对象。但伴随旅游业的深度发展，社区及其居民的旅游参与便成了各方绕不开的命题。孙九霞的"社区参与旅游发展的人类学研究——以西双版纳、阳朔为例"对中国社区参与的理论和实践进行了有益的探索。

旅游小企业占旅游企业的绝大多数，但研究者对旅游大企业(集团)的研究远远超过对旅游小企业的关注。但我们不能忽视这样一个事实：正是旅游小企业在解决本地居民就业(创业)、促进地方经济发展等方面起了关键作用。邱继勤的"旅游小企业发展与影响研究——以阳朔西街为例"对旅游小企业如何发展及对本地社会、经济、文化的影响作了较为全面的回答。

在广州这样一座经济繁荣的城市同样也出现了老城区的局部衰落，我们对其的认识少之又少。城市游憩能否成为城市衰落之后城市更新的重要措施，甘萌雨的“城市衰落、城市更新与城市游憩——以广州旧城城市游憩商业区为例”试图回答这个城市难题。

基于度假的第二居所在中国还是一个新兴事物，发展势头迅猛，但我们对它的空间分布、特点、影响等都知之甚少，徐文雄的“基于度假的第二居所空间分布和影响研究”给我们提供了对该问题的基本看法。

下一辑将包括2005年完成的六篇博士论文，它们是：潘丽丽的“旅游区域空间发展过程与竞合特征研究——以长江三角洲为例”、车震宇的“旅游开发背景下传统村落的形态变化研究——以黄山市、大理州和丽江市村落为例”、周常春的“政府介入城市会展业的过程与特征研究——以政府主导型展会为例”、刘丹萍的“元阳哈尼梯田旅游地发育过程研究——在凝视与被凝视之间”、苗学玲的“非标准化结伴旅行与旅游网络论坛——扎根理论分析视角”、巨鹏的“资源独享型温泉旅游地开发研究——以恩平市为例”。

目　　录

主编的话

主编导读

重大事件的影响研究——以'99昆明世界园艺博览会为例 …………………… 戴光全 (1)

一、选题背景和意义 ………………………………………………………… (1)

二、研究进展 ………………………………………………………………… (7)

三、研究方法 ………………………………………………………………… (14)

四、研究介绍 ………………………………………………………………… (16)

五、结论与讨论 ……………………………………………………………… (26)

参考文献 …………………………………………………………………… (36)

旅游发展与世界遗产地政府治理:理论与实证……………………………… 张朝枝 (41)

一、选题背景和意义 ………………………………………………………… (41)

二、研究进展 ………………………………………………………………… (42)

三、研究方法 ………………………………………………………………… (49)

四、案例地概况 ……………………………………………………………… (51)

五、研究发现 ………………………………………………………………… (58)

参考文献 …………………………………………………………………… (65)

社区参与旅游发展的人类学研究——以西双版纳、阳朔为例 ……………… 孙九霞 (67)

一、选题背景和意义 ………………………………………………………… (67)

二、相关研究进展 …………………………………………………………… (70)

三、研究方法和过程 ………………………………………………………… (76)

四、案例分析 ………………………………………………………………… (79)

五、结论与讨论 ……………………………………………………………… (91)

参考文献 …………………………………………………………………… (96)

旅游小企业发展与影响研究——以阳朔西街为例 ………………………… 邱继勤 (99)

一、选题背景和意义 ………………………………………………………… (99)

二、研究进展……………………………………………………………………（102）
三、研究方法……………………………………………………………………（107）
四、研究介绍……………………………………………………………………（108）
五、结论与讨论…………………………………………………………………（123）
参考文献…………………………………………………………………………（125）
城市衰落、城市更新与城市游憩——以广州旧城城市游憩商业区为例…… 甘萌雨（128）
一、选题背景和意义……………………………………………………………（128）
二、研究进展……………………………………………………………………（129）
三、研究方法……………………………………………………………………（132）
四、研究介绍……………………………………………………………………（133）
五、结论与讨论…………………………………………………………………（157）
参考文献…………………………………………………………………………（158）
基于度假的第二居所空间分布和影响研究……………………… 徐文雄（159）
一、选题背景和意义……………………………………………………………（159）
二、第二居所国内外研究进展…………………………………………………（162）
三、研究方法……………………………………………………………………（168）
四、研究介绍……………………………………………………………………（171）
五、主要的发现和结论…………………………………………………………（189）
六、进一步研究的讨论…………………………………………………………（192）
参考文献…………………………………………………………………………（193）

重大事件的影响研究
——以'99昆明世界园艺博览会为例

戴 光 全①

一、选题背景和意义

(一) 选题背景

世界博览会(以下简称"世博会")是一项由主办国政府组织或政府委托有关部门举办的有较大影响和历史悠久的国际性活动,被誉为世界经济文化科技界的奥林匹克盛会(云南省人民政府研究室,2000)。世博会分为综合性和专业性两大类。按照国际组织的规则评定,综合性世界博览会分为一般博览会和特殊博览会两种;专业性博览会分为 A1、A2、B1、B2 四个级别,其中 A1 级为最高级别的专业性博览会,A2 级为国际专门展示会,B1 级为国内博览会,B2 级为国内专业展示会(郭方明,1999)。在国际园艺生产者协会(AIPH 组织)和国际展览局(BIE)的分类中,昆明世博会为 A1 级的国际园艺博览会(阿尔弗雷德·海勒,2003)。在历史上,综合性世博会往往推出一些最新的、反映经济发展和时代进步的新技术(Roche,2000)。在此意义上,世博会有时也被称为经济技术领域的"奥运会"(王方华,2003)。

'99 世博会原定在北京举办。1994 年 12 月,国际展览局(BIE)第 116 次大会批准了中国于 1999 年在北京举办世界园艺博览会的申请,并列入了该局的展览计划。1995 年 12 月 12 日国务院正式批准由云南省承办'99 世界园艺博览会,同时,报请国际展览局(BIE 组织)和国际园艺生产者协会(AIPH 组织)予以认可。原计划在北京举办的'99 世界园艺博览会改在昆明举办。1996 年 6 月 5 日,国际展览局在法国巴黎召开第 119 届大会,审定了昆明举办'99 世界博览会的办展程序,同意 1999 年由中国政府主办的世界园艺博览会移址昆明举行。1996 年 9 月 16 日,国际园艺生产者协会在匈牙利布达佩斯举行第 48 届年会,与会代表一致通过在中国云南省昆明市举办'99 世界园艺博览会。

---

① 戴光全(1966~),男,江西赣州人,华南理工大学经济与贸易学院副研究员、博士,主要从事旅游规划、节事旅游、会展经济与管理方面的研究,E-mail: gqdai@scut.edu.cn。

昆明世博会于1999年5月1日至10月31日举行。昆明世博会是由国际展览局(BIE)和国际园艺生产者协会(AIPH)批准并经正式注册的A1类专业博览会,其主题为“人与自然——迈向21世纪”。昆明世博会是中国政府第一次主办的大型国际博览会,也是20世纪最后一次世界性园林园艺盛会(云南省人民政府研究室,2000)。1999年10月31日后,世博会又决定延展五个月,至2000年4月止。在世博会的强力拉动下,1999年,云南省旅游业发展主要指标实现了四个突破,一是接待海外旅游者突破100万人次,二是旅游外汇收入突破3亿美元,三是接待国内旅游者突破3 000万人次,四是旅游业总收入突破200亿元。均创云南旅游最高纪录(云南省人民政府研究室,2000)。以旅游业为主的第三产业对经济增长的贡献率达到3.6个百分点,是1989年以来的10年中第二次超过第二产业,消费需求对经济增长年贡献率首次达到60%(云南省人民政府研究室,2000)。

里奇(Ritchie,1984)提出了重大事件的定义:从长远或短期目的出发、一次性或重复举办的、延续时间较短、主要目的在于加强外界对于旅游目的地的认同、增加其引力、提高其经济收入的活动。要使其获得成功,主要依赖其独特性、地位、具有创造公众兴趣并吸引人们注意的时代意义(吴必虎,2001)。霍尔(Hall,1997)又对这一定义作了进一步的补充,他提出这些重大事件的举办需要公共资金投入和(或者)公众支持,其基本的目标机制包括建立完善硬件基础设施和(或者)进行目的地形象重塑。葛兹(Getz,1997)提出特大活动的定义是:活动的容量应超过100万观众,资本成本至少为5亿加元,并且其声誉应是一个“必看的”活动……从规模和重要性来看,特大活动是指能为东道主创造极高层次的旅游、媒体报道、声望或经济影响的活动。从这三个定义出发,结合Getz提出的事件活动特殊性的14项定性指标(Getz,1997),昆明世博会在规模、参观人数等方面都符合重大事件的概念范畴①(表1)。

表1 昆明世博会的性质——重大事件活动

指标		量化标准和定性指标的含义	昆明世博会的相应绩效	定性指标量化评分
定量指标	参观人次	>100万人次	942万多人次	
	投资成本	>5亿加元	134.1亿元	
定性指标	目的多元化	目标的多样性	规划的目标很全面,最后完成得较好	4.0
	节日精神	浓厚的节日氛围	非常浓厚,热闹非凡,“天天像过节”	4.6
	满足基本需要	满足相关利益主体(利益相关者)及观众的基本需要,提供相关的休闲和旅游机会	极少数利益主体和观众感觉不满意	4.3

① 关于昆明世博会是否属于重大事件活动的分析得到周常春的支持和帮助,特此致谢!

续表

指标		量化标准和定性指标的含义	昆明世博会的相应绩效	定性指标量化评分
定性指标	独特性	“必看性”、“一生仅此一次”的独特性	对云南省内居民来说在家门口办世界博览会确实是“一生仅此一次”	4.1
	质量	高质量，超越观众的期望值并提高他们的满意程度	总体质量较高	4.0
	真实性	以本土文化价值为基础，事件的品质具有内在的独特性	展出本身体现了世界各参展国、中国各民族文化特色	4.2
	传统	以社区及其传统为根源，并展示相关的神秘性	与社区关系不是很密切	3.8
	适应性	基础设施、空间和时间要求、对不断变化的市场需求和相关机构需要的适应性	投入过大，闭幕后适应市场良好	3.8
	殷勤好客	使每一个事件观众和参与者体会贵客的感觉	对参会、参展人员做得比对普通观众好	3.8
	确切性	体验到目的地鲜明的主题及其相关资源的“特殊性”，包括文化、款待和自然资源方面的特点	体现了特色	3.9
	主题性	鲜明的主题，体现最佳的节日精神、真实性、传统、互动及事件观众服务至上	主题很鲜明，服务较好	4.1
	象征性	综合运用仪式和符号，以强化节日氛围	仪式多样、活动丰富	4.2
	供给能力	提供游客买得起的旅游、休闲、社会、教育和文化体验	门票稍高(闭幕后更突出)	3.9
	便利性	为参与者和观众提供各种特别的、不需事先策划的休闲和社交活动机会，为以工作为中心、紧张忙碌的世人提供各种机会	很好	4.1
	平　均			4.1

资料来源：郭方明，2000。世博会 14 个定性指标的评价及量化结合深度访谈和抽样调查问卷而得，以 5 分为满分。

(二) 选题意义

为了筹办世博会，云南省和昆明市有关部门做了大量研究工作，出版了大量宣传、普及性质的图书。文献分析表明：目前，我国对世博会进行的理论研究文献数量很少，现有文献也以介绍性质和一般的综合研究为多，缺少有针对性的深入研究(表 2)。

表 2 CNKI 数据库检索的以世博会为题的文献

年份	篇数	宣传介绍类(篇)	占总篇数比例(%)	学术研究类(篇)	占总篇数比例(%)
1998	14	13	5.68	1	0.44
1999	88	84	36.68	4	1.75
2000	27	20	8.73	7	3.06
2001	13	11	4.80	2	0.87
2002	14	12	5.24	2	0.87
2003	73	44	19.21	29	12.66
总篇数	229	184	80.35	45	19.65

资料来源：CNKI 中国期刊全文数据库(CJFD)检索，http://www.sh.cnki.net/，检索时间：2004-3-3 23：22～23：33。

随着 2002 年 12 月 3 日上海申办 2010 年世博会获得成功，对世博会的研究成果出现了大幅度的增加。如上海科技出版社推出"上海世博信息丛书"(到 2004 年 3 月底已经公开出版的包括：克劳德·塞尔旺、竹田一平，中译本，2003；阿尔诺·勃兰特等，中译本，2003；阿尔弗雷德·海勒，中译本，2003)。随着上海 2010 年世博会有声有色的筹办工作的逐步展开，对世博会进行的研究也逐步增多，具有地理背景的旅游学者开始介入有关的研究之中(郭英之，2003；陈浩、陆林，2003)。

在国内为数不多的介绍西方世博会影响和效应的文献中，谢飞帆(1999)根据世界著名从事大型娱乐项目的咨询公司、加拿大多伦多市的史太普规划和都市设计咨询公司(Staples Planning and Urban Design Consulting Firm)提供的数据，对世博会的效益评估的各项指标进行了综合统计分析，其所用数据包含了 1958～1993 年间世界各地所举办的 19 次世博会。经过综合分析，谢飞帆认为：有九项指标对世博会的成功起到最关键的作用，它们分别是：出席人数、海外参展国的数目、财务状况、经济效益、剩余效益、文化遗产、受欢迎的程度、受批评的程度、无形价值的效应。

昆明世博会结束后，云南省和昆明市已进行过不少的相关研究和规划①。在世界旅游组织和云南省人民政府制定的《云南省旅游发展总体规划》中，世博园被评估为全省 23 个一级旅游资源(景区)之一。该规划还在分析市场潜力、商业机会和旅游业现状的基础上，对世博园提出了改进建议，并针对园内的旅游活动组织提出了社会文化的建议，建议"在世博园

① 除后文中提及的相关研究和规划外，仅北京大学主持或参与的、与昆明旅游业相关的研究或规划项目就包括：王仰麟主持，云南省安宁市旅游开发总体规划，1996～1997 年；于希贤主持，北京大学·云南省省校合作项目，云南省昆明市旅游圈规划优化研究，1998～1999 年；吕斌主持，昆明市旅游圈环滇池示范景区规划，1999 年；于希贤主持，云南省石林长湖景区旅游规划，1999 年；蔡运龙主持，云南省昆明市世博园旅游可持续发展规划，2000～2001 年。见北京大学旅游开发与规划研究中心网页，http://www.cotsa.com/guihuazhong xin.files/xueshukeyan/keti.htm。

附近建设大型会议设施”(世界旅游组织 WTO 和云南省人民政府,2001)。

在学术研究方面,根据对 CNKI 数据库的检索,目前相关学者已经对昆明世博会进行了一些研究:在 2003 年查询得到的 113 篇文献中,大部分研究集中于展馆建筑设计和动植物检疫的研究,对其效应的研究(包括旅游研究、发展影响和可持续发展)不多,而对其旅游效应进行研究的文献只有 6 篇,从西方规范的事件及事件旅游角度进行研究的文献则付诸阙如;到 2004 年 3 月,昆明世博会相关的学术研究文献仅比 2003 年 3 月增加了 8 篇,共 121 篇(表 3)。

表 3 CNKI 数据库检索的昆明世博会研究文献

时 间	软环境	可持续发展	形象	环境	发展影响	参展	旅游	体验	组织	动植物	展馆	合计
2003 年 3 月	3	3	4	5	5	5	6	13	18	23	28	113
2004 年 3 月	3	8	5	5	5	5	8	13	18	23	28	121
增 加	0	5	1	0	0	0	2	0	0	0	0	8

资料来源:CNKI 中国期刊全文数据库(CJFD)检索,http://www. sh. cnki. net/,检索时间:2003-3-19 2:09~2:20、2004-3-3 23:39~23:43。

在昆明世博会正式举办之前,对其影响和效应的研究绝大部分都是展望性质的,其中包括官方的宣传“鼓劲”性质的文章(牛绍尧,1999;杨健强,1999)。在世博会的旅游效应方面,晏钢(1999)认为:昆明世博会将为云南旅游业提供前所未有的机遇,也使其面临一定的挑战;郑海(1999)认为:世博会的举办将为云南旅游业的进一步发展提供一个新的支点。胡星、金祖鑫和张万星(1999)从城市规划的角度分析了世博会对昆明城市发展的影响,认为:世博会将促进北市区的开发,减轻老城区的负担;基础设施建设将加快十年;滇池治理速度加快;促进经济文化的快速发展,特别是,“随着昆明中心城市地位的提高,它对周边地区和对全省的带动促进作用日益明显”。陈永义(1999)从区域经济发展角度,提出世博会具有八大效益:城建效益、产业发展效益、科教效益、环境效益、宣传效益、社会效益、延伸效益和综合效益,认为昆明世博会为昆明所在区域经济的发展提供了一个强有力的“启动点”。

世博会结束后,紧接而来的游客下降使得省市政府和世博园不得不面对世博园进一步发展的问题(马天泽、徐玉长,2000),对世博会后续效应的研究就变得非常重要。为此,云南省政府出资组织了省校合作项目,对“世博园旅游的可持续发展和管理创新”进行专题研究,并在 2000 年底召开“昆明世博园可持续发展学术研讨会”①。这些研讨产生了一批研究成果,推动了世博园“从’99 世博会走向永久世博园”基本发展战略的实施(刘兰凯,2001;花泽

① 昆明世博园股份有限公司:世博园可持续发展与管理创新研究办公室,世博园可持续发展学术研讨会材料汇编,2001 年。

飞,2002、2003)。下面介绍这些研究成果的主要观点:

马勇和王春雷(2001)认为:世博园在世博会结束后取得了经营成功的局面,其成功之道在于:主题定位准确、产品设计日趋合理、内部管理高效、营销策划效果明显。同时,世博园的旅游发展也面临发展思想、主导功能、旅游组织方式和游客消费特点四大转变。以此为基础。世博园旅游深度开发包括七大战略:理念提升战略、品牌延伸战略、产品升级战略、形象强化战略、营销开发战略、区域旅游战略、可持续发展战略。

金波、张茵和王如渊(2001)认为:世博园的性质是一个大型主题公园,世博园面临四个问题:游客数量剧减、巨额的运营成本、管理体制问题、发展方向问题,影响其可持续发展的不利因素包括:客源市场状况、区域经济发展水平、主题选择,有利因素包括:世博会效应、管理成本较低、政府的大力支持。

陈孟炯(2001)根据深圳华侨城主题公园和国内主题公园的一般发展路径所给出的参考信息,对昆明世博园开业高峰期以后的前景作了经验性预测,指出:"如果世博园在今后若干年内能够把游客的常量保持在200万左右,那么它的经营按目前的财务方案计算,已有盈余,足以翻新项目,长久地保持公园的吸引力了。"

李小波和于希贤(2001)认为:昆明世博园的总体规划体现了"博览"二字,但对主题思想认识不足。昆明世界园艺博览会不仅是展示世界园艺的大舞台,也是云南省区域形象(生物多样性和动植物基因库)和昆明市城市形象(春城)的代表。从旅游角度看,它属于人工主题公园。

舒晓楠和赵光洲(2001)从企业战略管理创新角度,提出从战略高度实施管理创新,一是使世博园成为真正的现代企业,二是建立多样化票价体系,三是"大世博"经营理念的提出,四是"开放式"经营的远景设想,确立依靠管理创新来探索世博园经济和生态、社会效益可持续增长的路子。

仇学琴(2002)研究指出:就省会昆明来看,1989年游客的平均停留时间为3.2天,到'99世博会召开前,已下降到1.87天,昆明的主要功能成了游客集散地或旅游中转站。目前,昆明国际机场和昆明火车站日接送能力为3.4万人,以146 730张床位接待3.4万游客,而且这3.4万游客还不一定都入住星级饭店,使得星级饭店的住房率充其量只能维持在35%～55%之间。由于研究角度的局限,对昆明世博会后饭店业效益下降的成因,仇学琴并没有得出深入的分析结论,加上统计数据的限制,其部分结论也存在值得商榷的地方。

朱捍华和周茂涛(2003)从文化定位和市场营销战略的角度研究世博园的市场营销战略,认为针对世博园的现状和其"世博"品牌效应,应以游客需求为导向,正确进行市场定位,综合运用产品组合、定价和促销等营销手段,提供高质量的富有差异化的旅游产品,以实现世博园的可持续发展。从文化角度看,世博园实行差异化的产品策略应着重体现独特的"世界性”、高度的“综合性”、生命的“绿色化”、大众的“科普化”四个方面的特色。

本文选取’99世博会这一重大事件活动为案例，对其影响进行研究，其意义包括理论和实践两个方面。在理论方面：一是有望开拓我国事件及事件旅游这一新的领域研究；二是引入并探讨这一学科相关的研究方法；三是在此基础上，可以为进一步建立中国特色的事件及事件旅游研究体系打下基础。在实践方面，则对国内外极其关注的北京2008年奥运会和上海2010年世博会具有一定的借鉴意义。此外，重大事件的影响不仅涉及不同的时间和空间维度，还涉及有形的和无形的影响（Dwyer，et al.，2000）。因此，研究昆明世博会对昆明市旅游业及其他方面的影响和效应，可以探讨重大事件活动在旅游发展及地方发展中的地位和作用，为申办、筹办和举办类似的事件活动提供案例支持。

基于以上文献分析，总的来看，目前对昆明世博会影响和效应的研究并不深入，且偏重于对世博会后世博园的发展研究，很少涉及世博会宏观影响和效应的研究。因此，选择昆明世博会的影响和效应作为研究内容，并从事件及事件旅游的角度进行研究（Getz，1997；Catherwood，Van，Ernst，1992；Hoyle，2002），可以为博览会的影响和效应研究提供典型案例，可开拓我国事件及事件旅游这一研究领域，填补我国这一学术空白。

二、研究进展

鉴于本文研究的主要问题是1999年在昆明举办的第14届世界园艺博览会①的影响，本文的相关文献包括两个部分：一是事件及事件旅游的一般文献，二是旅游及事件的影响研究文献。

（一）事件及事件旅游研究的一般文献

在事件及事件旅游领域，与世界杯、奥运会类似，昆明世博会在性质上也属于重大事件（Getz，1997）。

Getz认为：对于旅游发展来说，事先经过策划的事件②是事件及事件旅游研究的重点（Getz，2000）。Getz把事先经过策划的事件分为八个大类：文化庆典（包括节日、狂欢节、宗教事件、大型展演、历史纪念活动）、文艺/娱乐事件（音乐会、其他表演、文艺展览、授奖仪式）、商贸及会展（展览会、展销会、交易会、博览会、会议、广告促销、募捐/筹资活动）、体育赛

---

① 以下简称“’99世博会”或“昆明世博会”，在上下文指称清楚和没有特别说明的情况下（如“上海2010年世博会”或“上海世博会”），文中也把昆明世博会简称为“世博会”。

② 在英语中，planning有计划、规划、策划、谋划等多种意思，本文根据事件和事件旅游的内涵有所不同的实际，把event planning译为“事件/节事策划”，而把event tourism planning译为“事件/节事旅游规划”。

事(职业比赛、业余竞赛)、教育科学事件(研讨班、专题学术会议、学术讨论会、学术大会、教科发布会)、休闲事件(游戏和趣味体育、娱乐事件)、政治/政府事件(就职典礼、授职/授勋仪式、贵宾观礼、群众集会)、私人事件(个人庆典——周年纪念、家庭假日、宗教礼拜①,社交事件——舞会、节庆,同学/亲友联欢会)(Getz,1997)(图 1)。

CULTURAL CELEBRATION 文化庆典
-Festivals 节日
-Carnivals 狂欢节
-Religious events 宗教事件
-Parades 大型展演
-Heritage Commemorations 历史纪念活动

ART/ENTERTANIMENT 文艺/娱乐事件
-Concerts 音乐会
-Other performances 其他表演
-Exhibits 文艺展览
-Award ceremonies 授奖仪式

BUSINESS/TRADE 商贸及会展
-Fairs, Markets, Sales 展览会，展销会
-Consumer and Trade Shows 交易会
-Expositions 博览会
-Meetings and Conventions 会议
-Publicity events 广告促销
-Fund-raiser events 募捐/筹资活动

SPORT COMPETITIONS 体育赛事
-Professional 职业比赛
-Amateur 业余竞赛

EDUCATIONAL AND SCIENCE
教育科学事件
-Seminars, Workshops, Clinics
研讨班，专题学术会议，学术讨论会
-Congresses 学术大会
-Interpretive events 教科发布会

RECREATIONAL 休闲事件
-Games and Sports for fun
游戏和趣味体育
-Amusement events 娱乐事件

POLITICAL/STATE 政治/政府事件
-Inaugurations 就职典礼
-Investitures 授职/授勋仪式
-VIP visits 贵宾观礼
-Rallies 群众集会

PRIVATE EVENTS
私人事件
Personal Celebrations 个人庆典
-Anniversaries 周年纪念
-Family holidays 家庭聚会
-Rites de passage 宗教礼拜

Social Events 社交事件
-Parties, galas 舞会，节庆
-Reunions 同学/亲友联欢会

图 1 事先经过策划的事件的类型

注释:关于"宗教礼拜"(the rites de passage),参看:戴扬、卡茨(Dayan & Katz,中译本),2000:1,161～162;王宁,1999。

国际事件专业学术刊物《事件管理国际期刊》(*Event Management*,2000 年起)及其前身《节日管理和事件旅游》(*Festival Management & Event Tourism*, 1994～1998)在 1998 年第 5 卷第 1～4 期(17 篇文章)、2000 年第 6 卷第 1～4 期(19 篇)、2001 年第 7 卷第 1～2 期(11 篇)、2002 年第 7 卷第 3～4 期(11 篇)共发表了 58 篇文章、出现的关键词为 259 个(次),每篇平均有关键词 4.47 个。按照研究内容分为大类和小类对这些关键词进行统计的结果可得出下列启示。

① 原文是 the rites de passage,有历程仪式、通过仪式或过渡礼仪之意,也表示各种礼节性活动。其原意是标志从一种社会或宗教地位向另一种社会或宗教地位变化的过渡性仪式。参看:Dayan & Katz(中译本),2000 年,第 1 页;王宁,1999。

从发展趋势来看，在17个内容小类中，一直受到较多关注，并日益受到更多关注的内容有事件的影响、事件的市场营销、事件产品、激励和吸引事件、事件的生产/运作、社区关系、主客关系、事件的消费(包括事件观众的动机研究，Crompton，1997)、游客体验、事件的组织者和社区发展，一直受到较多关注，但关注程度在降低的内容有事件吸引物、研究方法、学科综述及展望，关注程度较少的有事件的组合、对事件组织者的资助、志愿者。

在六个内容大类中，对事件旅游的研究最多(共出现101次，占总关键词次数的39%)，其次是事件的供求研究(共出现88次，占近34%)，学科综述及展望居第三位(占近12%)，事件的申办和关系研究居第四位、第五位(分别占9.65%和3.09%)，对于事件的目标(社区发展)是当前研究较少的内容(仅出现7次，占2.7%)(图2)。

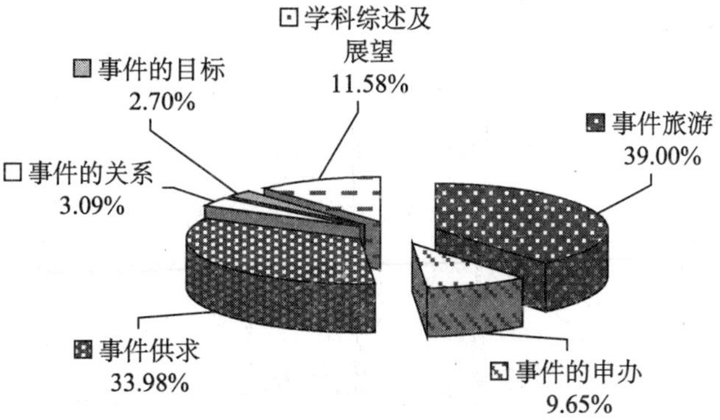

图2 事件管理及节日管理和事件旅游杂志关键词的大类统计

资料来源：Festival Management & Event Tourism，1998；Event Management，2000，2001，2002。分类参照了Getz(1991)。

在17个内容小类中，对事件吸引物的研究最多(共出现55次，占总关键词次数的21.2%)，其次是事件的影响研究(占13.5%)，事件的生产/运作居第三位(30次、占11.6%)，研究方法和游客体验研究居第四位、第五位(22次和18次，分别占8.5%和6.9%)，这五个小类的出现次数共占所有关键词出现次数的近2/3，是研究最集中的内容。出现次数低于10次的内容包括激励和吸引事件、组织者/赞助者、综述及展望、社区发展、社区关系、志愿者、主客关系、对事件组织者的资助，这些也是当前研究较少的内容。

赫德、嘉葛和迪里(Hede，Jago and Deery，2002)在总结西方1990～2001年特殊事件的研究文献后指出，以下研究主题是未来研究的发展趋势：①对体育类事件活动的经济影响的评估；②对特殊事件的社会影响评价，以及用“三重盈亏”(Triple Bottom Line)方法对事件活动经济、社会和环境三个方面进行效应分析的趋势；③特殊事件的风险管理研究；④特殊事件的运作管理。上面的文献研究结论和Hede、Jago和Deery指出的这些研究趋势是一致的。

在我国，通过会议、展览、节日和体育等事件活动带动城市旅游和社会经济的发展日益流行（吴必虎、余青，2003）。与蓬勃发展的实践相比较，我国的事件及事件旅游研究显得十分薄弱。1985年出版的《旅游市场学》在论述旅游市场细分时，提出一类"特殊事件团体"的市场，据目前可知，这是我国旅游著作中首次出现"特殊事件"的提法（顾树保、于连亭，1985）。1993年，保继刚等在我国首先提出"事件吸引"、"旅游事件"及"事件旅游"的概念（保继刚、楚义芳、彭华，1993；保继刚、楚义芳，1999）。此后，除文彤（2001）、高维忠（2002）和罗秋菊（2002、2003；吴书锋、罗秋菊、蒋文晖，2003）对相关理论作过专门介绍和探讨外，事件及事件旅游研究的专业理论文献几乎没有。此外，我国目前还对节庆旅游、体育旅游和会展旅游等事件旅游类型进行过一些探讨（吴必虎，2000、2001；戴光全，2003；保继刚、戴光全，2003）。从总体上来看，这些研究不仅缺乏深度，而且没有纳入事件旅游研究的规范轨道，事件旅游的提法都还没有纳入正规的旅游研究学术领域，系统研究事件旅游的文献则付诸阙如。随着北京成功获得2008年夏季奥运会的举办权，国内对奥运会的研究逐渐增多。例如，在2002年和2003年，仅国家图书馆收录的以奥运为题的硕士、博士学位论文就达八篇。

张捷在论述信息时代科技发展对旅游的影响时（张捷，2003）指出："随着未来社会以闲暇为核心而呈现的社会化，旅游业出现闲暇业化趋势。旅游产品在多元化基础上出现一些新特征。从旅游产品类型上，生态旅游、产业旅游、休闲旅游、体育旅游、跨文化旅游等需求将出现增长，商务旅游、会议旅游的需求由于通信技术而逐渐减弱，事件旅游的重要性逐渐体现。"

因此，对于事件旅游理论的研究应该引起更多的关注。

对重大事件的影响和评价研究是西方各国事件及事件旅游学术界关注的重要问题。随着我国城市旅游的兴起，各个旅游城市之间的相互竞争也愈来愈激烈，不少旅游城市纷纷争相举办重大事件，希望能够通过这类事件扩大城市的影响与知名度。我国经济实力的不断增强和国际影响力的不断扩大，也将促使重大事件的举办越来越频繁。在重大事件的申办、举办过程中，政府往往对这类重大事件的申办、组织和管理的介入程度较深。随着2008年北京奥运会和2010年上海世博会的筹办和举办，关于这类重大事件的研究日益受到国内政府部门、实业界以及学术界的重视（戴光全、保继刚，2003a；戴光全、保继刚，2003b）。

（二）旅游及事件的影响研究文献

鉴于本文研究昆明世博会影响的过程中，对旅游影响的分析是重点之一，下面对旅游及事件的影响研究文献进行分析。

目前，对于旅游的影响研究有以下几点基本结论（Wall，2000）。①旅游影响的研究集

分析的问题性质相一致的问卷中的题目进行组合后，对被试的答案进行分析。

基于上述事件及事件旅游研究方法的分析，本文的研究过程中包含了三个大的原则和相关的方法。

（二）多学科、综合研究的方法

鉴于重大事件活动涉及面十分宽广，对其影响和效应进行完整的研究需要运用系统思想，借鉴西方事件及事件旅游研究的方法和思路（Roche，2000），本文从多个角度、以多种方法进行研究，从多学科的视角进行综合研究。应用到的主要学科有地理学、旅游学、社会学、传播学、人类学等。作为一篇申请人文地理学专业区域发展与旅游规划方向学位的论文，本文以地理学和旅游学为主要的学科依据，间以其他学科的研究方法。例如，在分析世博会的综合影响时，采用传播学研究的内容分析方法，构建影响力指数模型，辅以统计分析和旅游学的解释。在论述世博园游客在世博会结束后立即出现大幅度下跌的问题时，在数据统计分析的基础上，以消费社会学的理论模式进行解释。

此外，考虑到重大事件活动本身具有的多重复合影响的特点，其研究需要自然科学与社会科学综合方法进行。因而，本文的写作也试图体现一种文理结合的风格，总体上看，全文的分析研究和写作风格以“三分人文社科分析，七分自然科学研究”为目标（张敬淦，2004）。

（三）多种数学及统计手段互用

由于重大事件活动所在地方与相关社会经济各方面的发展是一个多因素共同作用与影响的结果，在地方发展及其相关社会经济等方面的发展过程中，任何重大事件都只是因素之一。因此，研究重大事件的影响只能从众多的影响因素中剥离出重大事件本身的影响。对各类事件的影响进行评估时，如何在诸多因素中剥离并测度事件的真实影响也是事件及事件旅游研究的难点（Prentice，2003）。为此，本文采用相关分析、聚类分析、模型分析等多种数学统计手段，对不同来源的数据资料进行比较，以找出’99世博会在其中所起的作用。特别是运用官方统计资料、内部资料、各种报刊资料、抽样调查和深度访谈资料等的相互比较，从中互相证实，运用定性与定量相结合的方法，以提高研究的效度（张红川、王耘，2001），使得出的结论符合实际的现象，使提出的理论观点与实际现象相符（杨吾扬、张超、徐建华，1996a、1996b；杨开忠、薛领，2002；薛领、杨开忠，2003）。

（四）比较研究与互证分析方法

在数据资料的运用和处理方面，特别注意了比较研究与互证分析方法的运用，以从不同角度、运用不同数据资料对同一问题进行分析。

本文的比较研究主要包括不同时间、空间尺度的比较、典型案例的比较,不同资料分析结论的比较等。在比较分析中,注意对比较的可行性进行鉴别,以保证比较得出的结论可靠。

互证的研究方法多见于文史科学,所谓互证是指从不同的研究材料以及对象作出相互比较和参照的研究。其中古今互证是历史人类学研究的重要方法之一(宋蜀华,1997)。互证的实质在于互证、互释、互识、互补相结合(季进,2001),以示大道之源(林方直,1998)。王国维提出的三重证据法(梅琼林,1998)、陈寅恪的诗史互证(李洪岩,1996a、1996b)和文史互证(王阳,1999)、钱钟书的连类互证(李亚军,1999),都是互证方法的典型运用。在社会学研究中,典型调查的方法也可与互证方法结合,以取得真实的调查结果(李赪武,1999)。考虑到本文的研究对象昆明世博会本身的资料,特别是其中的一些内部资料由于各种原因不能获得,本文对其影响和效应的研究采取的大多为间接材料的分析,以从中找出'99 世博会的影响和效应。在世博会的直接资料不易获得的情况下,从多种角度出发、运用几种方法进行分析、比较和互证就显得尤其重要。

四、研究介绍

(一) 整体影响力的综合研究

为了对昆明世博会的整体影响进行综合研究,本部分以重大事件与媒体报道的密切关系为依据,利用中国资讯行和中国学术期刊网 CNKI 数据库获得的昆明世博会相关报道,采用社会科学的内容分析方法(Finn, Elliott-White, and Walton, 2000; Bos and Tarnai, 1999; 奥格尔斯等, 2000),构建了昆明世博会的影响力指数模型,并运用模型对昆明世博会的影响力与媒体报道的关系进行分析,提出昆明世博会影响力的时间规律、内容规律和空间规律。

分析各个区域(昆明市内各区、县、市、云南省内各地州市、国内各省市区、世界各大洲)、各个影响内容的影响力指数 Ii_i 的构建。

因子 Variables:报道篇数 Nr(Number of Reports)、报道延续时间 Tl(Time Lasting)。

公式:影响力指数 Ii_i[Index of impact,式(1)]:

$$Ii_i = (Nr_i/Nr_{expo} + Tl_i/Tl_{expo})/2 \tag{1}$$

式中:Ii_i 为任一区域(或内容)i 的影响力指数,Nr_i 为区域 i 的报道篇数,Nr_{expo} 为昆明世博会的全部报道篇数,Tl_i 为区域(或内容)i 的报道延续时间,Tl_{expo} 为昆明世博会全部报道的延续时间。

分析各个时间段(或年、月)的影响力指数 Ii_j 的构建。

因子 Variables:报道篇数 Nr、报道字数 Wr(Words of Reports)。

公式：影响力指数 Ii_j[式(2)]：

$$Ii_j = (Nr_j/Nr_{expox} + Wr_j/Wr_{expo})/2 \qquad (2)$$

式中：Ii_j 为任一时段 j 的影响力指数，Nr_j 为时段 j 的报道篇数，Nr_{expox} 为昆明世博会的全部报道篇数，Wr_j 为时段 j 的报道字数，Wr_{expo} 为昆明世博会全部报道的字数。

研究表明昆明世博会的综合影响力表现为以下特征。

在时间上表现为明显的时间衰减特点（图 5）和同类事件的影响先后替代（图 6）特点。

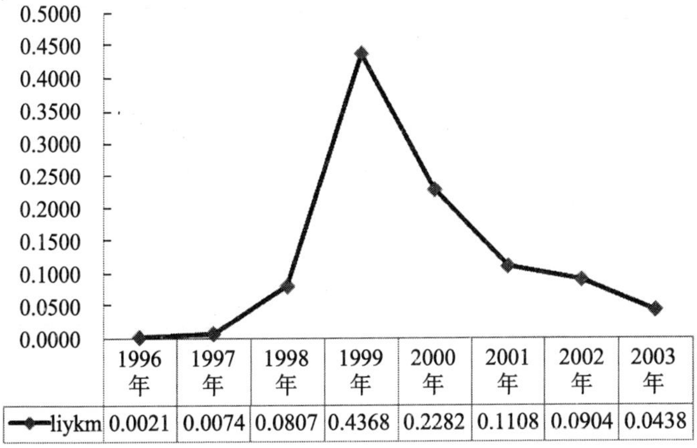

图 5　昆明世博会相关报道篇数、字数及影响力指数

在内容上，昆明世博会的综合影响呈现为强烈的旅游和经济目的导向、明显的主题导向和突出的多元化、综合性特点（表 5）。

表 5　昆明世博会影响力指数的行业（部门）分类

行业（部门）	字数	篇数	Iii_km	行业（部门）	字数	篇数	Iii_km
其他	382 850	283	0.2925	餐饮业	40 984	27	0.0297
旅游、旅馆业	239 606	215	0.2012	居民服务业	30 484	23	0.0235
花卉、园艺、园林	130 877	148	0.1246	建筑业	20 533	9	0.0127
展览	127 800	128	0.1137	文化艺术业	8 124	7	0.0067
交通运输、仓储业	105 362	83	0.0830	新闻出版广播电视电影音像业	8 669	5	0.0059
公共管理和社会组织	69 355	62	0.0581	咨询服务业	768	2	0.0013
城市基本建设	55 021	51	0.0470	合计	1 220 433	1 043	1.0000

资料来源：中国资讯行・经济新闻库，2003 年 11 月 15 日查询，查询方式：全文＝世博。

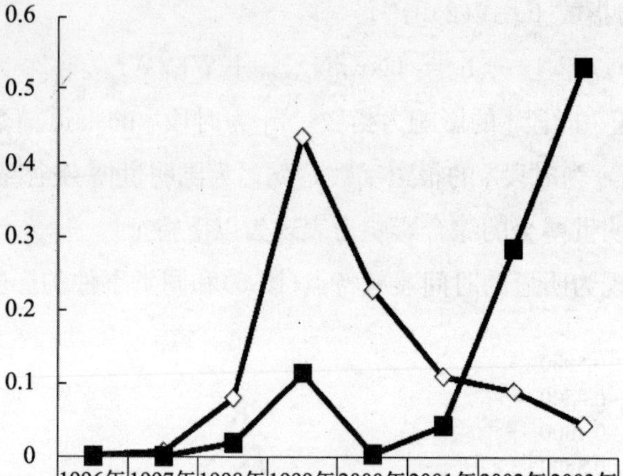

	1996年	1997年	1998年	1999年	2000年	2001年	2002年	2003年
—◇—世昆指数	0.0021	0.0074	0.0807	0.4368	0.2282	0.1108	0.0904	0.0438
—■—世上指数	0.0007	0.0007	0.0196	0.1146	0.0040	0.0434	0.2843	0.5326

图 6　昆明世博会与上海世博会:影响力指数的时间分布

资料来源:中国资讯行·经济新闻库,2003 年 11 月 15 日查询,查询方式:全文=世博|昆明,即:先查询全文包含"世博"的文献(得到报道 2 513 篇)、再在 2 513 篇"世博"文献中查询全文包括"昆明"和"上海"的文献,再据式(1)、式(2)计算。图中,"世昆指数"代表昆明世博会影响力指数,"世上指数"代表上海世博会影响力指数。

根据计算,确定在市内各区(县、市)与省内各地(州、市)两个尺度区域,昆明世博会影响力指数的距离衰减符合平方指数模型,国内各省(市、区)昆明世博会影响力指数的距离衰减符合 Pareto 模型,各自的模型方程为[式(3)、式(4)、式(5)]:

$$\text{市内各区(县、市)}: \ln Icty\_1 = -1.222 + 5.08 * EXP(-5) * d^2 \tag{3}$$

$$\text{省内各地(州、市)}: \ln Iil = -0.696 + 1.802 * EXP(-6) * d^2 \tag{4}$$

$$\text{国内各省(市、区)}: \ln Iip = 0.452 + 0.2099 * \ln d \tag{5}$$

根据上述计算得到的衰减模型公式,市内各区(县、市)昆明世博会影响力指数的距离衰减系数为 $bIcty\_1 = -5.08 * EXP(-5) = -0.0342$,省内各地(州、市)昆明世博会影响力指数的距离衰减系数为 $bIil = -1.802 * EXP(-6) = -0.0044$,国内各省(市、区)昆明世博会影响力指数的距离衰减系数为 $bIip = -0.2099$,说明在较大和较小的空间尺度区域内,昆明世博会的影响力指数的衰减效应都比较明显,而在云南省这个中间尺度级别的空间范围内,其距离衰减效应不很明显。

(二) 对城市基础设施和形象的影响研究

本部分从物质影响和无形影响两个角度(约翰·艾伦等,2002),对昆明世博会在强化城市基础设施和塑造城市形象方面的影响进行分析,研究'99 世博会在强化硬环境条件和软环境条件两个方面所起的促进作用。同时,还讨论了世博会前后昆明市相关旅游设施建设存在的过热问题,对世博会与世博园形象分离的问题进行分析。

在城市基础设施的影响方面,由于现阶段政府(国家)在我国城市发展的各种资源分配中仍然占主导地位(何丹,2003),城市发展与扩张普遍成为我国城市政府基本的行政诉求,通过申办、举办重大事件获得政策支持、资金来源,从而加强城市基础设施建设成为富有中国特色的重大事件的目的。昆明世博会的举办也对其城市基础设施存在明显影响,具体表现为城市基本建设投资超常规增长(表6、表7)、城市设施水平的显著提高(表8)和城市旅游设施的明显增加(表9)三个方面。

表6 '99世博会与昆明相关的建设投资

投资去向、工程名称	投资额(亿元)	比重(%)
城市基础设施建设	40.0	29.83
城市给排水工程	40.0	29.83
城区交通路网建设改造	20.0	14.91
世博园建设工程	12.4	9.25
昆明机场改扩建	10.0	7.46
城市绿化工程	6.0	4.47
环境治污工程	5.7	4.25
以上合计	134.1	100.00

资料来源:蒋文中,1998。见:郭方明,1998b:102～107。表中环境治污工程资金是滇池北岸和盘龙江中段截污管道工程(1.2亿元)、滇池草海污染底泥疏浚工程(2.5亿元)和"2258"南线调水工程(2亿元)投资之和。按投资额多少由高到低排序①。

表7 昆明市和云南省基本建设投资增长比较(%)

指　标	区域	基本建设投资额	农林牧渔业投资	工业建筑业投资	商业运输邮电业投资	住宅投资	其他投资
1998年增长	全省	34.73	71.01	−0.95	66.12	29.48	20.07
	昆明	70.47	183.89	78.24	172.50	−7.35	35.87
1999年增长	全省	10.43	21.54	−12.09	6.26	54.05	12.75
	昆明	10.65	−66.96	−59.16	−0.49	223.73	6.06

① 这里对相关投资额的估算值可能偏高。资料表明:1997年以来,18个重点工程项目建设的全市投入为57.25亿元(章振国,1999年3月31日,在昆明市苦战三十天加强安全保卫工作迎接世博会动员大会上的讲话,昆明市政府网站资料)。

续表

指　标	区域	基本建设投资额	农林牧渔业投资	工业建筑业投资	商业运输邮电业投资	住宅投资	其他投资
两年平均增长	全省	22.58	46.27	－6.52	36.19	41.77	16.41
	昆明	40.56	58.46	9.54	86.01	108.19	20.96

资料来源：云南省人民政府研究室，1998、1999、2000①。1997年、1998年东川数据并入昆明（1997年、1999年全省合计数根据各地区汇总数修订）。

表8　昆明市1999年、2000年城市设施水平指标增减及分类（%）

指　标	1999年增减	2000年增减	类别	与世博会关系
平均生活用水量	90.35	－1.21	第1类	密切
建城区绿地率	27.19	－2.91	第1类	很密切
每万人拥有公共交通车辆	18.32	－3.28	第1类	很密切
垃圾粪便无害化处理率	17.40	－3.12	第1类	密切
建城区绿化覆盖率	17.13	－2.71	第1类	很密切
人均拥有道路面积	3.13	－2.32	第1类	很密切
人均住房使用面积	8.60	6.17	第2类	拉动*
人均住房居住面积	8.56	5.96	第2类	拉动*
排水管道密度	3.63	2.19	第2类	密切
人口密度	1.79	2.35	第3类	一般*
用水普及率	－0.04	0.04	第3类	一般*
人均公共绿地面积	－3.29	2.07	第3类	一般*
污水处理率	－4.86	0.13	第3类	一般*
道路照明密度	－2.96	－10.02	第4类	一般*
用气普及率	－3.44	－0.59	第4类	一般*

资料来源：昆明统计年鉴，2001。带*的指标需要进一步的研究。

值得注意的是，为了迎接世博会举办而进行的大量基础设施的建设和旅游接待设施的更新、改造和新建也存在不良的后续影响。例如，由于星级酒店数量的增加和接待床位的大幅度增加（表9），世博会之后游客总人数的迅速回落，使得昆明市和云南省饭店行业开始面临激烈竞争、经营困难的局面（仇学琴，2002），旅行社、旅游车船等相关行业也一度出现了恶

① 世博会相关配套设施的建设于1997年上半年开始，其中绝大部分工程于1999年5月1日世博会开幕前全部完工，所以这里主要分析1997～1999年三年昆明市基本建设投资的变化，部分分析也涉及2000年资料。

性削价竞争的问题，以至于政府部门不得不出面遏制恶性削价竞争①，到2003年6月，昆明市政府决定在旅游行业全面实行提质增效工程②。

表9 昆明涉外饭店床位数和星级饭店数的变化

	1996年	1997年	1998年	1999年
涉外酒店床位数	10 227	9 986	11 433	63 629
涉外酒店床位数增减(%)		-2.36	14.49	456.54
星级饭店数	38	53	63	86
星级饭店数增减(%)		39.47	18.87	36.51

资料来源：中国对外经济统计年鉴，1996、2000、2001。昆明市旅游局，2003年11月对星级饭店的统计。

在城市形象的影响方面，通过调查问卷的分析，发现昆明世博会改善了云南和昆明在国内外的形象(表10)。

表10 对世博园能否代表昆明和云南形象的统计

		世博园代表了昆明的形象				
		不同意	部分同意	完全同意	合计	加权评分
调查对象	云南各地(州、市)家庭	127	621	448	1 196	3.5368
	昆明市外来家庭	6	43	72	121	4.0909
	大学生	19	92	33	144	3.1944
合计		152	756	553	1 461	3.5489
		世博园代表了云南的形象				
		不同意	部分同意	完全同意	合计	加权评分
调查对象	云南各地(州、市)家庭	112	612	479	1 203	3.6101
	昆明市外来家庭	16	57	50	123	3.5528
	大学生	31	84	28	143	2.9580
合计		159	753	557	1 469	3.5419

说明：此问题要求去过世博园的被试者回答。量化加权评分计算方法是：完全同意权重为5分，部分同意权重为3分，不同意权重为1分，平均加权得分为2.5分即表示赞同度为50%。以下未说明的同此。

① 云南信息港：http://news.yn.cninfo.net/yunnan/jingji/2002/2002-10/2002-10-31/1036044740_4/。

② "昆明旅游行业打响提质增效攻坚战"，2003年6月28日，《云南日报》。关于昆明市旅游行业"提质增效"的问题，还需要进一步研究。

同时，随着世博会闭幕之后时间的推移，世博会的形象与世博园的形象出现了分离现象（表 11）：被试者是否去过世博园（包含了去的次数）与对问题 Q.1～Q.3 的回答之间存在显著的负相关关系。由于是否去过世博园的问题中包含了去的次数，此负相关关系在一定程度上表明了世博会与世博园的形象分离现象，也就是说：去世博园的次数越多、对世博会出现负面认知和印象的程度越显著。

表 11 Q.1、Q.2、Q.3 与 Q.5 的相关分析

		Q.1 您听说过昆明世博会吗？	Q.2 您知道昆明世博会是哪年举办的吗？	Q.3 您知道昆明世博会的主题是什么吗？
Q.5 您本人去过世博园吗？	Pearson 相关系数	－0.143（＊＊）	－0.241（＊＊）	－0.217（＊＊）
	Sig.（2-tailed）	0.000	0.000	0.000
	样本数（N）	2 508	2 533	2 510

说明：＊＊ 相关系数在 0.01 水平显著（双尾）。

关于重大事件的城市形象塑造作用，正如迈克尔·霍尔（2004）指出的那样：“重大活动在城市形象战略中的作用与西方社会中存在的地方政治与财政危机是分不开的。重大活动本身是一种机制，它能够使城市‘商品化’，起到吸引投资、增加白领就业和游客数量的作用。它也塑造出‘健康发展的’城市形象，从而引导居民表达对城市的一致认可。”

（三）对城市旅游规模和地位的影响研究

本部分通过分析’99 世博会当年及其后昆明市旅游业的规模指标的变化（表 12），比较其旅游业总收入相当于 GDP 的百分比、占云南省和全国的比重变动，说明’99 世博会在短时间内使得其规模和地位得以超常规的扩展和提高。此外，还应用调查问卷的评分数据，研究了昆明世博会对微观个体（旅游企业）的影响程度在不同区域尺度上存在的空间扩展规律（表 13），得出重大事件活动对目的地旅游业地位的影响程度有限的结论。

表 12 ’99 世博会对昆明和云南旅游指标年度变动指数的影响

Yti	昆明六项指标年平均	云南六项指标年平均	六项指标年平均：昆明—云南	国内旅游指标：昆明—云南	国际旅游指标：昆明—云南
1992～1998 年平均	0.05922	0.14954	－0.09032	0.00127	－0.01088
1999 年	0.12877	0.13086	－0.00209	0.00349	－0.01098
2000～2002 年平均	0.15223	0.15576	－0.00353	0.00053	－0.01084

续表

区域	国内旅游	国际旅游	旅游总体	整体
昆明市	后续影响>即时影响	后续影响>即时影响	后续影响>即时影响	即时影响>后续影响
云南全省	后续影响>即时影响	后续影响>即时影响	后续影响>即时影响	即时影响>后续影响
平均	后续影响>即时影响	后续影响>即时影响	后续影响>即时影响	即时影响>后续影响

时间	国内旅游	国际旅游	旅游总体	平均
前期影响	昆明市<云南全省	云南全省<昆明市	云南全省<昆明市	昆明市>云南全省
即时影响	昆明市>云南全省	云南全省>昆明市	云南全省>昆明市	云南全省>昆明市
后续影响	昆明市>云南全省	云南全省>昆明市	云南全省>昆明市	昆明市>云南全省
平均	昆明市>云南全省	云南全省>昆明市	云南全省>昆明市	云南全省>昆明市

注:'99 世博会对国内旅游的影响通过国内旅游人次与国内旅游收入二者的平均年度变动指数来衡量,'99 世博会对国际旅游的影响通过海外旅游人次与旅游外汇收入二者的平均年度变动指数来衡量,'99 世博会对旅游总体的影响通过旅游总人次与旅游总收入二者的平均年度变动指数来衡量,'99 世博会的整体影响通过所有指标的年度变动指数的平均值来衡量,平均是就各列平均而言,整体的后续影响>即时影响>前期影响是从各个阶段六项指标的变动指数大小排序得出的。六项指标是指:海外旅游人数、旅游外汇收入、国内旅游人数、国内旅游收入、旅游业总收入、旅游总人数。

表 13　昆明世博会对企业的总体影响

选项		影响很小	影响较小	影响一般	影响较大	影响很大	合计	加权评分	标准差系数
权重		1	2	3	4	5			
所属区(县、市)	五华区		7	5	10	2	24	3.292	0.701
	盘龙区	1	2	1	6	4	14	3.714	0.774
	西山区		1	2	5	1	9	3.667	1.052
	官渡区			10	4		14	3.286	1.515
	安宁市		32	24	8		64	2.625	0.955
	呈贡县	22	1	2			25	1.200	2.369
	禄劝县		5	8			13	2.615	0.816
	石林县		3	5	5	1	14	3.286	0.684
	寻甸县	4	1	1			6	1.500	1.443
	宜良县	2	2		4	2	10	3.200	0.500
	富民县	2	3	8	2	1	16	2.813	0.867
	嵩明县	5	3	17	1	1	27	2.630	1.239
	晋宁县	6	1	5			12	1.917	1.102
	东川区	2	4	6	2		14	2.571	0.684
合计		44	65	94	47	12	262	2.687	0.574
标准差系数		2.348	1.917	1.065	0.891	1.391	0.824	0.299	

在城市旅游结构的影响方面，本文从旅游业的季节变化、游客结构的变化和昆明市事件旅游及目的地品牌化三个方面，分析了'99 世博会对昆明市旅游时空结构变化的影响，从昆明旅游发展的历史过程来看，分析'99 世博会对昆明旅游时空结构存在的影响程度。

(四) 世博会经济影响的定量评估

本部分以昆明世博会与告别三峡游的后事件效应(Kang and Perdue，1994；保继刚、徐红罡、戴光全，2002)为切入点，首先对后事件效应的特点与机制进行理论剖析，然后从旅游发展的本底趋势出发，采用本底趋势线模型(孙根年，1998a、1998b；李乃英、孙根年，1998；孙根年，2001；聂钠，2001)，在处理原始统计数据时，对昆明世博会的影响和效应进行了定量评估(表 14)。

表 14 选定的本底趋势线最终模型

指标代码	本底值代码	选中的模型全称	本底值与模型合称
海外旅游人数本底值 OT	OTb	SPSS 直线—三角函数复合模型	OTb_直—三模型
国内旅游人数本底值 DT	DTb	SPSS 直线—逻辑线复合模型	DTb_直—逻模型
旅游总人数本底值 TT	TTb	SPSS 直线—三角函数复合模型加总	TTb_直—三模型加总
国际旅游收入本底值 ITI	ITIb	SPSS 直线—三角函数复合模型	ITIb_直—三模型
国内旅游收入本底值 DTI	DTIb	Excel 指数模型	DTIb_指数模型
旅游业总收入本底值 TTI	TTIb	SPSS 直线—三角函数复合模型	TTIb_直—三模型
GDP 本底值	GDPb	Excel 乘幂模型	GDPb_乘幂模型
比重本底值 TTI/GDP	TTI/GDPb	SPSS 直线—三角函数复合模型	TTI/GDPb_直—三模型

根据表 14 确定的各个指标的最终本底趋势模型方程式(R^2 是模型计算的本底值与内插值的相关系数)：

海外旅游人次的最终本底趋势线模型方程为式(6)：

$$OTbt = 3.5031t + 22.14552 + 5.13101\sin(11.93206t + 79.81400) \tag{6}$$

$R^2 = 0.9783$

国内旅游人次的最终本底趋势线模型方程为式(7)：

$$DTbt = LDTbt + LogicDTbt \tag{7}$$

其中：$LDTbt = 114.06553t + 472.07008$

$LogicDTbt = -264.22834/[1 + \exp(-1\,193.76623 - 188.91511t)]$

$R^2=0.9727$

旅游总人次的最终本底趋势线模型方程为式(8)：

$$TTbt=LTTbt+SINTTbt \quad (8)$$

其中：$LTTbt=3.50311t+22.14552+5.13101\sin(11.93206t+79.81400)$

$SINTTbt=84.10554t+326.66151+7.32382\sin(46.13317t+300.23639)$

$R^2=0.9777$

国际旅游收入的最终本底趋势线模型方程为式(9)：

$$ITIbt=0.97739t+2.89407+1.79209\sin(0.71039t+4.07770) \quad (9)$$

$R^2=0.9785$

国内旅游收入的最终本底趋势线模型方程为式(10)：

$$DTIbt=3.5551e^{0.3489t} \quad (10)$$

$R^2=0.9017$

旅游总收入的最终本底趋势线模型方程为式(11)：

$$TTIbt=11.59294t-13.72033+8.57621\sin(49.39965t+271.89521) \quad (11)$$

$R^2=0.9940$

国内生产总值的最终本底趋势线模型方程为式(12)：

$$GDPbt=155.88t^{0.6366} \quad (12)$$

$R^2=0.9893$

旅游总收入相当于GDP比重的最终本底趋势线模型方程为式(13)：

$$TTI/GDPbt=-0.30112t+1.80968+3.80189\sin(0.08326t-0.46881) \quad (13)$$

$R^2=0.9672$

上述各个方程中，1992年的t为1、1993年为2，依此类推。

数据分析表明：1999～2002年，由于世博会的举办昆明市旅游业增加值超常规增长了12.7593亿元，世博园创造了旅游业增加值30.1853亿元，'99世博会合计为昆明市共创造了42.9446亿元旅游业增加值。在'99世博会的推动下，1999年昆明市旅游业在国民经济中的地位得到了提高，旅游业增加值占GDP和第三产业增加值的比重都在1999年得到了提高，但是2000年即出现后事件效应，在重大事件活动举办之后呈现下降的典型特点，2001年反弹。

由此说明，'99世博会在当年使得昆明市旅游业在国民经济中的地位超常规地获得了提高，世博会结束后，昆明市旅游业重新回复到超常规增长后的常态发展局面，2001～2002年又出现反复。由此可知，'99世博会对于昆明市旅游业在国民经济中的产业地位而言，是一个超常规的事件，其并没有改变昆明市旅游业的产业地位反复变动的总体趋势。如果考虑到2003年在SARS冲击的影响下再次受到的挫折，这一判断就更加有说服力了。

五、结论与讨论

(一) 结论1:事件效应的理论提升与应用

1. 事件活动与地方发展良性互动的理论框架

事件活动的影响和效应具有时间衰减的特点，为了使重大事件活动在旅游业发展和地方发展中发挥最大的作用，应当克服其所产生的后事件效应，实施"从特殊事件到特殊地方"转变的战略，推进目的地品牌化。

从实践的角度来看，任何事件活动都只是为地方发展提供了一个机遇(McManus,1999;陈永平,2003;上海综合经济研究所青年课题组,2003),利用这样的机遇，实现事件活动与地方发展的良性互动才是举办事件活动的最终目的。为此，从目的地地方可持续发展的目的出发，应当建立实现事件活动与地方发展良性互动的"1234"框架，即一个关键问题、两大发展战略、三大运作策略、四项基础工作(图7)。

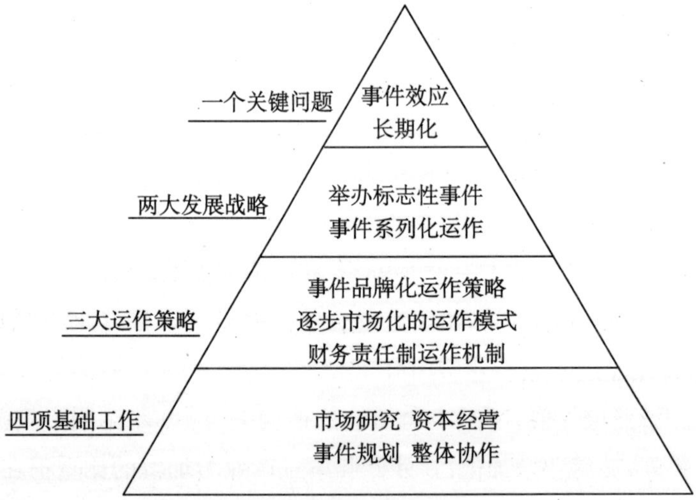

图7 事件活动与地方发展良性互动的"1234"框架

(1) 一个关键问题

任何事件活动，不管其规模多大，其举办时间都不是无限制的，如何克服事件活动举办时间的有限性与地方发展可持续要求的长期性矛盾，发挥事件活动的长期效应，实现事件活动效应的长期化，是举办事件活动的关键问题(图8)。

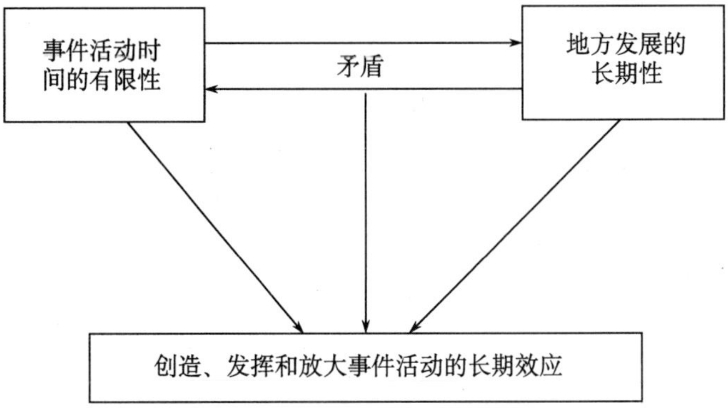

图 8 事件策划与运作的关键问题

(2) 两大发展战略

围绕创造、发挥和放大事件活动长期效应的关键问题，事件活动运作应实施标志性事件与事件系列化两个发展战略。

一是举办标志性事件：由于标志性事件是一种重复举办的事件，因而，对于举办地来说，标志性事件对传统、吸引力、形象或名声等方面会产生重要的影响，并使得举办事件的目的地赢得市场竞争优势。随着时间的消逝，标志性事件将与目的地融为一体(Getz，1997)。判断一个事件是否为标志性事件可以用 14 个因素来进行评估(Getz，1997)：目的多元化、节日精神、满足基本需要、独特性、质量、真实性、传统、适应性、殷勤好客、确切性、主题性、象征性、供给能力、便利性。

二是事件系列化运作：事件系列化运作的基本策略包括事件活动规模的等级化、事件活动类型的多样化、事件活动时间的持续化三个方面。

根据国际节日和事件联合会(International Festivals & Events Association，也译为国际节日与活动协会，IFEA)对节日和事件的分类，事件的系列化包括：大型事件(Large Events)、小型事件(Small Events)、艺术节日(Arts Festivals)、体育事件(Sporting Events)、展览会(Fairs)、与公园和游憩相关的事件(Parks & Recreation Events)、城市组织的事件(City Offices)以及会议与观光局组织的事件(Convention & Visitors Bureaus，简称 CVB)等类型(IFEA)①。

事件的系列化运作一般从以下四个特点出发，策划不同时间尺度、不同规模等级的系列事件活动(表 15)：

- 传统性——事件活动的主题要体现地方文脉，突出文化传统；

---

① 国际节日和事件联合会(IFEA)，见：http://www.ifea.com/about/。

- 文化性——事件活动的安排要突出展示地方博大精深的文化，使事件成为文化的重要载体；
- 综合性——事件活动的安排要体现文化性（突出文化特色）、经济性（追求经济效益）、技术性（展示相关设备和技术）的结合；
- 动态性——时间安排上，要在标志性事件的统一主题下，体现系列事件活动的动态特点，每日、每周、每月、每季、每年有不同的活动主题和活动项目。

表 15　事件活动的系列化——规模与等级

事件活动规模等级	举办周期
大型标志性事件(Mega-event or Hallmark event)	每年(或几年)一次
大型事件活动系列(Large event)	每季度(或每月)一次
小型事件活动系列(Small event)	每周(或每日)一次

从旅游目的地生命周期(Destination Life Cycle，DLC)(戴光全、吴必虎，2002)的发展来看，在促进地方可持续发展的过程中，通过事件活动的系列化可以改变反复循环型的目的地DLC模式，起到优化地方发展模式的作用(图 9)。

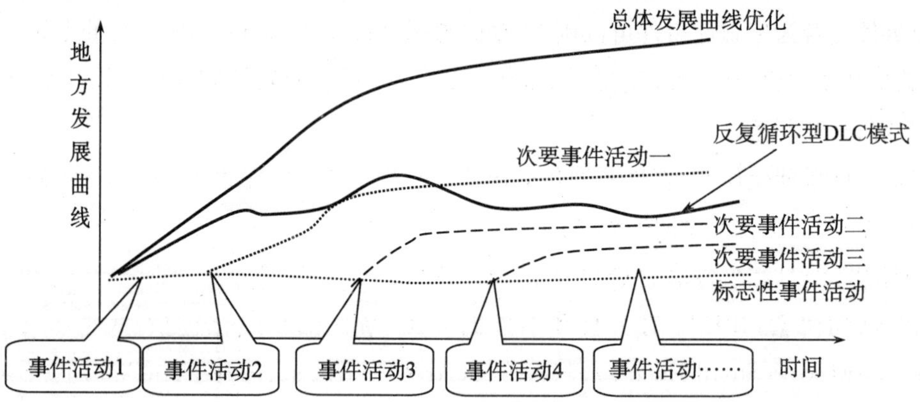

图 9　系列化事件促进地方可持续发展

(3) 三大运作策略

在标志性事件与事件系列化两大发展战略的指导下，针对我国的实际，事件活动的运作策略包括品牌化、逐步市场化与建立财务责任制运作机制三大方面。

一是事件品牌化运作策略，也就是把事件作为一个品牌来进行运作，其基本内涵包括以下三个方面：

- 产品化：把事件作为一个产品，打造成为地方营销的品牌；
- 制度化：建立和完善事件产品开发与创新体系；
- 产权化：特别注重事件品牌的注册与知识产权保护。

二是逐步市场化的运作模式，也就是适应市场经济的要求，建立市场化的事件活动运作模式，其基本要求包括：

- 在现有的会展办、大型活动办公室的基础上，建立城市政府的专业事件管理部门；
- 政府动用事件活动专项资金，为事件活动的举办提供公共服务（Public Service）保障；
- 事件活动本身的运作由专业的事件活动公司操作；
- 聘请具有国际通行的事件执业资格的专业人士策划事件；
- 鉴于我国行政体制与市场化进程的实际，事件的市场化运作需要渐进式的推进。

三是建立财务责任制运作机制：财务责任制[①]是对事件活动的投入产出进行量化核算的一种财务制度，财务问题是事件投资者与赞助商关心的焦点问题。从我国的实际来看，建立事件活动的财务责任制运作机制应抓住以下三个要点（劳雷尔·J. 里德，2004）：

- 对已有事件活动的效应进行评估与文献分析；
- 进行事件活动投资的相关研究及可行性论证；
- 获得社区群众与地方政府的双重支持。

（4）四项基础工作

针对我国事件运作的实际，应加强以下四项基础工作。

一是市场研究：从事件活动这一特殊产品的特性出发，对其特定的市场进行研究，确定目标市场，根据市场的变化进行动态市场定位（付路阳等，1996）。

二是资本经营：对事件活动的运作资金采取资本运营方式进行筹资及运营，对事件相关的知识产权进行资本化保护、开发与应用，鼓励建立专业的事件策划、运作公司。

三是事件规划：由于事件及事件旅游涉及面广、因素众多，因此，在事件举办前对事件及事件旅游及其机构进行策划和规划是不可缺少的重要内容（Bramwell，1997；Wall，2002）。Getz 认为，事件及事件旅游战略规划包括规划任务、形势分析、蓝图和目标、市场研究、战略阐述、管理系统和战略优化七个方面的内容和步骤（Getz，1997）。Gnoth 和 Anwar 提出了一个实施事件旅游战略规划的框架（图 10）（Gnoth and Anwar，2000）。

四是整体协作：针对事件活动（特别是重大事件活动）的运作涉及众多部门、行业和企业的实际，需要由政府部门出面，对事件的运作实行整体协作，以维护事件活动举办期间的正

---

① 在其他领域也译为“可信赖性”、“责任计量”或“责任量化”。

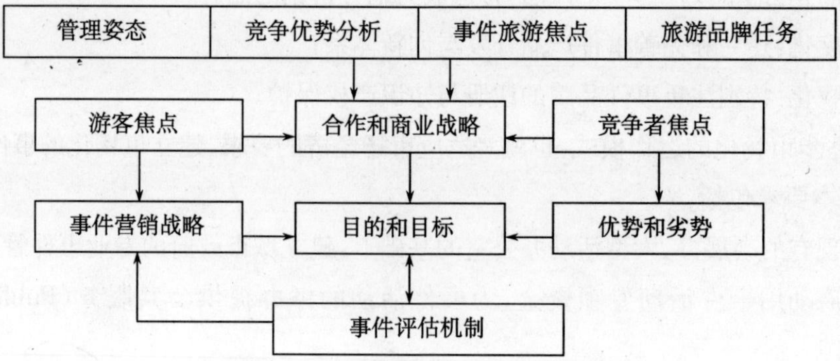

图 10　事件旅游战略规划的实施框架

常社会秩序,发挥事件的后续效应。

2. 事件活动与地方发展良性互动框架的应用

以上提出的事件活动与地方发展良性互动的"1234"理论框架,以事件活动普遍具有的事件效应规律为基础,针对后事件效应的克服,结合我国现阶段实际情况,因而具有良好的应用性。

在实践上,'99 世博会结束后,昆明市提出"营销昆明"、建设现代新昆明发展战略思路,以及《新周刊》2003 年总第 163 期把云南省称为"体验之都",都是对事件活动与地方发展良性互动框架的有效利用,证明了'99 世博会对于推进云南走向世界和昆明的国际化进程、实现从'99 世博会向可持续昆明和可持续云南的转变,发挥了巨大的影响,起到了很好的推动作用。

(二) 结论 2:重大事件活动的一般特点

在分析过程中,本文提升了与昆明世博会类似的重大事件活动的以下一般性特点。

1. 重大事件活动对不同尺度区域影响的四角六边框架特点:"小区域得大虚名、大区域获小实在"(图 11),在不考虑其他因素的情况下,重大事件活动对举办地当地旅游业的总体质量的提高和目的地综合实力的提升有着很好的影响和效应,而对其所在的更高一级的区域而言,这种质量的提高和实力的提升则不是很明显。

2. 重大事件对客源地空间结构与目的地主体行为结构影响的 DRE-TGP 框架特点(图 12):对客源地空间结构的影响体现为两个相反的效应(双反效应,duplex reciprocal effects,简称 DRE);对目的地利益主体行为的影响体现为三个递进的现象(三重现象,triply group phenomena,简称 TGP)。

3. 重大事件活动影响的三维框架特点如图 13 所示。

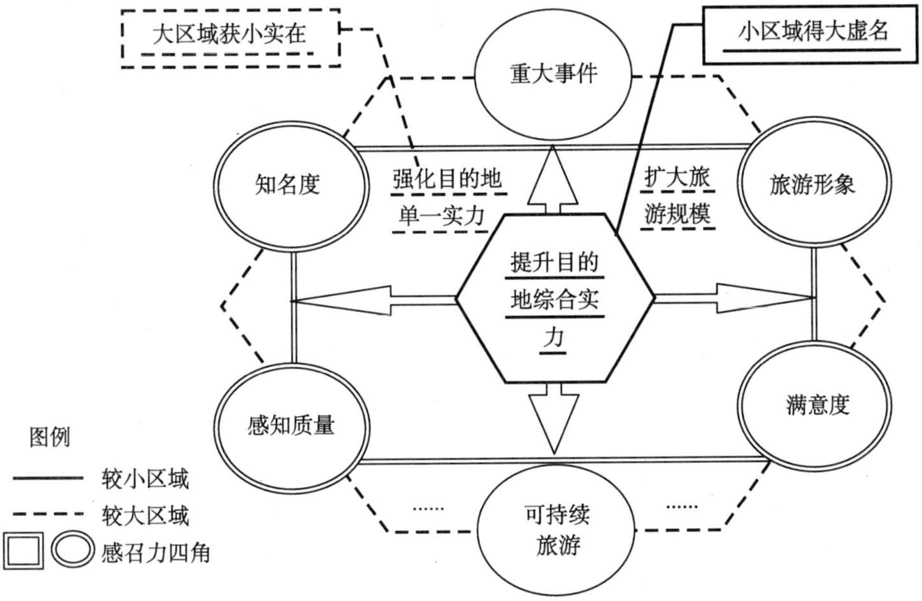

图 11　重大事件活动对不同尺度区域影响的四角六边框架

4. 重大事件观众的构成类别、组织形式与特点如图 14 所示。

5. 重大事件活动推进事件旅游发展和目的地品牌化与地方可持续发展的特点如图 15 所示。

6. 重大事件活动形象与依托其遗存物(会场、会址)所建景点的形象分离以及会展类事件活动闭幕后场馆性质的转变特点(图 16)。

(三) 结论 3:我国重大事件活动的特点

在分析过程中,本文发现了昆明世博会的以下特点。

1. 影响力内容分布的特点:具有强烈的旅游和经济目的导向、明显的主题性导向和突出的多元化、综合性特点。

2. 影响力空间分布特点:重大事件活动的综合影响力呈现不连续的面状延展与点状分散结合的特点。

3. 对微观和宏观影响的区域程度差异:对微观、个体的影响而言,'99 世博会影响是空间尺度越大、影响程度越高;而总体、宏观的影响而言,其影响程度则呈现出相对跳跃性的变化特点。

4. 事件效应的时间分布特点:先升后降、举办期间(当年)的即时影响和效应最为明显;短期效应>长期效应。

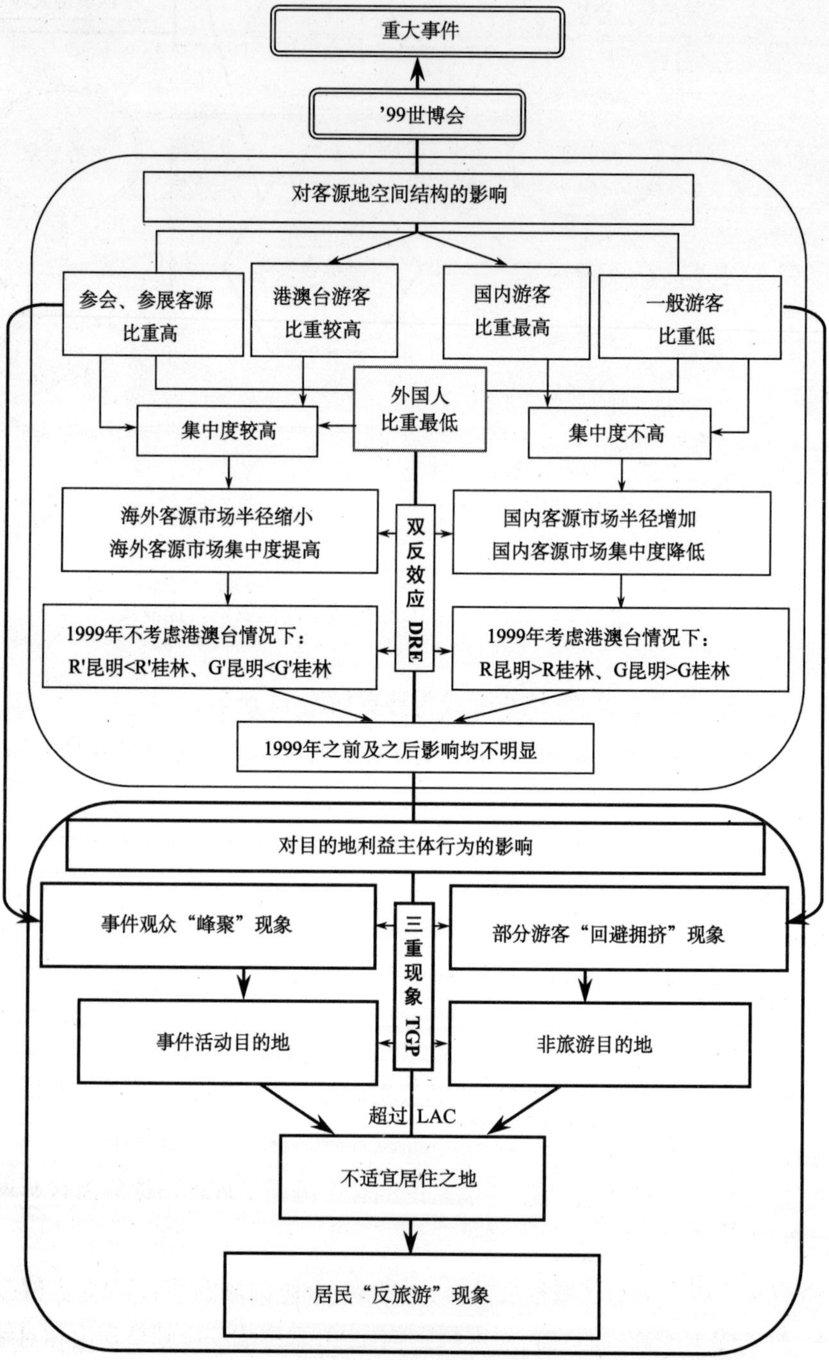

图 12　重大事件对客源地空间结构与目的地主体行为结构的影响

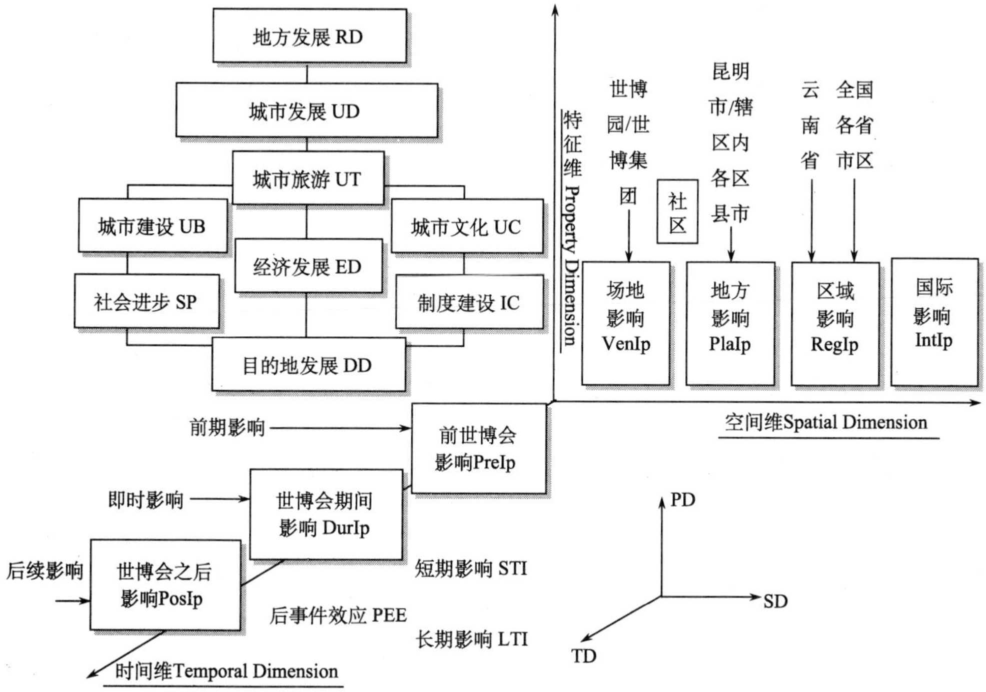

图 13　重大事件活动影响的三维框架特点

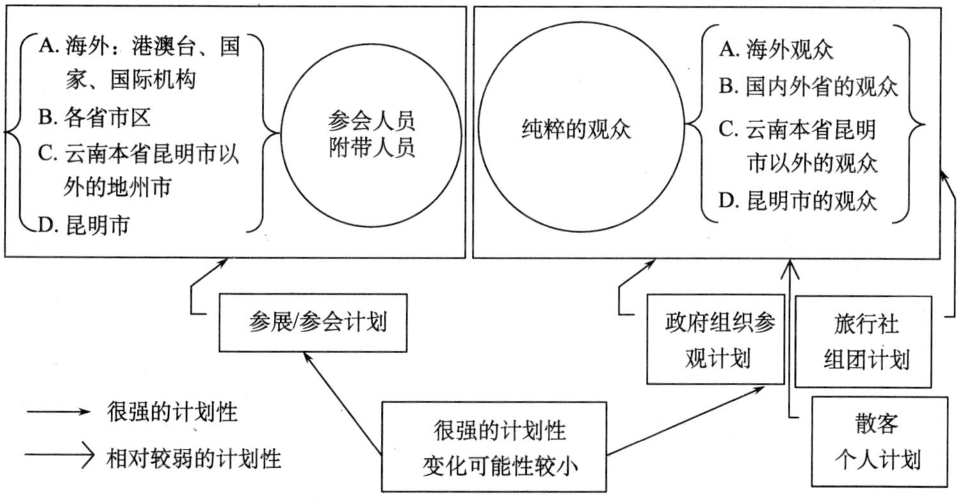

图 14　重大事件观众的构成类别、组织形式与特点

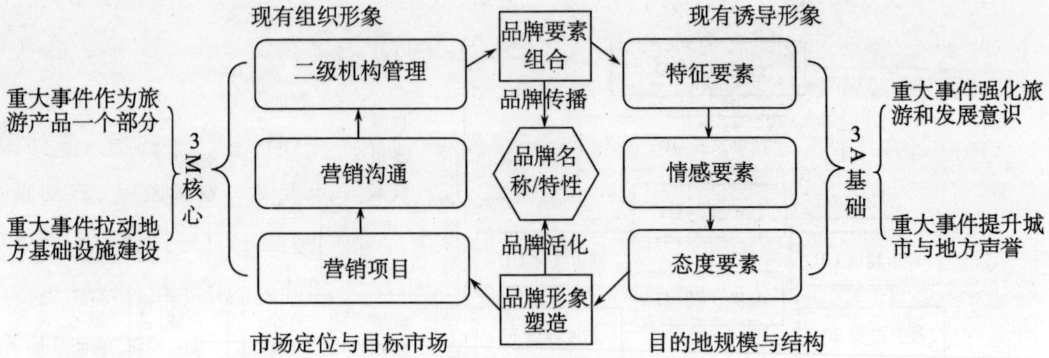

图 15 重大事件在目的地品牌化过程中的作用

注:本图综合蔡利平(Cai,2002)和葛兹(Getz,1997:16)的成果修改而作。

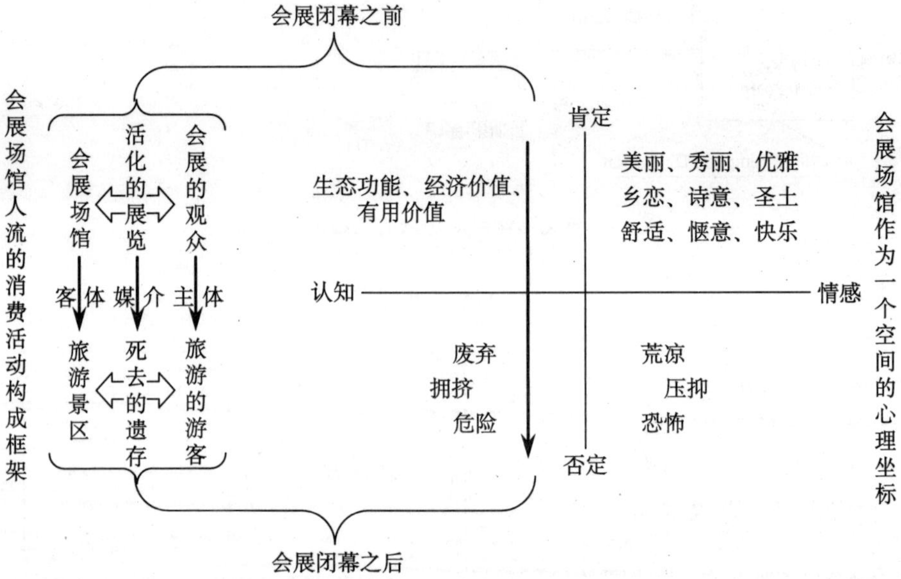

图 16 会展场馆作为消费空间的性质转变

资料来源:图的右半部分引自:王宁,2001。

5. 重大事件活动对会场所在地社区旅游企业影响的"影区"效应特点。

6. 重大事件活动主会场与分会场目的地在会期期间季节性变动的梯形曲线特点,重大事件活动场馆(会场)游人在会期期间的季节性变化则呈现"M"形曲线的特点。

值得注意的是,以上特点中包含了我国重大事件活动与西方重大事件活动的差异和不同特点。从深层次来看,产生这些差异的根本原因在于二者对重大事件活动的动因和目的有所区别:在西方,重大事件活动是克服城市衰落、实现城市更新的重要措施(Hiller,2000;Burbank,Andranovich and Heying,2002);在我国,重大事件活动则是提高城市地位、实现城市发展的一个途径,这是二者最根本的区别。与此相应,无论是西方还是我国,都把重大事件活动作为契机,以此加快实现城市和地方局域现代化的步伐(Roche,1992)。此外,在重大事件活动的运作机制和体制上,西方以市场为主、采用专业机构运作的模式,我国则是以政府主导、市场辅助的运作模式为主,这也是导致以上我国重大事件活动与西方重大事件活动存在差异的重要原因之一。如何从这些差异中找出有中国特色的重大事件活动运作的规律,是值得理论界、实业界和政府部门深入探讨的重大问题。

(四) 讨论

本文以西方事件及事件旅游理论为指导,从事件及事件旅游、城市旅游与目的地发展及典型案例比较三个角度进行研究,分析了昆明世博会影响和效应的主要表现,研究了这些影响和效应的表现程度和范围,并对其进行测度,在与国外类似的重大事件进行比较的基础上,分析了我国重大事件活动的特点,对类似的重大事件的特点及其影响的理论规律进行了探讨。

鉴于本文所依据的主要理论事件及事件旅游研究仍然是一个"年轻的学术领域"(Formica,1998),在我国该学科领域尚无系统的研究,加之研究过程中存在的不足,本文为后来的相关研究留下了不少题目。值得进一步研究的主要问题包括以下五个方面。

1. 关于重大事件活动后事件效应的问题。本文在分析过程中,对于其后续效应的微观表现(世博园的发展)和宏观表现(昆明市旅游业和目的地发展)进行了分析,对世博园的进一步发展问题主要进行了世博会及世博园形象问卷调查与分析以及世博会会期期间世博园游客的季节性变化分析,对昆明市旅游行业在'99 世博会结束后一度存在的恶性竞争问题的原因进行了简单的分析,同时,还对'99 世博会后昆明市旅游业在全省和全国的地位变化进行了研究。客观地看,世博园的发展和昆明市旅游业及目的地的发展问题,都是一个涉及面非常广泛、影响因素十分众多的问题,其相关问题的研究非本文所能解决。此外,对这些问题的研究还涉及一个资料的问题:一方面,世博园及世博集团都是合法的企业法人机构,有权保留自己的商业秘密,对相关数据资料进行保密;另一方面,对于昆明世博会来说,仅以闭幕四年后的资料分析其长期效应,当然也存在时段不够长的客观问题。因此,挖掘更加全面的内部资料和等待更加长久的时间,是对世博园发展和昆明市旅游业及目的地发展与'99 世博会后续影响和效应进行深入研究的最好的方式。

2. 关于重大事件活动影响力指数空间分布的测度问题。本文通过相关报道内容分析的方法,分析了昆明世博会在昆明市内、云南省内、国内及国际的影响力指数分布特点,建立了昆明世博会国内影响力空间衰减指数的三个模型。对于距离衰减规律的量化尚须作出进一步的研究。而从空间上看,'99 世博会影响力指数的不连续的面状延展与点状分散结合的综合特点也许和介入机会模型有着更加直接的关系。这种关系是否存在?世博会影响力指数的分布与空间极化现象是否有关?

3. 关于重大事件活动会期特点的研究。本文通过对比昆明'99 世博会和广东顺德 2001 花博会的比较,探讨了一次性、专题性事件活动的会期特点。对不同类型事件活动(特别是专项事件活动与综合事件活动)的影响及其特点进行比较,是值得进一步研究的问题之一。

4. 关于事件影响和效应的评估问题。'99 世博会使得昆明旅游业在 1999 年得到超常规的发展,世博会结束后,其影响持续至今,形成了强劲的事件后续效应和后事件效应。本文论述了'99 世博会影响和效应的存在,并以旅游本底趋势线模型方法,估算了其经济影响,为重大事件活动影响和效应的评估提出了一条新的思路。但是,由于资料的不足,本文没有使用规范的事件影响评估方法(Fayos-Solá,1998;Jones,2001;阿尔诺·勃兰特等,2003;Frost,Warwick and Foster,2002;Barbara,1995;约翰·艾伦等,2002;Dwyer,年份不详;Gursoy,Kim and Uysal, 2004)进行估算。加强资料的发掘、使用规范的方法进行估算,是对事件活动的影响和效应进行评估的规范路子。

5. 关于事件影响和效应的成因问题。重大事件活动的影响有其客观的形成机制。本文使用系统动力学思想,对这一问题进行了简单的探讨。鉴于作者自身的素养问题,文中没有建立规范的系统动力学模型对此进行分析。在把重大事件活动看作一个复杂系统的前提下(钟韵、彭华,2001;张述林、邹再进,2001;钟韵、彭华、郑莘,2003),利用系统动力学建立模型对重大事件活动进行研究是值得探讨的问题(Bass,2001;徐红罡,2001;保继刚、徐红罡、戴光全,2002;徐红罡,2003)。

此外,还有一些相对较小的问题也是值得关注和研究的。例如,对于类似重大事件活动在基本建设投资、城市市政建设方面所带来的不良影响的研究。

参考文献

[1] 2002 Winter Olympic Games. 2001. Impacts, Images and Legacies. *Presentation to the 32nd Annual Conference of the Travel and Tourism Research Association*, June 12, http://travel.utah.gov/Olympic_ TTRA.pdf.

[2] Ahmed, Z. U. 1991. Marketing Your Community: Correcting: A Negative Image. *Cornell hotel and Restaurant Administration Quarterly*, Vol. 31, No. 4, pp. 24-27.

[3] Albert, L. L., J. M. Donna, P. S. Mark, et al. 2000. The technology acceptance model and the World Wide Web. *Decision Support Systems*, Vol. 29, No. 3, pp. 269-282.

[4] Barbara, F. 1995. The artistry story: Event marketing at fast-forward speed. *Management Review*, Vol. 84, No. 12, pp. 29-32.

[5] Bass, F. M. 1969. A new product growth model for consumer durables. *Management Science*, No. 15, pp. 215-227.

In: Satoh, D. A discrete BASS Model And its parameter estimation. *Journal of the Operations Research Society of Japan*, 2001, Vol. 44, No. 1, pp. 1-18.

[6] Baum, T. and L. Hagen. 1999. Responses to Seasonality: the Experiences of Peripheral Destinations. *International Journal of Tourism Research*, Vol. 1, No. 5, pp. 299-312.

[7] Bos, W. and C. Tarnai. 1999. Content analysis in empirical social research. *International Journal of Educational Research*, Vol. 31, No. 8, pp. 659-671.

[8] Bramwell, B. 1997. Strategic Planning Before and After a Mega-Event. *Tourism Management*, Vol. 18, No. 3, pp. 167-176.

[9] Burbank, M. J., G. Andranovich and C. H. Heying. 2002. Mega-Events, Urban Development, And Public Policy. *Review of Policy Research*, Vol. 19, No. 3, pp. 179-203.

[10] Cai, L. A. 2002. Cooperative Branding for Rural Destinations. *Annals of Tourism Research*, Vol. 29, No. 3, pp. 720-742.

[11] Catherwood, D. W. (Editor), K. R. L. Van and G. Y. Ernst. 1992. *The Complete Guide to Special Event Management: Business Insights, Financial Advice, and Successful Strategies from Ernst & Young*. Chichester: John Wiley & Sons. Available in: http://www.amazon.com/exec/obidos/ASIN/0471549088/ qid=1018752576/sr=1-12/ref=sr_1_12/102-4688368-2174559 (Booklist).

[12] Crompton, J. L. and S. L. McKay. 1997. Motives of Visitors Attending Festival Events. *Annals of Tourism Research*, Vol. 24, No. 2, pp. 425-439.

[13] Dimanche, F. 1997. Special Events Legacy: The 1984 Louisiana World's Fair in New Orleans. In: P. Murphy (Ed.), *Quality management in urban tourism*. Chichester: John Wiley & Sons, pp. 67-74.

[14] Dwyer, L. *Economic Evaluation of Special Events: A Re-assessment*. IN: http://www.ttra-europe.org/ glasgow-filer/ Acr21A.pdf.

[15] Fayos-Solá, E. 1998. The Impact of Mega Events. *Annals of Tourism Research*, Vol. 25, No. 1, pp. 241-245.

[16] 1998. *Festival Management & Event Tourism*, Vol. 5, No. 1-4; *Event Management*, 2000, Vol. 6, No. 1-4; 2001, Vol. 7, No. 1-2; 2002, Vol. 7, No. 3-4: Subject Index. in: http://www.cognizantcommunication.com/ file cabinet/EventManagement/fmetasi.html, http://www.cognizantcommunication.com/filecabinet/Event Management/emasi.html.

[17] Finn, M., M. Elliott-White and M. Walton. 2000. *Tourism and Leisure Research Methods: Data Collection, Analysis, and Interpretation*. Essex: Longman/Pearson Education. p. 134.

[18] Formica, S. 1998. The Development of Festivals and Special Events Studies. *Festival Management & Event Tourism* (abstract), Vol. 5, No. 3, pp. 131-137. in: http://www.cognizantcommunication.com/.

[19] Frost, W. and D. Foster. 2002. An 'Integrated Comparative Framework' for Data Collection for Festivals in Small Regional Areas: A Case Study of Echuca-Moama. In: *UTS: Events & Place Making*. pp. 366-388. In: http://www.business.uts.edu.au/acem/pdfs/Proceedings.pdf.

[20] Getz, D. 1997. *Event Management & Event Tourism*. New York: Cognizant Communication Corporation.

[21] Getz, D. 2000. Event; Event management; event marketing. IN: Jafari, J. *Encyclopedia of Tourism*(《旅游百科全书》). New York: Routleledge. pp. 209-212.

[22] Getz, D. 1991. Special events. In: Medlik S(ed.). *Managing Tourism*. Oxford: Butterworth-Heinemann Ltd. p. 112.

[23] Gnoth, J. and S. A. Anwar. 2000. New Zealand Bets On Event Tourism. *Cornell hotel and Restaurant Administration Quarterly*, Vol. 41, No. 4, pp. 72-83.

[24] Gursoy, D., K. Kim and M. Uysal. 2004. Perceived impacts of festivals and special events by organizers: an extension and validation. *Tourism Management*, Vol. 25, No. 2, pp. 171-181.

[25] Hall, C. M. and J. Hodges. 1997. The Party's great, but what about the hangover: the housing and social impacts of mega-events with special reference to the 2000 Sydney Olympics. *Festival Management & Event Tourism*, Vol. 4, No. 1/2, pp. 13-20.

[26] Hede, A-M., L. Jago and M. Deery. 2002. Special Event Research 1990-2001: Key Trends and Issues. in: *UTS: Events & Place Making*. pp. 321-338. In: http://www.business.uts.edu.au/acem/pdfs/Proceedings.pdf.

[27] Hiller, H. H. 2000. Mega-Events, Urban Boosterism and Growth Strategies: An Analysis of the Objectives and Legitimations of the Cape Town 2004 Olympic Bid. *International Journal of Urban & Regional Research*, Vol. 24, No. 2, pp. 439-458.

[28] Hoyle, L. H. 2002. *Event Marketing: How to Successfully Promote Events, Festivals, Conventions, and Exposi-*

tions. Chichester: John Wiley & Sons.

[29] Jones, C. 2001. Mega-events and host-region impacts: determining the true worth of the 1999 Rugby World Cup. *International Journal of Tourism Research*, Vol. 3, No. 3, pp. 241-251.

[30] Kang, Y., and R. Perdue. 1994. Long-Term Impact of a Mega-Event on International Tourism to the Host Country: A Conceptual Model and the Case of the 1988 Seoul Olympics. *Journal of International Consumer Marketing*, Vol. 6, No. 3-4, pp. 205-225.

[31] Larry, D., M. Robert, M. Nina and M. Trevor. 2000. A Framework for assessing "Tangible" and "Intangible" Impacts of Events and Conventions. *Event management*, Vol. 6, No. 3, pp. 175-189.

[32] McManus, G. 1999. Making the Most of Mega Events. *New Zealand Management*, Vol. 46, No. 2, pp. 30-35.

[33] Oppermann, M. 1998. Association Involvement and Convention Participation. *Journal of Hospitality and Tourism Research*, Vol. 21, No. 3, pp. 17-30. Re.: Weber, K. Meeting Planners' Perceptions of Hotel-chain Practices and Benefits: An Importance-Performance Analysis. *Cornell Hotel and Restaurant Administration Quarterly*, 2000, Vol. 41, No. 4, pp. 32-38.

[34] Oppermann, M. 1995. E-mail Surveys—Potentials and Pitfalls. *Marketing Research*, Vol. 7, No. 3, pp. 29-33. Re.: Weber, K. Meeting Planners' Perceptions of Hotel-chain Practices and Benefits: An Importance-Performance Analysis. *Cornell Hotel and Restaurant Administration Quarterly*, 2000, Vol. 41, No. 4, pp. 32-38.

[35] Prentice, R. and V. Andersen. 2003. Festival As Creative Destination. *Annals of Tourism Research*, Vol. 30, No. 1, pp. 7-30.

[36] Ritchie, B. 1984. Assessing the impacts of hallmark events: Conceptual and research issues. *Journal of Travel Research*, Vol. 23, No. 1, pp. 2-11.

[37] Ritchie, B. and C. Aitken. 1984. Assessing the impacts of the 1988 Olympic Winter Games: The research program and initial results. *Journal of Travel Research*, Vol. 22, No. 3, pp. 17-25.

[38] Ritchie, J. R. and M. Lyons. 1990. Olympulse: A Post-Event Assessment of Resident Reation To The Olympic Winter Games. *Journal of Travel Research*, No. Winter, pp. 14-23.

[39] Ritchie, J. R. and B. H. Smith. 1991. A Impact of A Host Region Awareness: A longitudinal Study. *Journal of Travel Research*, No. Summer, pp. 3-10.

[40] Roche, M. 1996. Mega-events and micro-modernization: On the sociology of the new urban tourism. In: Yiorgis, A. L. Stella, and Y. Andrew (Editor). *The Sociology of Tourism: Theoretical and Empirical Investigations* (Routledge Advances in Tourism, 1). London: Routledge, pp. 315-347. Also in: British Journal of Sociology, 1992, Vol. 43, No. 4, pp. 563-600.

[41] Roche, M. 2000. *Mega-events and Modernity: Olympics and expos in the growth of global culture*. London: Routledge. pp. 276-277.

[42] Smith, S. L. J. 2001. Measuring the Economic Impact of Visitors to Sports Tournaments and Special Events (Book Review). *Annals of Tourism Research*, Vol. 28, No. 3, pp. 829-831.

[43] Waitt, G. 2003. Social Impacts of the Sydney Olympics. *Annals of Tourism Research*, Vol. 30, No. 1, pp. 194-215.

[44] Wall, G. 2000. Impacts (of tourism). In: Jafari, J. (chief editor) *Encyclopedia of Tourism*(《旅游百科全书》). New York: Routleledge. pp. 297-298.

[45] Wall, G. 2002. *Event and Tourism*. Seminar Report at Zhongshan University(在中山大学的讲座报告).

[46] 阿尔弗雷德·海勒(Alfred Heller)著，吴惠族等译:《文明的进程:世博会的发展与思考》，上海科学技术文献出版社，2003年。

[47] 阿尔诺·勃兰特等著，任树银等译:《汉诺威世博会对区域经济的影响》，上海科学技术文献出版社，2003年。

[48] 奥格尔斯等著，关世杰等译:《大众传播学:影响研究范式》，中国社会科学出版社，2000年，第464页。

[49] 保继刚、楚义芳、彭华:《旅游地理学》(第一版)，高等教育出版社，1993年，第58页。

[50] 保继刚、楚义芳:《旅游地理学》(修订版)，高等教育出版社，1999年，第79页。

[51] 保继刚、戴光全:"西方会议会展与会议旅游——发展简况、研究简介与国际机构"，《中国会展》，2003年第14期。

[52] 保继刚、徐红罡、戴光全:"'告别三峡游'的影响及理论解释"，《 地理研究》，2002年第5期。

[53] 查尔斯·R.戈尔德奈、J.R.布伦特·里奇、罗伯特·W.麦金托什著，贾秀海译:《旅游业教程:旅游业原理、方法和实践》，大连理工大学出版社，2003年，第218～220页。

[54] 陈浩、陆林:"北京奥运会和上海世博会旅游业效应及对比分析"，《经济地理》，2003年第6期。

[55] 陈孟炯:"关于昆明世博园市场前景的预测"，《旅游学刊》，2001年第2期。

[56] 陈永平："筹办世博会为上海旅游业带来的新机遇"，《上海综合经济》，2003 年第 5 期。
[57] 陈永义："加速区域经济发展需要有力的启动点——从世博会得到的几点启示"，《环渤海经济瞭望》，1999 年第 3 期。
[58] 仇学琴："世博会之后云南省饭店业现状及发展趋势研究"，《经济问题探索》，2002 年第 2 期。
[59] 戴光全、保继刚："西方事件及事件旅游研究的方法"，《桂林旅游高等专科学校学报》，2004 年第 3 期。
[60] 戴光全、保继刚："西方事件及事件旅游研究的概念、内容、方法与启发(上)"，《旅游学刊》，2003a，第 5 期。
[61] 戴光全、保继刚："西方事件及事件旅游研究的概念、内容、方法与启发(下)"，《旅游学刊》，2003b，第 6 期。
[62] 戴光全、吴必虎："TPC 及 DLC 理论在旅游产品再开发中的应用——昆明市案例研究"，《地理科学》，2002 年第 1 期。
[63] 戴光全："国际会议市场细分及其特点"，《中国会展》，2003 年第 12 期。
[64] 戴扬、卡茨：Dayan D & Katz E. *Media Events: The Live Broadcasting of history*。麻争旗译：《媒介事件》，北京广播学院出版社，2000 年，第 1 页、第 161～162 页。
[65] 付路阳等：《关系营销》，企业管理出版社，1996 年。转引自戴光全："旅游关系营销：旅游营销创新的一个概念性框架"，《桂林旅游高等专科学校学报》，2003 年第 4 期。
[66] 高维忠："粤北山区事件旅游开发试研究"，《山区开发》，2002 年第 11 期。
[67] 顾树保、于连亭：《旅游市场学》，南开大学出版社，1985 年，第 57 页。
[68] 郭方明："中国'99 昆明世博会工作述评"，《云南经济年鉴・2000》，2000 年，德宏民族出版社。
[69] 郭方明主编，云南省园艺博览局编：《园艺博览 世纪盛会——中国'99 昆明世界园艺博览会》，中国旅游出版社，1999 年，第 6 页，第 45～46 页。
[70] 何丹："城市政体模型及其对中国城市发展研究的启示"，《城市规划》，2003 年第 11 期。
[71] 胡星、金祖鑫、张万星："'99 世博会对昆明发展的影响"，《城市发展研究》，1999 年第 1 期。
[72] 花泽飞："管理创新与世博集团的发展"，《管理科学文摘》，2003 年第 4 期。
[73] 花泽飞："试论世博会世博园的可持续发展"，《创造》，2002 年第 9 期。
[74] 季进："论钱锺书与比较文学"，《文艺理论研究》，2001 年第 2 期。
[75] 蒋文中："148 年的等待・走向世界的昆明城：'99 昆明世博会"，载郭方明主编：《走进世博会》，云南人民出版社，1998 年，第 102～107 页。
[76] 金波、张茵、王如渊："试论世博会后昆明世博园的可持续发展"，《地域研究与开发》，2001 年第 3 期。
[77] 克劳德・塞尔旺、竹田一平著，魏家雨等译：《国际级博览会影响研究》，上海科学技术文献出版社，2003 年。
[78] 劳雷尔・J. 里德(Laurel J. Reid)："开拓新生市场 促进经济增长——加拿大安大略省尼亚加拉冬季灯节(NWFL)案例研究"(中译本)。原版：Lynn C. Harrison (Editor), Winston Husbands (Editor). *Practicing Responsible Tourism: International Case Studies in Tourism Planning, Policy, and Development*. John Wiley & Sons, 1996. Chap. 27. 载周常春、苗学玲、戴光全主译：《国际旅游规划案例分析》，南开大学出版社，2004 年，第 747～787 页。
[79] 李赪武："典型调查及其在有中国特色的社会调查研究中的地位与现代化问题"，《甘肃行政学院学报》，1999 年第 1 期。
[80] 李洪岩："关于'诗史互证'——钱钟书与陈寅恪比较研究之一"，《贵州大学学报》(社会科学版)，1996 年第 4 期。
[81] 李洪岩："钱钟书与陈寅恪"，载范旭仑、李洪岩：《钱钟书评论》，社会科学文献出版社，1996 年，第 76 页。
[82] 李乃英、孙根年："西安市境外旅游本底趋势线的建立及科学意义"，《西北大学学报》(自然科学版)，1998 年第 4 期。
[83] 李小波、于希贤："昆明世博园规划的主题升华与城市旅游形象"，《旅游学刊》，2001 年第 6 期。
[84] 李亚军："钱钟书《管锥编》民俗文化观论析"，《阴山学刊》，1999 年第 2 期。
[85] 林方直："钱钟书《管锥编》中的艺术哲学对待范畴"，《广播电视大学学报》(哲学社会科学版)，1998 年第 1 期。
[86] 刘兰凯："从'99 世博会走向永久世博园"，《创造》，2001 年第 5 期。
[87] 罗秋菊："世界大型事件活动对旅游业的影响及对中国的启示——以历届奥运会和韩国世界杯为例"，《商业研究》，2003 年第 11 期。
[88] 罗秋菊："事件旅游研究初探"，《江西社会科学》，2002 年第 9 期。
[89] 马天泽、徐玉长："世博会后世博园"，《瞭望》，2000 年第 45 期。
[90] 马勇，王春雷："世博园旅游深度开发战略研究"，《世界地理研究》，2001 年第 1 期。
[91] 迈克尔・霍尔："重大活动与城市形象重塑战略——压制、社区与 2000 年悉尼奥运会"(中译本)，原版：Lynn C. Harrison (Editor), Winston Husbands (Editor). *Practicing Responsible Tourism: International Case Studies in Tourism Planning, Policy, and Development*. John Wiley & Sons, 1996. Chap. 19. 载周常春、苗学玲、戴光全主译：《国际旅游规划案例分析》，南开大学出版社，2004 年，第 531～532 页。
[92] 梅琼林："王国维与'三重证据法'，《民族艺术》，1998 年第 3 期。

[93] 聂钠:"中国国际入境旅游趋势线的建立及意义",《常德师范学院学报》(社会科学版),2001年第4期。
[94] 牛绍尧:"'99昆明世博会——云南发展的新机遇",《国土经济》,1999年增刊。
[95] 上海综合经济研究所青年课题组:"机会的价值——世博会对上海信息服务业的效应分析",《上海综合经济》,2003年第5期。
[96] 世界旅游组织、云南省人民政府:"云南省旅游发展总体规划"(送审稿),2001年,第284～285页。
[97] 舒晓楠、赵光洲:"可持续发展战略中的管理创新——以云南世博园可持续发展研究为例",《经济问题探索》,2001年第10期。
[98] 宋蜀华:"论历史人类学与西南民族文化研究——方法论的探索",《思想战线》,1997年第3期。
[99] 孙根年:"我国六大境外客源市场旅游本底趋势线的建立及其科学意义",《河南大学学报》(自然科学版),1998年第4期。
[100] 孙根年:"我国境外旅游本底趋势线的建立及科学意义",《地理科学》,1998年第5期。
[101] 孙根年:"西安市境外旅游业发展的动态趋势及波动周期",《西北大学学报》(自然科学版),2001年第6期。
[102] 汪均益:"重要活动与城市旅游",中欧—西班牙会展研讨会,2003年3月9日。转引自郭英之:"2010年上海世博会旅游发展潜力的效应分析",《旅游学刊》,2003年第5期。
[103] 王方华主编:《世博会与上海经济》,上海交通大学出版社,2003年。
[104] 王宁:"旅游、现代性与'好恶交织'——旅游社会学的理论探索",《社会学研究》,1999年第6期。
[105] 王宁:《消费社会学》,社会科学文献出版社,2001年,第249页。
[106] 王阳:"'文史互证'的极限",《文史哲》,1999年第5期。
[107] 文彤:"旅游事件对城市旅游的影响",载保继刚、潘兴连、Wall G.:《城市旅游的理论与实践》,科学出版社,2001年,第112～118页。
[108] 吴必虎:《地方旅游开发与管理》,科学出版社,2000年,第81～83页。
[109] 吴必虎:《区域旅游规划原理》,中国旅游出版社,2001年,第265～267页。
[110] 吴必虎、余青:"中国城市节事活动的开发与管理研究",中国城市节庆研讨会大会交流报告(贵州·铜仁),2003年。
[111] 吴书锋、罗秋菊、蒋文晖:"大型事件旅游的开发与管理研究",《江西财经大学学报》,2003年第6期。
[112] 西格耳(Sidney Siegel)著,北星译:《非参数统计》,科学出版社,1986年,第36页。
[113] 谢飞帆:"世界博览会的效益评估",《社会科学》,1999年第12期。
[114] 徐红罡:"潜在游客市场与旅游产品生命周期——系统动力学模型方法",《系统工程》,2001年第3期。
[115] 徐红罡:"在旅游节事活动中公共交通政策的执行效力研究——以'99昆明世界园艺博览会为例",《城市交通》,2003年第2期。
[116] 薛领、杨开忠:"城市演化的多主体模型研究",《系统工程理论与实践》,2003年第12期。
[117] 晏钢:"中国'99昆明世界园艺博览会——云南旅游业发展的机遇和挑战",《桂林旅游高等专科学校学报》,1999年第1期。载马勇、王春雷:"世博园旅游深度开发战略研究",《世界地理研究》,2001年第1期。
[118] 杨健强:"办好'99世博会,加快发展昆明旅游业",《城市问题》,1999年第1期。
[119] 杨开忠、薛领:"复杂区域科学:21世纪的区域科学",《地球科学进展》,2002年第1期。
[120] 杨吾扬、张超、徐建华:"谈谈现代地理学中的数量方法与理论模式(上)",《地域研究与开发》,1996年第1期。
[121] 杨吾扬、张超、徐建华:"谈谈现代地理学中的数量方法与理论模式(下)",《地域研究与开发》,1996年第2期。
[122] 约翰·艾伦等箸,王增东、杨磊译:《大型活动项目管理》,机械工业出版社,2002年,第26～27页。
[123] 云南省人民政府研究室:《云南年鉴2000》,云南年鉴杂志社,2000年,第2页、第273页、第276页。
[124] 张红川、王耘:"论定量与定性研究的结合问题及其对我国心理学研究的启示",《北京师范大学学报》(人文社会科学版),2001年第4期。
[125] 张捷:"信息时代科技发展、新旅游及旅游规划更新",《安徽师范大学学报》(自然科学版),2003年第4期。
[126] 张敬淦:"城市科学的发展历程——参与城市科学研究20年的体会",《城市问题》,2004年第1期。
[127] 张述林、邹再进:"面向复杂系统的旅游规划综合集成方法",《人文地理》,2001年第1期。
[128] 郑海:"'99世博会与云南旅游业大格局中的新支点",《社会科学家》,1999年第5期。马勇、王春雷:"世博园旅游深度开发战略研究",《世界地理研究》,2001年第1期。
[129] 钟韵、彭华、郑莘:"经济发达地区旅游发展动力系统初步研究:概念、结构、要素",《地理科学》,2003年第1期。
[130] 钟韵、彭华:"旅游研究中的系统思维方法:概念与应用",《旅游学刊》,2001年第3期。
[131] 朱捍华、周茂涛:"昆明世博园市场营销战略探讨",《河海大学学报》(哲学社会科学版),2003年第3期。阿尔弗雷德·海勒(Alfred Heller)著,吴惠族等译:《文明的进程:世博会的发展与思考》,2003年,上海科学技术文献出版社。

旅游发展与世界遗产地政府治理：理论与实证

张 朝 枝[①]

一、选题背景和意义

（一）背景与问题

自 1987 年中国首批世界遗产认定以来，中国世界遗产的国内外知名度迅速提高，一些风景名胜区申报世界遗产成功以后，游客接待人数急骤增长，如武陵源自 1992 年列入《世界遗产名录》以来，年接待游客平均以 10%的速度递增；武夷山自 1999 年列入《世界遗产名录》以来，年接待游客更是以 20%的速度递增。

随着世界遗产地旅游开发进程的加快，一些失控的旅游开发与缺位的旅游管理造成的部分遗产资源破坏引起了新闻媒体的广泛关注，遗产地旅游开发与资源保护的矛盾成为学术界、产业界以及政府部门争论的焦点。

世界遗产地武陵源发展历程表明，遗产地旅游发展总是与资源保护的矛盾交织在一起。一方面，长期贫困落后的武陵源地区急于通过旅游开发来摆脱贫困，积极招商引资、大力宣传促销；另一方面，武陵源因为过度开发招致了联合国教科文组织的批评，当地政府斥巨资对一些违章建筑进行拆除，并不断地颁布资源保护条例与法规，并因此而引起了广大舆论的关注，可同时一些新的违章建筑还在不断出现，出现了"小拆大建"的现象，武陵源的旅游发展与遗产保护进入一个"两难困境"。

国家风景名胜区与世界自然文化遗产是一种特殊的公共资源，对于公共资源的治理，受哈丁"公共悲剧"（Hardin，1968）、囚犯困境博弈（Dawes，1973、1975）、集体行动逻辑（Olson，1965）三个理论模型的影响，很多学者认为，公共资源将很难避免"公地悲剧"的困境。要解决这一问题，有学者认为"强制权力的政府管理是唯一方案"；也有学者认为"创立一种私有财产权制度来终止公共财产制度是唯一的方案"；奥斯特罗姆的经验研究表明，"许多社群的人们借助不同于国家也不同于市场的制度安排，也实现了对部分公共资源的成功管理"（奥

---

① 张朝枝（1973～ ），男，湖南人，中山大学旅游学院副教授、博士，主要从事旅游规划与管理、遗产旅游方面研究，E-mail：taylorson@tom.com。

斯特罗姆,2000)。

正如奥斯特罗姆所说,受各自理论模型的指导,每个人都认为自己的方案是"唯一"的,但事实却并非如此(奥斯特罗姆,2000)。公共资源管理中"公地悲剧"的规避,既有政府强权干涉治理成功的案例,也不乏通过明晰产权而得到合理解决的个案,问题的解决方式可能是多样的,并不是非此即彼的关系。政府或者市场都不是"唯一"的方式,二者都有其合理存在的可能性,关键是找到一种合适的制度安排。

对于武陵源所产生的一系列现象,引发了下列一些问题:究竟是什么原因导致了武陵源旅游发展与遗产保护的现实困境?对于这种特殊的公共资源,武陵源现行管理体制安排绩效究竟如何,是否能有效避免"公共悲剧"?怎样的制度安排才能有效地解决遗产地旅游发展与遗产保护的矛盾?

(二) 研究目标

本研究的主要目标包括五个方面。①评价世界遗产地这类特殊公共资源的政府治理绩效,对公共资源政府治理的相关理论进行检验与补充。②分析世界自然遗产地武陵源旅游发展与遗产管理的制度变迁,总结其制度变迁的原因与特点,并在此基础上分析该制度的政策激励与行动约束。③评价武陵源现行制度安排下的各项政策与行动激励的绩效,具体包括:(a)宣传促销政策;(b)基础设施建设政策;(c)景点开发建设政策;(d)政府部门直接投资建设服务接待设施;(e)社区居民参与旅游开发等几个方面,并分析评价这些政策与行动激励产生的影响。④将不同的世界遗产地旅游发展与遗产管理的制度安排进行比较,对我国世界遗产地制度安排提出建议。⑤探索性分析游客目的地反馈机制对世界遗产地管理的影响。

二、研究进展

(一) 相关概念

遗产与遗产地。"遗产"一词大约产生于 20 世纪 70 年代的欧洲(Prentice,1993),其含义与"继承"紧密相连,通常指从祖先继承下来的东西。从 20 世纪 80 年代中期开始,"遗产"的含义开始被不断引申,地方文脉、历史人物等被都认作是一种遗产,并越来越多地被用作商业用途。20 世纪 80 年代晚期,一些民间艺术、民族建筑风格就被认为是遗产,遗产进入大众化阶段。

随着遗产的大众化,遗产的分类也越来越多,但目前国际上较公认的遗产划分标准是

1982 年世界遗产宪章分类方法,即文化遗产与自然遗产、非物质类遗产。文化遗产包括历史以及一个民族或国家的思想、价值与信仰,建筑物与纪念物、重要历史事件的发生地,艺术(文学、音乐、舞蹈、雕塑等),传统事件与节日活动,以及传统的生活方式;自然遗产指一些质朴原始的自然风景地,它包括未经砍伐的森林、没有筑坝的河流、没有开垦的荒山等,但经过人为改造的自然风景地往往被认为是文化遗产的一部分(Jafari,2000)。

世界遗产与世界遗产地。世界遗产是指根据联合国教科文组织(UNESCO)的 1972 年 11 月第 17 次会议通过的《保护世界文化和自然遗产公约》①相关规定具有不同方面的"突出而普遍的价值"的文物、建筑群、遗址或者由物质和生物结构或这类结构群组成的自然面貌,地质和自然地理结构以及明确划为受威胁的动物和植物生境区,天然名胜或明确划分的自然区域②,经过联合国教科文组织相关审批程序,由世界遗产委员会正式录入《世界遗产名录》的文物、建筑群、遗址或者相关地域,也称为世界文化遗产和自然遗产,一般简称文化自然遗产。它属于遗产的一种。世界遗产地是指世界遗产赖以生存的地域空间与相关物质环境。通常人们将世界遗产地直接称为世界遗产。从现有的文献来看,尽管大家所持立场不尽相同,但大家基本都同意遗产资源是一种特殊的公共资源(徐篙龄,2002;张晓,2001;彭德成,2003;马梅,2003)。

治理与世界遗产地(景区)治理。"治理"一词源于拉丁文和古希腊语,原意是控制、引导和操纵。长期以来它与"统治"一词交叉使用,并且主要用于与国家的公共事务相关的管理活动和政治活动中。但是,自从 90 年代以来,西方政治学和经济学家赋予"治理"以新的含义,被广泛作用于社会经济领域。

本研究中"世界遗产地治理"是指治理主体对世界遗产地进行制度设计与安排,协调各利益主体(国家、地方政府、相关部门、投资者、当地居民、社会公众、旅游消费者)之间的关系,规范相关者的行为,最大限度地促进公共利益,即在保证遗产资源真实性与完整性的基础上尽可能地促进当地社会经济发展,同时发挥遗产的教育功能,让尽可能多的社会公众受到遗产教育。

---

① The Convention Concerning the Protection of the World Cultural and Natural Heritage,简称 the World Heritage Convention。

② 《世界文化与自然遗产保护公约》第 1 条规定:"在本公约中,以下各项为'文化遗产':文物:从历史、艺术或科学角度看具有突出的普遍价值的建筑物、碑雕和碑画、具有考古性质成分或结构、铭文、窟洞以及联合体;建筑群:从历史、艺术或科学角度看在建筑式样、分布均匀或与环境景色结合方面具有突出的普遍价值的单立或连接的建筑群;遗址:从历史、审美、人种学或人类学角度看具有突出的普遍价值的人类工程或自然与人联合工程以及考古地址等地方。"第 2 条规定:"在本公约中,以下各项为'自然遗产'。从审美或科学角度看具有突出的普遍价值的由物质和生物结构或这类结构群组成的自然面貌;从科学或保护角度看具有突出的普遍价值的地质和自然地理结构以及明确划为受威胁的动物和植物生境区;从科学、保护或自然美角度看具有突出的普遍价值的天然名胜或明确划分的自然区域。"

(二) 旅游发展与遗产管理研究概况

国内外关于遗产的研究总是与旅游发展联系在一起的。

通过对 Elsevier Science 公司(http://elsevier.lib.tsinghua.edu.cn)①出版的期刊文献以"heritage"为关键词进行搜索,然后对相关文献进行整理,涉及旅游发展与遗产管理的文献主要包括遗产地研究(包括遗产的价值、属性特征、保护、规划、营销、解说等方面)、遗产旅游者研究(包括旅游者的时空规律、行为特征、遗产者满意度、遗产旅游的真实性等方面)、遗产地的社区、政府/组织、媒体等利益相关者研究,以及遗产地旅游活动的影响与管理等几个方面(图 1)。

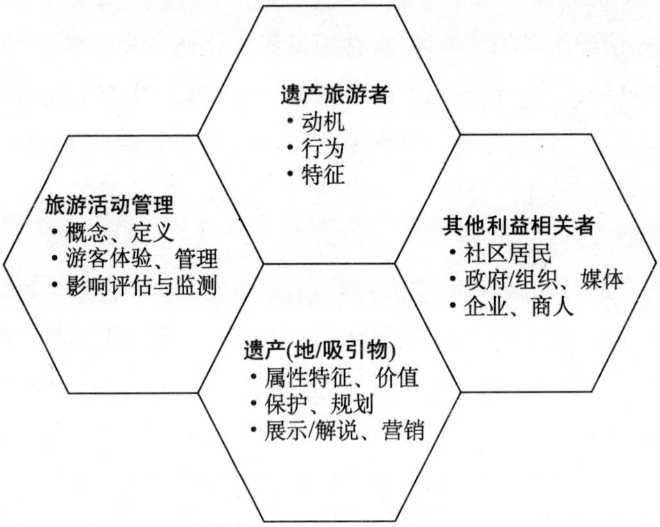

图 1　旅游发展与遗产管理研究的主要内容

1995 年创刊的《国际遗产研究杂志》迄今已经发行了 37 期②,共发表论文近 200 篇,研究内容包括博物研究、遗产旅游研究、遗产的理论与历史、遗产保护的法律与技术、文化研究以及遗产解说与规划设计等多方面。其研究主题随着时间的推移也不断的变化,早期比较关注博物馆管理与营销、文物保护与恢复技术等多方面,近年来关注面更加广泛,不仅包括文化遗产与自然遗产,也包括非物质遗产。2003 年以来似乎更加关注世界文化与自然遗产

① Elsevier Science 公司出版的期刊是世界上公认的高品位学术期刊。清华大学与荷兰 Elsevier Science 公司合作在清华图书馆设立镜像服务器,通过校园网提供 Elsevier 公司 1 100 余种电子期刊全文数据库即:ScienceDirect OnSite (SDOS)的服务,服务地址 http://elsevier.lib.tsinghua.edu.cn。

② 指从 1995 年到 2004 年年初期间。

地的研究。

《旅游研究年鉴》杂志于1996年发行了遗产旅游研究专辑,研究的收录的内容主要包括城市遗产旅游(Chang,Milne,Fallon and Pohlmann,1996)、工业遗产旅游、博物馆营销、考古旅游(Beltran and Rojas, 1996)、事件旅游等多个主题,对近年来的遗产旅游研究起到了很大的影响。

此外,随着遗产旅游研究的兴起,近年来以遗产旅游为研究主题的博士论文选题也越来越多,涵盖内容也越来越广泛。仅根据可统计资料,1993年至2001年期间,美国、加拿大两国以遗产旅游为研究主题的博士论文共达19篇,研究内容包括遗产的真实性、遗产与社区、遗产与村落、遗产旅游者特征、遗产业的私人经营等方面,涉及的学科也从人类学、地理学、社会学、民族学向工商管理、公共管理等方向发展。

总的看来,国际上已经将遗产旅游作为一种新的旅游产品进行培育和营销,并越来越受到重视,"遗产管理"这一概念正受到越来越多的重视并逐渐成为一个新的概念。

(三)遗产地管理体制

1. 遗产地的政府管理模式

关于遗产资源政府管理模式的争论,总结起来有两个观点:①借鉴西方国家的经验,设立国家公园管理局对全国遗产资源实行自上而下的垂直管理,以下简称为"垂直管理体制";②建立多位一体的地方政府来管理遗产资源,以下简称为"属地管理体制"。

关于垂直管理体制。借鉴美国经验,设立国家公园管理局对全国所有风景名胜区实行自上而下的垂直管理,管理局负责公园的资源与人员管理、日常维护,其所有经费来自国家财政或社会捐助,景区内所有经营项目对外实行特许经营(谢凝高,1995;王莹,1996; 柳尚华,1999;李景奇、秦小平,1999;杨锐,2001)。但现实中,这种方案没有考虑到中国遗产资源的特殊性,如风景区与遗产地内大量居民拆迁与安置问题,面对超凡的旅游压力问题(吴必虎等,2002),以及财政投入不足等现实问题(张晓,2001),也没有考虑到美国的国家公园管理体系也是多样的、变化的(徐嵩龄,2003c)。

关于属地管理体制。此方案实际上是建设部《风景名胜区管理暂行条例(1985)》第五条所规定的内容:"风景名胜区依法设立人民政府,全面负责风景名胜区的保护、利用、规划和建设。风景名胜区没有设立人民政府的,应当设立管理机构,在所属人民政府领导下,主持风景名胜区的管理工作。设在风景名胜区内的所有单位,除各自业务受上级主管部门领导外,都必须服从管理机构对风景名胜区的统一规划和管理。"该方案的支持者建议取消地方政府对风景与遗产地的直接管理,使景区变成一个小级别的行政单位,把资源保护的职能内在化,将资源所有权、管理权、收益权一体化(张昕竹, 2000; 魏小安, 2002)。这也是实践中用得比较多的一种模式，也的确产生了一定的效果，如峨眉山(郭树声，2001)、泰山(郭树声，1999)、华山(李树民、郭建友，2001)等地。

2. 遗产地的市场经营形式

针对传统的政府既管理又经营的模式，在实践领域出现了转让经营权，景区经营公司上市等做法，在理论界也提出了"四权分离(王兴斌，1999、2002)"说、"三权分离"说(杨振之、马治鸾、陈谨，2002)，"两权分离"说以及由此延伸引发的"上市经营说"，此外，还有"特许经营"说、"产权分割"论。但无论是哪一种说法，问题的核心就是管理权与经营权能否分离，产权与使用权能否分割。

关于管理权与经营权能否分离的争论，支持方认为从政企分开的发展趋势来看，经营权与所有权的分离是必然的，但由于遗产资源的特殊性，经营企业必须持有特殊资质(苟自钧，2002；邬爱其，2001)，现在有一些景区经营权与管理权不能分离是由于管理问题或者实际的操作问题(魏小安，2000)，有学者进一步认为，风景区行政事业管理的弊端很大，必须采取市场化运作，而组织旅游上市公司则是一种比较规范的市场运作模式(张凌云，2000)。反对方认为，国家风景名胜区是一种特殊的公共资源，它具有全球或全国唯一性及不可重现(造)性，要避免产生类似"搭便车"的问题，由政府管理国家风景名胜区资源只能是唯一选择，并且，政府对国家风景名胜区资源只能是根据社会福利原则来实行使用分配，这是政府的责任(张晓，1998；徐嵩龄，2003a、2003b)，遗产资源的特殊性决定了经营权与所有权是天然一体的，"管理权与经营权的分离必然导致遗产区管理转入以营利为首要目的商业性旅游经营轨道。其经营举措往往是与遗产保护背道而驰的(徐嵩龄，2003c)"。在能否上市的争论中，问题的症结集中在门票专营权是不是资源所有权的象征，门票经营转移是不是资源所有权的转移(厉以猷，2002)。

也有学者提出："'遗产的旅游展示类服务'事务应由遗产单位进行非营利性经营；遗产区外的'非遗产展示类旅游服务'事务应交由旅游公司、当地政府、周边社区进行营利性经营；当遗产区内的'非遗产展示类旅游服务'事务规模较大时，可以特许的方式由非遗产单位进行营利性经营(徐嵩龄，2003c)。"

3. "公地悲剧"与公共资源的治理

(1) 公共资源治理三种富有影响的理论模型

哈丁(Garret Hardin)的"公地悲剧"。对于公共资源的利用，1968年哈丁通过拟想一个"对所有人开放"的牧场，从一个理性人的角度考察了这种情形得出结论，所有人都追求个人利益最大化而最终造成牧场的毁灭。他认为"这是一个悲剧。每个人都被锁定进一个系统。这个系统迫使他在一个有限的世界上无节制地增加自己的牲畜。在一个信奉公地自由使用的社会里，每个人追求他自己的最佳利益，毁灭是所有的人趋之若鹜的目的地"(Hardin，

1968)。此后,“公地悲剧”这个表述已经成为一种象征,它意味着任何时候只要许多人共同使用一种稀缺资源,便会发生环境退化。这种观点得到了广泛的认可,现代资源经济学的标准分析所得出的结论是:只要公共池塘资源对一批人开放,资源单位的总提取量就会大于经济上的最优提取水平。

关于囚徒困境博弈。哈丁的公地悲剧模式常常被形式化为囚徒困境博弈(Dawes,1975)。在这种博弈模型中,每个当局者都会根据自己的个人利益最大化选择背叛策略,可得到的均衡结果却是帕累托较差的(Pareto-inferior)。囚徒博弈模型导出了个人理性策略导致集体非理性结局的这一悖论,对理性人类能够取得理性的结果这一信念构成了挑战,同时也引起了从多学者的关注,根据 1975 的一次统计,已发表论述囚徒困境博弈的论文就有 2 000 多篇。

关于集体行动的逻辑。对于公共资源的利用,奥尔森指出,除非一个群体中人数相当少,或者除非存在着强制或其他某种特别手段,促使个人为他们的共同利益行动,否则理性的,寻求自身利益的个人将不会为实现他们共同的或群体的利益而采取行动(Olson,1965)。

这三种模型都说明,在公共资源的使用中,个人理性行动最终导致的却是集体的非理性结果。

(2) 当前的“公地悲剧”治理的理论方案

关于强权政府治理的“唯一”方案。奥普尔斯(Ophuls, 1973)认为:“由于存在着公地悲剧,环境问题无法通过合作解决……所以具有较大强制性权力的政府的合理性,是得到普遍认可的。”他的结论是:“即使我们避免了公地悲剧,它也只有在悲剧性地把利维坦(Leviathan)[①]作为唯一手段时才能做到。”海尔布罗纳认为,“铁的政府”,或许是军政府,对实现生态控制是绝对必要的。爱伦费尔德提出:“如果人们不能期待私人对维护公地的兴趣,那么,就需要由公共机构、政府或国际权威实行外部管制。”卡鲁瑟和斯通纳认为,没有公共控制,“过度放牧、公共牧场土壤的侵蚀,或者以较高的成本捕到较少的鱼”,都必然发生,所以“如果经济效益来自公共财产资源的开发,那就要求对公共财产资源实行公共控制”。对自然资源,如牧场、森林和渔场,实行集中控制和管理的政策方案,已经得到广泛的赞同,在第三世界国家尤为如此。但是,这种方案的前提条件是政府能够准确地确定一个公共池塘资源的总量、明确无误地安排资源的使用、监督各种行为并对违规者实行成功地制裁,那么一个中央机构便能改变哈丁牧人的博弈结局,形成一个对牧人来说是效率最优的均衡。

---

① 原指《圣经》中象征邪恶的怪兽,英国理性主义传统的奠基者托马斯·霍布斯的《利维坦》中借指“强有力的中央政府或铁腕统治者”或“暴君统治”。

关于产权私有化的“唯一”方案。与强权政府解决方案相对应，有人认为凡是资源属于公共所有的地方，强制实行私有财产权制度。罗伯特·J. 史密斯认为：“无论是对公共财产资源所作的经济分析还是哈丁关于公地悲剧的论述”，都说明“在自然资源和野生动植物问题上避免公共池塘资源悲剧的唯一方法，是通过创立一种私有财产权制度来终止公共财产权制度。”韦尔奇认为，“为避免过度放牧造成的低效率，完全的私有产权的建立是必要的”，他认为公地的私有化对所有公共池塘资源问题来说都是最优的解决办法。但是，对于某些资源的产权划分却并不容易，例如水和渔场，就不清楚建立产权指的是什么，正如考林克拉克指出的那样，“消解海洋渔场资源中的‘公地悲剧’，已被证明是特别困难，因为在那里确立个人的财产权利事实上是不可能的”。

关于自主组织与自主治理方案。奥斯特罗姆的实证研究说明，“无论国家还是市场，在使个人以长期的、建设性的方式使用自然资源系统方面，都未能取得成功。而许多社区的人们却能借助既不同于国家也不同于市场的制度安排，却在一个较长的时间内，对某些资源系统成功地实行了适度治理”。她认为对于一些特殊的公共资源，社区自治也是一种有效的途径。但是，奥斯特罗姆所研究的公共池塘资源的类型有相当的局限：①是可再生的而非不可再生的资源；②资源是相当稀缺的，而不是充足的；③资源使用者能够相互伤害，但参与者不可能从外部来伤害其他人；④仅限于小范围的公共资源。

(3) 研究评述

旅游发展与遗产管理的研究侧重于物理特征的研究。从现有文献来看，国内外关于旅游发展与遗产管理的文献主要集中在世界遗产地资源特征、价值属性、遗产旅游者行为特征以及遗产旅游对遗产地产生的影响等方面的研究。对于旅游发展与遗产保护的矛盾问题，现有研究主要是从物质技术层面的角度探讨如何恢复、保护、修缮遗产。对于自然遗产的保护问题，比较关注如何激发社区居民参与的积极性，促进遗产的有效保护。对于政府的角色与地位问题，主要偏重于遗产营销等方面。是否有物质因素之外的原因影响遗产地旅游发展与遗产保护，目前还是一个少有涉及的领域。

旅游类公共资源研究尚未纳入公共选择与制度分析研究的领域。公共选择与制度分析近年来在国内外兴起，除了研究投票、利益集团和官僚等公共选择内容以外，警察服务、基础设施、水资源、森林资源等以关心可持续发展为主题的内容也日益受到关注。但作为可持续发展资源利用的重要内容——世界遗产地的开发与保护问题的研究，尚未进入经济学家与政治学家的视野。

国内关于世界遗产地管理体制研究争论的理论实质。国内关于遗产资源管理的争论实际上是一个问题的两个方面，即公共资源的管理是由政府强权参与经营管理，还是明晰产权由市场来经营，二者实际上并不是非此即彼的关系，而是解决问题的两种不同的思路，问题的关键是寻找合适的制度安排，制定恰当的游戏规则。所以，对于这一问题的研究要从制度着手，分析不同的制度造成的政策激励与实际绩效，从而为制定恰当的游戏规则提供理论依据。

三、研究方法

（一）理论假设

世界遗产资源是一种特殊的公共资源，如前所述，由政府对其进行治理是一种比较有效的方案。在实践中，我国的世界遗产地大多由政府治理，但越来越多的世界遗产地旅游发展与遗产保护的冲突事件表明，政府对世界遗产地的治理并不令人满意。对于这一现象，本研究提出以下理论假设来进行解释。

假设1：对于世界遗产这类特殊公共资源的政府治理，资源处置权的非排他性与制度性监督的缺位导致"政府失灵"。

假设2：我国现行世界遗产管理制度（体制）是在特定历史条件下形成的以经济发展为目标的一项制度安排，该制度主要特征表现为资源处置权具有非排他性、制度性监督缺乏，这种制度安排导致世界遗产资源政府治理失灵。

假设3：世界自然遗产武陵源的管理体制是政府以发展经济为目的强制性制度变迁的结果，这种制度造成了宣传促销、招商引资、景区景点基础设施建设等政策激励，也促成了政府部门直接投资服务接待设施，社区积极参与旅游业的行动，这些政策与行动最终导致了世界遗产武陵源政府治理失灵。

假设3.1：武陵源的宣传促销政策提高了武陵源的知名度，加速了游客人数增长。

假设3.2：武陵源的招商引资政策导致旅游总收入越来越依赖于遗产资源的直接利用；景区内索道、电梯等享受型交通工具的建设改变了游客在景区的空间分布规律，使景区的有效使用空间萎缩；投资商的涌入加剧了政府官员的寻租行为，使正常经营活动受到损害，而"灰色"经营受到激励。

假设3.3：武陵源基础设施建设政策提高了游客满意度，但影响了景区自然生态环境，改变了景区的空间结构。

假设3.4：政府部门竞相在武陵源风景区内投资建设服务接待设施的行动通过对景区规划管理的影响，使景区建设失控，造成核心地带、敏感地域的建筑设施破坏了景区的自然生态环境，也对武陵源服务接待业的经营效益产生了较大的负面影响。

假设3.5：社区居民在旅游业利益的诱惑下，为了摆脱贫困、求生存与求发展，在资源处置权模糊的情况,他们也积极参与“处置”资源,在景区内建设各类接待设施,参与旅游业经营。但由于管理失控等原因,他们的这些参与行动却导致了社会冲突加剧等社会问题。

假设4:游客—目的地的反馈机制与遗产地生命周期的特殊性为政府政策制定传递了错误信息。

(二)假设前提

经济人假设。“每个人都追求自身利益”,人是在一定约束条件下追求效用最大化者,其行为总是追求个人利益最大化。个人对较远的未来预期收益评价较低,而对近期的预期收益评价较高。政府官员也不例外,在缺乏有效监督的情况,政府官员也追求短期贴现率,官员追求政绩。

国内不同的世界遗产地遵循相同的国家法律、法规约束与舆论监督,具有相同的监督环境。

(三)研究方法

调查研究法。调查研究方法是指采用自填式问卷或结构式访问的方法,系统地、直接地从一个取自某种社会群体的样本那里收集资料,并通过对资料的统计分析来认识社会现象及其规律的社会研究方式(风笑天,2001)。本研究以问卷调查为主要形式对武陵源的游客进行调查。

深度访谈法。深度访谈属于定性研究方法,往往是整个研究的第一步。是对少数几个人进行深入而细致的访谈,目的是从少数人中获得充分广泛的信息,其特点在于小样本,且对样本个体的选择具有很强的目的性、针对性,而非随机性;从每位被访者获取充分信息,为数量化后续研究提供依据、假设等。访谈主题由访问者设定,但讨论的程序则由被访者决定。被访者一般是某一领域的专家,他们是深度访谈“关键的信息提供者”(艾尔·巴比,2000)。本研究分别对武陵源、武夷山旅游发展中的相关人员进行了深度访谈。这些访谈对象主要包括当地政府的主要负责人、各类职能部门的负责人、各行业有较长从业经验的经营管理者以及当地一些普通老百姓。

实地研究法。实地研究是一种定性研究方式,也是一种理论建构型的研究方式。深入到研究对象的生活背景中,以参与观察和非结构访谈的方式收集资料,并通过对这些资料的定性分析来理解和解释现象的社会研究方式(风笑天,2001)。包括参与观察和无结构访谈两种方法。本研究作者以政府管理部门负责人的身份参与政府的决策与执行过程,如与当地领导一起考察、一起讨论方案、一起处理旅游区内发生的应急事宜,同时收集各类资料,进行观察与总结的循环,逐步实现对调查地的深入了解。无结构访谈,对武陵源的各部门管理者、从业人员、当地居民及游客围绕某一主题进行交谈,了解深层次的背景与问题。

文献研究。文献研究是一种通过收集和分析现存的,以文字、数字、符号、画面等信息形式出现的文献资料,来探讨和分析各种社会行为、社会关系及其他社会现象的研究方式(风笑天,2001)。本研究运用内容分析和现存统计资料分析两种文献研究方法。内容分析最早源于传播学,现已广泛用于社会学、政治学等社会科学研究中。贝雷尔森提出内容分析是一种对传播的明显内容进行客观、系统的定量描述的研究方法(常昌富、李依倩,2000),采用定量的手段分析定性的数据,即"对文本或其他非统计数据分析以便能对其进行统计比较"。本研究通过搜集 2000 年以来到访武陵源、武夷山、武当山等地的游客的网络留言,武陵源区政府各类文件,并对其内容进行分析,为研究提供依据。本研究对各类调查问卷,武陵源、武夷山、武当山的各类相关数据进行统计分析。

(四) 研究步骤

本研究的研究步骤与技术路径如图 2。

四、案例地概况

(一) 武陵源概况

世界自然遗产地、国家重点风景名胜区武陵源位于湖南省西北部张家界市境内,东经 110°22′30″~110°41′15″,北纬 29°16′25″~29°24′25″。其地域范围包括张家界国家森林公园、天子山自然风景区、索溪峪自然保护区、杨家界景区的全部和相邻的索溪峪镇、天子山镇、中湖乡、协合乡的部分地区,面积为 264 平方千米,外围影响区为 133.48 平方千米,两项合计 397.48 平方千米。

武陵源是一个以中外罕见的石英砂岩峰林地貌景观为主,以喀斯特岩溶景观为辅,兼有大量地质遗迹的风景名胜区。武陵源物种资源丰富,是"物种基因库"、"自然博物馆"和"环境指示器",是"研究生态系统的实验室和环境教育的课堂",具有科研、观赏、教育、旅游和启智作用。武陵源属亚热带季风湿润气候,平均气温 13.4℃,夏无酷暑,冬无严寒,以独特的石英砂岩峰林地貌享誉国内外,被形容为"扩大的盆景,缩小的仙境!"1992 年 12 月 14 日,联合国教科文组织根据自然遗产遴选标准 N(III)①将武陵源风景区列入《世界遗产名录》。

① 自然遗产遴选标准 N(III)指"独特、稀有或绝妙的自然现象、地貌或具有罕见自然美的地带"。

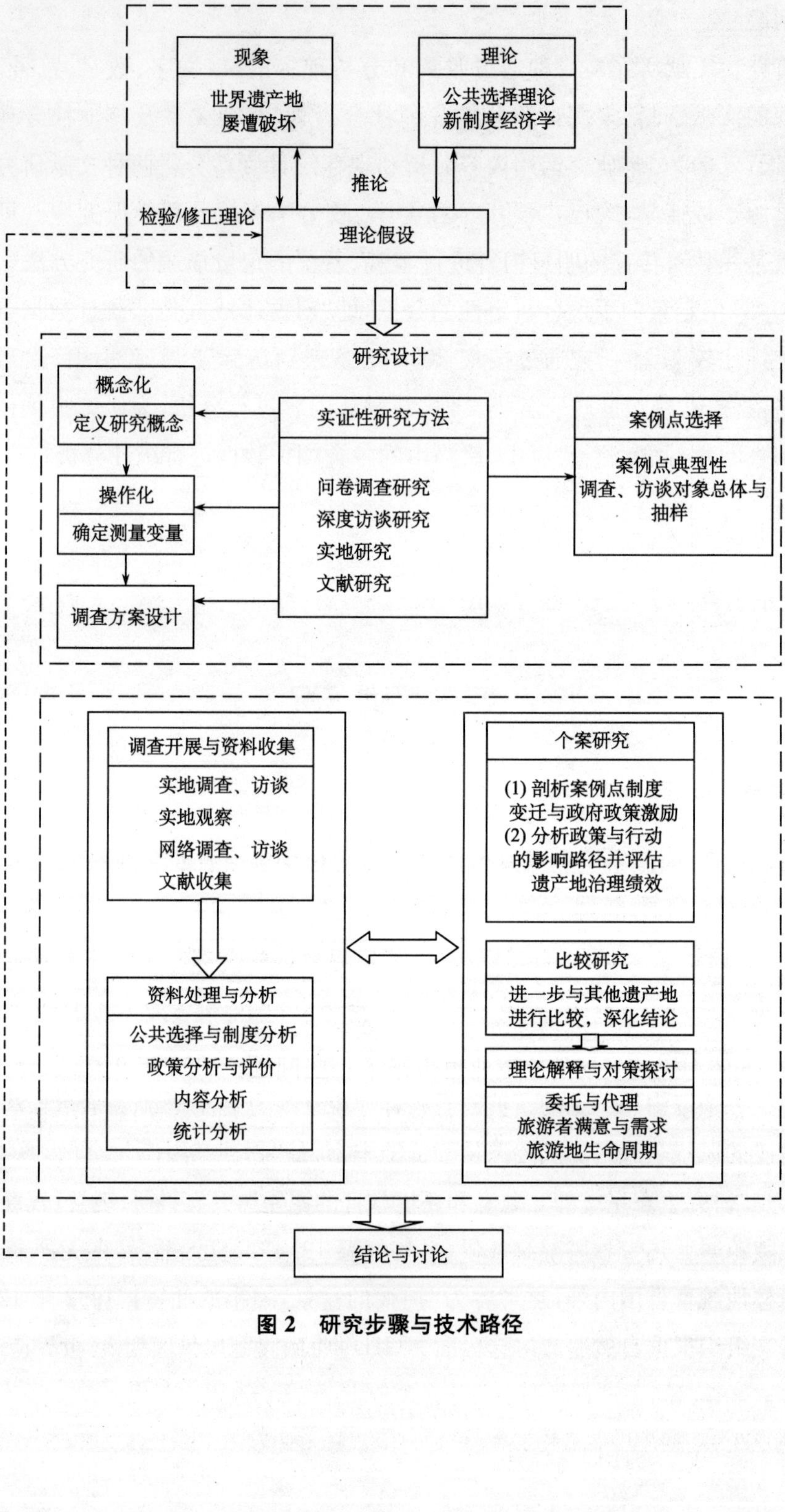

图 2　研究步骤与技术路径

在世界遗产委员会的评估报告中指出:“武陵源景色绮丽壮观,景区内最独特的景观是3 000余座尖细砂岩柱和砂岩峰,大部分都200多米高。在峰峦之间,沟壑、峡谷纵横,溪流池塘和瀑布随处可见,景区内还有40多个石洞和两座天然形成的巨大石桥。除了迷人的自然景观,该地区还因庇护着大量濒临灭绝的动植物种而引人瞩目。武陵源风景上可以和美国西部的几个国家公园及纪念物相比,如布里斯峡谷、科罗拉多大峡谷……,但是,武陵源的海拔低,处于亚热带,因而它森林茂盛,水源丰富。它还拥有为数众多的石峰(3 000座以上),大部分山峰展现出比美国及澳大利亚遗产地更垂直的轮廓(200米以上)。”

从1982年张家界被确定我国第一个国家森林公园开始,到武陵源1988年被国务院确定为国家重点风景名胜区,1992年被联合国教科文组织列入《世界遗产名录》,2000年被国家旅游局确定为AAAA级风景区,2001年被国土资源部确定为国家地质公园,2004年被联合国教科文组织批准为世界地质公园,武陵源在国内外的知名度不断提高,旅游发展也不断升温,游客人数不断增长(图3)。

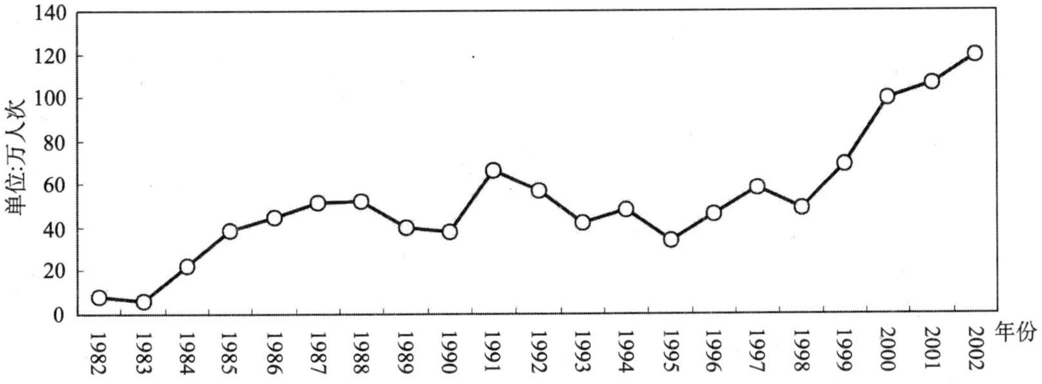

图3 武陵源1982～2002年游客人数年际变化

资料来源:1982～1989年张家界国家森林公园管理处、1989～2002年武陵源区产业公司门票分公司①。

近年来,武陵源迅速发展的旅游业也带来了一些问题。1998年9月,联合国教科文组织的官员在世界遗产地的监测报告中对武陵源提出了尖锐的批评:“武陵源的自然环境已经像个被围困的孤岛,局限于深耕细作的农业和迅速发展的旅游业范围内。……考察组对于武陵源的旅游业基础在1992年评估后发展的速度十分震惊。……中国当局的全部力量都忙于人员的管理及更快地解决道路、宾馆、缆车问题。……武陵源现在是一个旅游设施泛滥

① 说明:①1989年以前,武陵源区政府尚未成立,三个景区各自收门票造成统计口径重复,故取张家界国家森林公园的游客门票数据。②1989～1998年,武陵源区政府成立,五个门票站口分别售票但仍可一票游完全景区,各站售票数累加基本上等于进入景区的人数。③2000年后,武陵源实行一票制,门票两日内有效,所以扣除二次进山游客人数后的各门票站累加基本上等于游览景区的总人数。

的世界遗产景区，然而，这是否对景区内更大范围的生物多样性价值造成有害影响尚不清楚，但是，美学的影响是显著的。大部分景区现在像一个城市郊区的植物园或公园。……从整个角度来看，武陵源保护区与其他几个相比（泰山、黄山、九寨沟、黄龙），武陵源建设是相当快的，但在建设上与规划保护上差距很大，没有很好的协调设计，以致对自然环境造成一定的危害，希望今后在保护上多做工作。”

这件事后来被媒体称之为“张家界遭联合国黄牌警告”事件。此后，武陵源的旅游发展与遗产资源保护问题引起了各界的广泛关注，前国务院总理朱镕基曾四次批示武陵源保护与发展的相关问题，并于2001年4月亲临张家界考察、指导拆迁前期工作。但是，武陵源景区内的接待建设并没有因此而停止，“黄牌警告”事件后仅一年，1999年10月号称“世界第一”百龙电梯动工建设，2002年5月，朱总理视察武陵源后刚好一年，百龙电梯开始营运，这一现象引起了社会各界的广泛关注（表1）。

表1 近年来新闻媒体对武陵源相关事件的报道

时间	事件	主要相关报道
1998年9月	武陵源被联合国教科文组织警告	《江南时报》，2002-01-08，张家界真的要摘牌吗？ 《人民日报》海外版，2002-01-08 武陵源获黄牌的警示 《人民日报》，2002-05-08 第二版，投入十亿元治理，张家界逐步恢复原始风貌
1998年9月	武陵源被联合国教科文组织警告	《人民日报》2002-05-13 文化评弹：张家界能否吸取教训 《北京晨报》，2002-01-08 国家旅游局辟谣：张家界不会被取消世界遗产资格 中国网，2001-11-07 世界遗产张家界遭联合国黄牌警告 中国网，泰山人满为患张家界吃牌，世界遗产拒绝商业化 中央电视，新闻调查，2001-04-28 张家界：黄牌警告之后
1999年10月	武陵源观光电梯事件	《北京青年报》，2001-11-30，真的可靠吗——质疑张家界将世界第一电梯建在悬崖上？ 《中国青年报》，2002-10-17，张家界观光梯招致批评，武陵源面临二次赶考 中国新闻网，2001-12-29，张家界观光电梯引发争议 新华网湖南频道，2002-01-06，“怀胎”十年今朝“分娩”，户外观光电梯论证充分 《中国旅游报》，2002-10-30，张家界观光电梯拆与留的悬念 人民网，2001-12-29 张家界户外观光电梯：煞风景？要方便？ 《中国青年报》，2002-09-18，学者视点：“天梯”为张家界增色还是添丑？ 《南方周末》，2002-09-06，张家界调查：景区在自然与人工间挣扎！ 中国新闻网，2002-10-01，张家界“世界第一电梯”停运 何时恢复未定

资料来源：根据相关资料整理。

武陵源风景区的旅游发展是一个典型的案例。首先，武陵源是一个典型的中国改革开放以后从无到有发展起来的旅游地。1978年以前，武陵源还是一个人迹罕至，鲜为人知的蛮荒之地。经过二十多年的发展,武陵源成为一个年接待游客一百多万人次的国内外知名旅游目的地。武陵源的发展使大庸县从一个无名贫困县域变成湖南省的重要地级市,不仅改变了湖南省的行政区划结构,还改变了湖南省经济发展区域格局。其次,目前武陵源风景区的管理体制是典型的景区管理机构与地方行政机构"两块牌子,一套人马"的模式,也是《风景名胜区管理暂行条例》第五条所倡导的模式,这一模式具有代表性。第三,武陵源风景区既是世界自然遗产地,又是国家重点风景名胜区、国家级森林公园、国家 AAAA 级旅游景区、国家地质公园、世界地质公园,身份复杂,管理机构众多,具有典型意义。第四,目前武陵源风景区内仍同时存在两个行政级别相同的管理机构——武陵源区人民政府与张家界国家森林公园管理处,典型的多头管理模式。第五,武陵源在短时期内因旅游开发而引起急剧变化,时间跨度小,资料收集、问题调查更容易深入。1992 年武陵源被评为世界自然遗产时,联合国教科文组织还给予了高度评价,认为武陵源"清澈的水、天然的植被,又没有人烟,这是亚洲罕见的",时隔仅六年,1998 年联合国教科文组织的监测报告认为"武陵源现在是一个设施泛滥的世界遗产景区","部分景区像一个城市的植物园或公园"。第六,武陵源的旅游开发与遗产资源保护的问题曾经引起从中央到地方的政府部门、从专家学者到社会公众普遍关注的问题,武陵源问题的解决在全国具有代表性意义。

(二) 武夷山概况

世界文化与自然遗产、国家重点风景名胜区武夷山位于福建省西北部武夷山市境内,地理坐标北纬 27°32′36″～27°55′15″,东经 117°24′12″～118°02′50″,总面积 999.75 平方千米,核心区 635.75 平方千米。根据区内资源特征差异,全区划分为四个保护区,即:武夷山风景名胜区(文化与自然景观保护区)、武夷山自然保护区(生物多样性保护区)、武夷山古汉城遗址和九曲溪上游保护地带四个部分。

1999 年根据世界自然遗产遴选标准 N(III) (IV),世界文化遗产遴选标准 C(III) (VI) 列入《世界遗产名录》[①]。

在文化遗产方面,武夷山包括国内外发现的年代最早的悬棺架壑船棺、距今 2 000 多年的古汉城遗址、影响远及东南亚的朱子理学文化、作为武夷山古文化和古书法艺术的宝库摩崖石刻、古崖居遗构、茶文化、宗教文化等文化方面的特质因素。

---

① 自然遗产遴选标准 N(III)指"独特、稀有或绝妙的自然现象、地貌或具有罕见自然美的地带";遴选标准(IV)指"是尚存的珍稀或濒危动植物种的栖息地,是生物多样性的真实体现";世界文化遗产遴选标准 C(III)是指"能为一种已消逝的文明或文化传统提供一种独特的至少是特殊见证";遴选标准 C (VI)是指与具特殊普遍意义的事件或现行传统思想或信仰或文学艺术作品有直接或实质的联系(只有在某些特殊情况下或该项标准与其他标准一起作用时,此款才能成为列入《世界遗产名录》的理由)。

在自然遗产方面，武夷山包括：①“三三秀水清如玉”的九曲溪与“六六奇峰翠插天”的三十六峰、九十岩的绝妙结合；②世界生物多样性保护的关键地区，具有世界同纬度带现存最典型、面积最大、保存最完整的亚热带原生性森林生态系统；③丰富的野生动物资源；④世界昆虫种类最丰富的地区。

世界遗产委员会认为：武夷山脉是中国东南部最负盛名的生物保护区，也是许多古代孑遗植物的避难所，其中许多生物为中国所特有。九曲溪两岸峡谷秀美，寺院庙宇众多，但其中也有不少早已成为废墟。该地区为唐宋理学的发展和传播提供了良好的地理环境，自11世纪以来，理学对中国东部地区的文化产生了相当深远的影响。1世纪时，汉朝统治者在程村附近建立了一处较大的行政首府，厚重坚实的围墙环绕四周，极具考古价值①。

武夷山独特的价值得到了广泛的认可，1979年武夷山被批准为全国重点自然保护区，1982年武夷山被列为国家重点风景名胜区，1987年武夷山自然保护区被联合国教科文组织列入世界人与生物保护圈，1992年武夷山自然保护区被联合国列为全球生物多样性保护区，1999年武夷山被联合国教科文组织世界遗产委员会列入《世界文化与自然遗产名录》。与此同时，武夷山旅游接待人数保持高速增长（图4）。

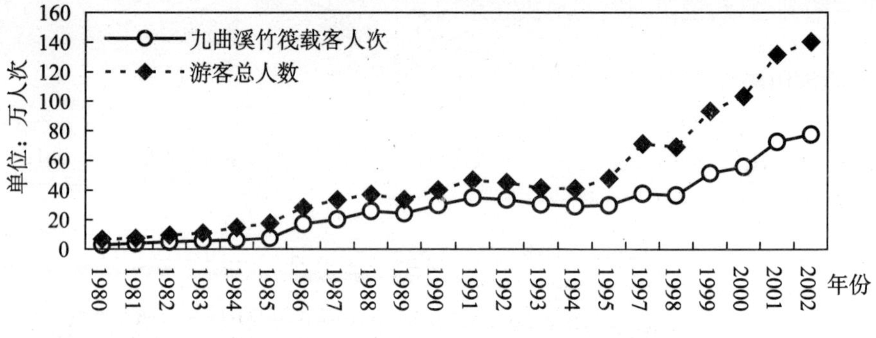

图4 武夷山1980～2002年游客人数年际变化

资料来源：武夷山风景名胜区管理委员会。鉴于游客总人数有重复统计的因素，而九曲溪的平均游览率达90%以上，故取九曲溪的游客人数作为武夷山年接待游客人数比较准确。

近年来武夷山的旅游接待人数一直稳步攀升，旅游产业规模不断扩大，但武夷山的资源与环境保护却始终受到好评，1999年被联合国世界遗产评估专家赞扬“武夷山是中国人民

① Mount Wuyi is the most outstanding area for biodiversity conservation in south-east China and a refuge for a large number of ancient, relict species, many of them endemic to China. The serene beauty of the dramatic gorges of the Nine Bend River, with its numerous temples and monasteries, many now in ruins, provided the setting the development and spread of neo-Confucianism, which has been influential in the cultures of East Asia since the 11th century. In the 1st century B. C. a large administrative capital was built nearby Chengcun by the Han dynasty rulers. Its massive walls enclose an archaeological site of great significance.

永续利用自然资源的永久性象征”,世界旅游组织前秘书长马尔科夫也称赞“未受污染的武夷山是世界遗产环境保护的典范”。

世界文化与自然遗产武夷山也是一个典型的案例。首先,武夷山风景区的旅游活动有着悠久的历史,其管理体制也经历多次变迁,现行体制是经过多次历史选择的结果。其次,近二十年来武夷山的年接待游客人数几乎一直稳步上升,其旅游发展历程其有代表性。第三,在中国众多的世界遗产中,武夷山的资源保护与旅游开发的利益协调是国内专家、学者与政府部门评价较高的遗产地之一。

(三) 武陵源案例与武夷山案例差异

管理体制特点差别。首先,武夷山与武陵源的制度变迁都属外力强制性制度变迁,整个景区的治理自始至终都由政府控制,但在变迁过程中由于外部环境的差异,其制度功能设计也略有差异,武陵源管理体制设计之初过分强调制度的经济功能,而忽略了保护的功能要求,而武夷山则在不断的制度变迁过程中试图寻找发展经济与保护资源环境的平衡。其次,武夷山的资源处置权排他性较武陵源强。与武陵源相比,武夷山的具体管理机构是一个职能单一的政府派出机构,内部机构设置简单,职责明确,规划建设与保护单位始终存在,它很重要的职责便是规划资源、保护资源,并且它面对的“婆婆”相对简单,即它对武夷山市负责,对于资源的使用与开发,基本上由武夷山风景名胜区管理委员会决定,即资源使用与管理的排他性相对较强。而武陵源风景区由一级独立的行政单位管理,且资源分别由两个行政级别相同的单位控制,对资源的处置与管理排他性不强,界限不明晰。武陵源区政府内部的机构设置庞大,但直到 2002 年后区政府才设立规划局负责景区的规划与保护工作。第三,武夷山与武陵源都面临着国内大致相同的法律监督环境,管理制度的约束机制大致相同。因此可以认为,引起武夷山与武陵源发展政策差异的主要原因是二者对于资源处置权的安排上,即资源处置权排他性的区别。

政策激励差别。武夷山与武陵源不同的管理体制有着不同的政策激励。首先,由于武夷山的资源处置权的排他性相对较强,没有引起类似武陵源众多政府部门在景区内投资建设的现象。其次,由于武夷山资源处置权的排他性相对较强,而具体管理部门的职能相对单一,保护资源是其主要职责,所以具体管理机构具有较强的保护与维护资源的政策激励,他们始终把资源保护放在较重要的位置;而武陵源由于具体管理机构对资源处置权没有排他性,并且作为一级地方行政机构,肩负着发展地方经济的职责,所以它对投入高而直接产出低的资源与环境保护积极性不高。再次,武夷山与武陵源都比较重视景区的基本建设。但武夷山自到近些年来才开始重视景区游道的建设,而武陵源一开始将对景区游道等基础建设投入大量物力与财力,甚至出现了游道建设竞赛,导致游道密度过高。第四,对宣传促销政策都有一定程度的重视。但武陵源从一开始就发动各种力量进行宣传促销，武夷山对宣传促销的重视近几年才开始。

政策影响与治理绩效差别。由于武夷山与武陵源资源使用与处置权排他性的区别，导致了不同的政策激励，而这些政策又导致了两地不同的治理绩效。就遗产保护质量来看，武夷山要比武陵源好；就遗产经营的经济贡献来看，武陵源的经济贡献总量与发展速度都比武夷山快，但从经济结构的发展趋势来看，武夷山的旅游经济结构比武陵源更合理，更趋于良性发展。就遗产经营的利益相关者满意度而言，武夷山要优于武陵源。总体来看，武夷山的治理绩效比武陵源相对较高。

五、研究发现

(一) 结论

本研究中的案例事实表明，理论模型可能在特定的情况下是有效的，但是未必一定能够提供理想的政策选择方案，实际的制度安排，远比任何简单的博弈结构复杂。通过本研究的理论与案例分析，可以得出如下结论。

1. 政府对公共资源的治理必须有合适的制度安排，对于世界遗产地这类特殊公共资源的政府治理，资源处置权的非排他性与制度性监督缺位可能导致“政府失灵”或“公地悲剧”。

2. 现行世界遗产地管理制度实际上迫于经济等多方面的压力而逐步产生的以发展经济为目标的诱致性制度变迁的结果，这种制度造成了政府在宣传促销、招商引资、景区景点基础设施建设等方面的政策激励，也促成了政府部门直接投资服务接待设施，社区积极参与旅游业的行动，这些政策与行动最终导致了武陵源管理制度的政府治理失灵，主要表现在以下五个方面。①武陵源的宣传促销政策迅速提高了武陵源的知名度，加速了游客人数增长、扩大了武陵源的客源地范围，但制度缺陷造成的无序的宣传也使“武陵源”与“张家界”的地名概念仍然模糊。②武陵源的招商引资政策增加了当地旅游收入的总量，但也使收入来源对资源的依赖性增强。景区内索道、电梯等享受型交通工具的建设改变了游客在景区的空间分布规律，加快了游客在景区的周转，但也使景区的有效使用空间萎缩；投资商的快速涌入加剧了各类权力的寻租行为，使正常经营活动受到损害，而“灰色”经营受到激励，出现劣币驱逐良币的现象。③武陵源基础设施建设改善了景区接待条件，增加了游客便利度，提高了游客满意度，但对景区自然生态环境产生了较大的负面影响，也在一定程度上改变了景区的空间利用格局。④过去政府各部门竞相在武陵源风景区内投资建设服务接待设施的行动通过对景区规划管理的影响，使景区规划建设失控，造成核心地带、敏感地域的建筑设施破坏了景区的自然生态环境,也对武陵源服务接待业的经营效益产生了较大的影响。⑤社区居民在旅游业利益的诱惑下,为了摆脱贫困、求生存与求发展,在资源处置权模糊的情况下,他们也积极参与"处置"资源,在景区内建设各类接待设施,参与旅游业经营。但由于管理失控等原因,他们的这些参与行动却导致了社会冲突加剧等社会问题。

3. 在遗产地内,影响游客满意度的世界遗产地因素依次是:风景质量与游览活动安排、景区设施与环境、食宿设施与服务、景区内外交通便利程度、物价水平与购物环境、景区内享受型交通工具;游客对景区资源与环境的破坏并不敏感,而设施的改善比较能增加游客的满意度,游客—目的地的反馈机制掩盖了遗产资源破坏与服务质量低下对游客的影响,使政府决策者难以获得遗产地建设与管理的准确反馈信息,导致政府信息不对称而诱发政府失灵。

可以认为,导致中国世界遗产地政府治理失灵原因,也就是大家常说"政出多头,监督乏力",其本质是由于世界遗产地资源的处置权没有排他性,或者更具体地讲,是由于过多的政府部门拥有审批使用或占有世界遗产地资源的权力,而又缺乏制度性的监督造成的。

因此,仅仅根据世界遗产地公共物品特征、公有产权等理论要求建立世界遗产地中央政府垂直管理体系,即建立世界遗产管理局或国家公园管理局,其理由是不充分的①。

正如奥斯特罗姆所说:"完全依赖模型作为政策分析基础这一做法存在着一个认识上的陷阱。"单纯根据理论模型提出世界遗产地管理是应该由政府垂直管理还是地方政府管理,或者由市场化经营来管理,都很难解决世界遗产问题症结的根源。理论模型是有用的,但现实往往比理论复杂得多。公共资源管理相关理论认为政府治理是避免"公地悲剧"的有效措施,但由于实际治理过程中政府的高额交易成本,也可能导致"公地悲剧"或"政府失灵",解决这一问题还需要根据具体问题进行合理的产权安排。

(二) 理论解释

1. 产权设置与委托—代理

世界遗产属于一种特殊的公共资源,这种公共资源的所有权归全民所有。作为一个整体的全体公众尽管是公共资源法律上的最终所有者,但实际是政府代表全体公众进行管理。一旦公众把公共资源的处置权委托给政府来代理行使,资源的所有权和处置权就发生了分离,这就引发了代理问题,即资源所有者(全体国民)与管理者(政府官员)之间存在委托—代理关系,由于以下几种原因,造成了管理者采取违背所有者的利益的行为。

首先,理性的人都是追求个人利益最大化的,政府官员也不例外。代理人(政府官员)都

① 本研究结论并不反对建立世界遗产管理局或国家公园管理局,只是认为仅根据世界遗产地的资源属性特征作为理由不充分。

是具有独立人格的经济人，他们都有利己的动机，追求个人利益最大化的目标。官员总是优先考虑政绩、升迁等近期目标，而把遗产的保护等长远目标建立在近期目标基础之上的，即只有当遗产保护的工作努力有助于他的政绩时，他才会优先考虑遗产保护工作。

其次，产权设置不合理。资源处置权的排他性不强实质上是产权设置不合理的一种表现。由于不同的部门拥有对资源的处置权，实际上造成了产权设置重叠，即同一资源实体的一些产权同时委托给不同的平级政府部门，造成产权的权限范围相互重叠的现象。同一世界遗产资源的资源处置权分别委托给建设、林业、环保等多个部门，随着资源利用强度的提高，这些部门资源利用活动的相互影响程度也会增强，他们相互侵权现象也加剧，甚至进行抢占权利进行竞争，受理性人动机的影响，最后他们总是以牺牲资源保护的利益来赢得部门利益。

第三，产权的法律界定不明确。从政府与公众的委托—代理关系来看，作为一个整体的全体公众（甚至是全人类）尽管是世界遗产地法律意义上的最终所有者，但他们不能被当作真正法律意义上的初始委托人，因为法律上并没有给予他们参与谈判和签约的权力，使他们无法在法律上约束代理人的行为。这样作为代理人的政府成员也就无须向他们的初始委托人——公众作出有关世界遗产地治理效率方面的任何承诺。在处理旅游发展与世界遗产地保护问题时，他们也就很少受到约束了，往往将世界遗产资源作为公共财政的主要收入来源，在追求官员个人利益最大化时，即追求经济增长率等政绩硬指标时，他们可以将这些世界遗产资源"透支"。

第四，信息不对称与制度性监督的缺位。在现实中，资源的所有者——普通公众与代理人之间处于信息不对称状态。世界遗产管理需要专业的知识与充分的信息，而普通公众无法掌握足够的信息以监督代理人——政府的行为。又由于缺乏制度性的监督机制代替普通公众对代理人进行长期有效的监督与约束，在官员个人动机的驱使下，他们总是倾向于透支使用世界遗产资源而获得短期贴现率。

实际上，对于世界遗产资源保护与发展的问题，与环境问题有很多相似之处，即资源产权归属问题与资源管理政策问题。我的环境制度包括两个方面：一是我国资源的产权归属问题，这是环境制度的基本问题；二是我国的环境政策。这里需要强调一点的是，政策是可以归入制度之内的，因为政策不过是由政策制定并实施的规则罢了（张宇燕，1992）。环境资源配置低效问题，是由于环境资源的产权问题。我国的产权规定只是一种社团产权，产权是不完全的或者说是减弱的。社团产权指的是某个人对一种资源行使某权利时，并不排斥他人对资源行使同样的权利，或者说，这种产权是共同享有的。由于社团产权在社团内部不具有排他性，因此，常常给资源的利用带来"外部影响"。空气是公有的，结果并不对排放有害他人的气体负责，造成"污染"。另外，也会造成过多的人使用资源的"拥挤”现象(郭立宏,2001)。

2. 游客需求导向与目的地——游客反馈机制

研究发现,很多管理者都把制定相关政策的理由归结为“为了满足游客需要”,如“为了解决游客在景区内登山辛苦,……依据规划修建索道”,“地势险峻,登山游道险陡路远,给游客带来诸多不便,……根据规划要求修建缆车”,但实际上游客是否真的“买账”,吃不吃这一套呢?根据作者对 2 114 名游客的调查,分析结果如下。

影响游客满意度的最重要因素是风景质量与游览服务,以风景质量论,世界遗产无疑具有垄断优势,国内目前总共才 29 处世界遗产,其中涉及自然风光类遗产只有 9 处,面对庞大的客源市场需求基数,世界遗产地供求关系显得极为不平衡。在这种极端的不平衡面前,游客比较容易从垄断的风景资源中获得满意感。

游客对资源破坏并不敏感,但景区内公共设施、食宿设施的改善很容易增加游客的满意度,在“满足游客需要”的招牌下,各类接待服务设施与基础设施纷纷上马,在一定阶段这些行动确实增加了游客的满意度,管理者也因此难以了解游客对目的地的真实反馈。所以,尽管各类接待设施对遗产资源的质量产生了较大的威胁,游客满意度并没有明显下降,游客人数仍然在持续增长。

大部分游客对景区享受型交通工具持欢迎态度,尽管也有近半数的人同意步行游览会有更好的游览体验,但其中部分人并不反对这些享受型交通工具,还有近半数的游客不认为索道破坏了景区的资源。所以,政府部门能够找到非常合适的理由在景区修建大量的享受型交通工具,但实际上,这些交通工具并不能在多大程度上增加游客的满意度。

也正因为这些物质设施改善在一定程度上增加了游客满意度,保证游客总体满意度在一定的水平,遗产资源的治理部门缺乏提高服务质量的积极性,放宽质量管制标准。这样,本应该以服务竞争为主的旅游服务业出现了价格竞争为主的现象。

综上所述,由于政府信息不对称,不了解游客的真实反馈,企业行为也“不按牌理出牌”,不是狠抓服务质量管理,而是进行价格与设施竞争,政府治理“失灵”的现象也就产生了[①]。

3. 追求游客人数增长与旅游地生命周期理论

相关研究表明,具有广域旅游市场的国际级旅游地,在一定的社会经济条件下均会走向稳定成熟阶段,其成熟阶段将可能无限延长(保继刚,1993)。世界遗产地无疑属于具有广域国际旅游市场的旅游目的地,黄山的实证研究也支持了这一观点(陆林,1997)。

世界上很多世界遗产地经历了很长时间的发展,尽管由于特殊原因游客人数出现了波

① 格里茨把政府失灵的原因归结为三个方面:即公共部门制定政策时掌握信息不完全、政府官员的利己动机以及某些部门对公共政策的反应难以预期。

动，但总体来看游客人数仍呈增长趋势。如美国的黄石国家公园、约塞米蒂国家公园、大峡谷国家公园等世界遗产地的游客人数历经百年而不衰。沼泽地国家公园与红杉国家公园由于多种原因游客人数一直围绕一个基数波动，但也并未出现衰退(图 5)。

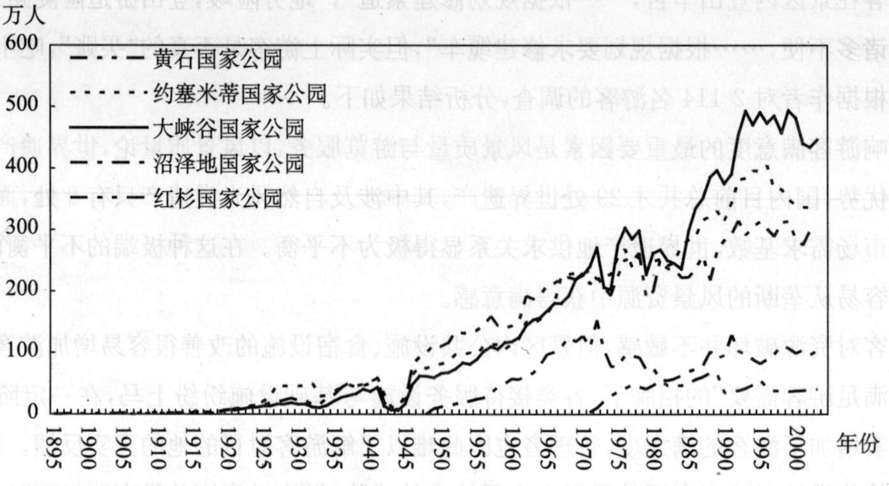

图 5 1895～2000 年美国几大国家公园年接待游客人数比较

资料来源：美国国家公园网站 http://www.nps.gov。

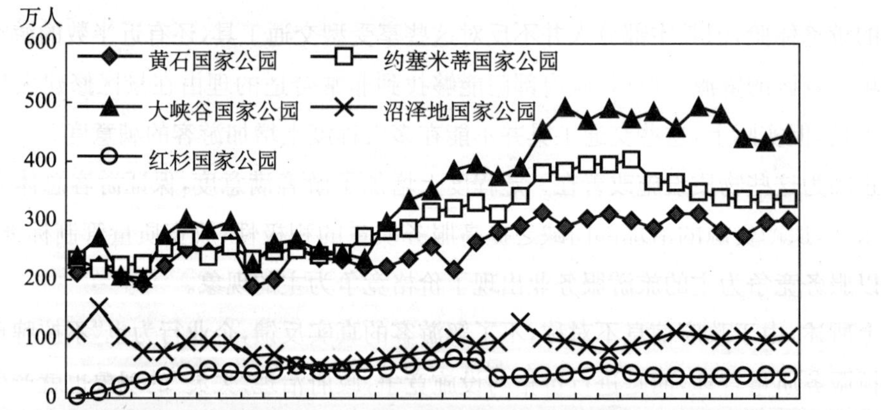

图 6 1971～2003 年美国几大国家公园年接待游客人数比较

资料来源：美国国家公园网站 http://www.nps.gov。

另外，如果截取旅游地的某一段间的游客人数作为观察量，这些旅游地的“生命周期曲线”特征将会与长时间的数据观察结论存在差异。比如，截取美国黄石国家公园等五个世界遗产地 1971～2003 年这近 32 年间的游客人数来分析其生命周期阶段，可能会得出黄石国家公园、大峡谷国家公园、约塞米蒂国家公园处于衰退或停滞期的结论(图 6),但如果根据一百多年的历史数据分析(图 5),可能会认为黄石国家公园等旅游地只是处于发展期的一个波动阶段。可见,仅仅以某一阶段游客人数来分析判断世界遗产地这类特殊旅游地生命周期也存在误差。

既然世界遗产旅游地的生命周期具有特殊性,即进入成熟阶段后旅游地本质特征的变化将不表现在游客人数的变化上,而是表现在其他方面。所以,生命周期理论对世界遗产旅游地的描述失去实质意义,因为他没有反映旅游地发展的本质特征。

武陵源的案例表明,旅游发展到一定阶段后,由于市场需求潜力的巨大与世界遗产资源的有限,旅游地人游客人数仍将持续上升,但游客人均创造的效益却在不断下滑。因此,对于武陵源旅游地生命周期的描述,以游客人均创造效益作为描述指标能更准确地反映旅游地发展的真实状况。

生命周期理论是从需求角度来描述旅游地发展阶段的,但由于世界遗产旅游地属高度稀缺性资源,其供给远大于需求,单纯从需求的角度来描述世界遗产旅游地的发展阶段,不能真实地反映世界遗产地的发展状态,也不能真正起到旅游规划的指导作用。

在世界遗产的旅游开发与管理中,以发展经济为目标的管理体制中,政府官员总是以旅游快速发展为目标,由于旅游收入统计数据的复杂性,政府官员往往以游客人数增长作为衡量旅游业发展的指标,在现实操作中,很多地方的旅游总收入也是以游客总人数乘以一定的系数估算出,所以游客人数增长成为政府政策制定的一个重要依据。

游客人数增长导向的政策与旅游地生命周期的人数判断标准有一定的关系。部分学者与官员仅根据世界遗产地游客人数的增长情况判断其旅游生命周期处于发展阶段或巩固阶段,政府官员出于政绩的考虑,绝不希望旅游地在自己手里“衰退”,因而极力制定促进游客人数增长的政策,以期让旅游地继续“发展”。

但实际上,如前所述世界遗产地这类特殊的旅游地的生命周期并不会表现在游客人数变化,而是表现在质量与效益的变化。政府政策的理论依据偏差使遗产资源治理出现了偏差,也在一定程度上影响了政府治理绩效。

(三) 对策探讨

现行世界遗产管理体制是特定历史阶段地方政府经济利益诉求的结果,而目前所出现的问题与冲突正是世界遗产地非经济利益诉求日益增强背景下旧体制与新需求的冲突。旧体制问题的核心是资源的处置权非排他性与制度性监督的缺位,因此,只有努力改变这两个核心要素才能促进旧体制从经济利益导向多目标导向转化。据此,对于世界遗产地旅游发展与遗产管理的问题,作者提出如下对策。

1. 设置排他性强的世界遗产资源处置权(使用审批权)

本研究表明,资源处置权的重叠直接导致资源占有的失控,导致遗产地的开发性破坏。因此,在世界遗产地管理体制设计时,最关键的是遗产地的管理机构具有专一的资源处置权,即遗产地内的任何形式的资源利用都必须由专门的机构来审批,其他机构都无权干涉。

2. 完善监督机制

遗产地的监督机制主要包括法律监督、专业监督和社会公众监督。颁布相关法律。世界遗产概念的确定这个行为本身就是以法律的形式完成和体现的,联合国教科文组织以国际法上的公约的形式约定了这个需要进行全球性保护的重大事务。各缔约国随之也建立相应的法律体系。国内建立世界遗产相关法律要求能够抑制负面案例,集多头于一体,以保护优先、权力集中的原则遏制和惩罚对遗产的破坏行为。

建立专业的技术监督机构。事实表明,世界遗产的保护与管理是一项涉及多学科的复杂工作,资源的利用与管理都必须建立在科学的依据之上。美国黄石公园的案例表明,没有科学的指导可能会造成资源的另一种灾难。由于人们的认识水平在不断的提高,自然生态环境也在不断的变化,它对管理者不断提出新的要求,这就要求有专业的科学机构长期对世界遗产的价值、保护开发与利用进行跟踪研究,并对各个世界遗产地进行科学的监督。

公众舆论的监督对世界遗产地的保护与管理起到了一定的作用,因此,要建立一个完善的公众参与监督的机制,以利于世界遗产的利用与管理处于一个更为广泛的监督之中。

此外,由于现行世界遗产管理体制是经济发展动力下的变迁结果,其制度功能是促进地方经济发展。随着人们认识水平的提高与环境保护组织约束力的加强,世界遗产地的非经济功能将会日益受到重视,旧体制的弊端将更加明显,制度变迁的动力将越来越大。但由于诱致性制度变迁缺少动力机制或动力机制不健全,而强制性制度变迁又遇到层层阻挠困难重重,有必要通过引入体制外的制度环境与安排,将国际社会当作独立经济体的一个外生变量纳入制度分析的范畴,寻找潜在利益空间与获利机会,为制度变迁设置新的动力机制,比如积极加入国际环境保护组织等手段来推进世界遗产地管理体制的变革,正如中国加入WTO推动体制改革。实际上,《世界遗产公约》已经在某种程度上推动了中国遗产资源管理体制的改革,但仍显得不够。

总的看来,在法律完善的条件下,世界遗产地的管理可以考虑让地方政府进行全面管理,但对遗产地内任何形式的资源使用由专门的机构依照相关法律进行审批,这个机构可以是众多专家倡导的国家公园管理局或者世界遗产管理局,但该机构并不一定要像美国的国家公园管理局那样对全国所有国家公园或世界遗产进行人员与物质的全面管理,只进行技术监督与业务管理。同时,该管理机构设立全面综合的科学研究机构,对世界遗产地的价值、监测、开发与保护进行全面的研究,为决策提供依据。

(四) 进一步研究方向

世界遗产地治理是一项复杂的系统工程,飞速增长的旅游发展需求与有限的世界遗产资源矛盾还将不断加剧,旅游发展与遗产保护的问题将越来越重要,在今后的研究中有必要重点考察以下几个方面的问题。①事实证明,高额内部交易成本导致了世界遗产地政府治理低效。而导致这一低效的原因是资源处置权的非排他性与缺乏制度性的监督造成的,如何在所有权代理不明晰的情况下让资源处置权具有排他性,如何建立有效的制度性监督?这都是需要进一步研究的问题。②既然各类旅游接待设施与基础设施的改善导致了"公地悲剧",既没有让旅游者最终受益,也没有让合法经营商、当地居民等利益相关者受益,那么对于世界遗产这类高度稀缺旅游资源的开发,究竟要迎合旅游者的需求,大力改善基础设施,建设各种档次的旅游接待设施,还是要引导旅游者的需求,只提供有限条件来让旅游者适应,倡导新的旅游方式以获得双赢?③武陵源案例研究表明,世界遗产地内营利设施状况实际上与当地旅游经济效益状况存在着某种联系,即当遗产地内人工营利设施增多时,旅游产业的带动效益受到影响,这种影响是否会有一定的规律?这种关系是否是一种必然,如果假设成立,可以为世界遗产地内设施建设提供理论指导。④武陵源的案例研究表明,对于游客而言,物质设施是激励因素,服务水平是保健因素。服务质量的提高并不能明显地影响游客的满意度,但服务质量一旦降低,便很快能影响游客的满意度;物质设施的改善能直接提升游客的满意度,但当旅游经营效益影响到接待服务设施质量时,是否会进一步影响游客对旅游目的地的满意度,进而影响旅游目的地的形象?旅游目的地形象是否会进一步影响旅游地的生命周期?

参 考 文 献

[1] Beltran, E. and M. Rojas. 1996. Diversified funding methods in Mexican Archeology. *Annals of Tourism Research*, Vol. 2, No. 32, pp. 463-478.

[2] Chang, T. C., S. Milne, D. Fallon and C. Pohlmann. 1996. Urban heritage tourism. *Annals of Tourism Research*, Vol. 23, No. 2, pp. 284-305.

[3] Dawes. R. M. 1975. Formal Models of Dilemmas In Social Decision Making. In M. F. Kaplan And S. Schwartz, *Human Judgment And Decision Processes: Formal And Mathematical Approaches*. New York: Academic Press, pp. 87-108.

[4] Hardin, G. 1968. The Tragedy Of The Commons. *Science*, p. 162.

[5] Jafari, J. 2000. *Encyclopedia of Tourism*. London: Routledge, p. 275.

[6] Olson, M. 1965. *The logic of collective action. Public goods and the theory of groups*. Cambridge, Mass: Harvard University Press.

[7] Prentice, R. 1993. *Tourism and Heritage Attraction*. London: Rutledge.

[8] 埃诺莉·奥斯特罗姆著,余逊达、陈旭东译:《公共事物的治理之道——集体行动制度的演进》,上海三联书店,2000年,第20页。

[9] 艾尔·巴比:《社会研究方法》(上、下),华夏出版社,2000年。

[10] 风笑天:《社会学研究方法》,中国人民大学出版社,2001 年。
[11] 苟自钧:“中国自然文化遗产要走专业化经营管理之路”,《经济经纬》,2002 年第 1 期。
[12] 郭立宏:“我国环境资源配置低效的制度分析”,《中国软科学》,2001 年第 11 期。
[13] 郭树声:“峨眉山风景名胜区管理体制分析”,载张晓、郑玉歆主编:《中国自然文化遗产资源管理》,社会科学文献出版社,2001 年。
[14] 郭树声:“泰山风景名胜区管理现状”,《中国园林》,1999 年第 5 期。
[15] 李景奇、秦小平:“美国国家公园系统与中国风景名胜区比较研究”,《中国园林》,1999 年第 3 期。
[16] 李树民、郭建友:“对华山风景名胜区管理体制变革的制度分析”,《旅游学刊》,2001 年第 4 期。
[17] 厉以猷:“国家风景名胜区门票专营权分析”,《旅游学刊》,2002 年第 2 期。
[18] 柳尚华:“美国的国家公园系统及其管理”,《中国园林》,1999 年第 1 期。
[19] 马梅:“公共产品悖论——国家公园旅游产品生产分析”,《旅游学刊》,2003 年第 4 期。
[20] 彭德成:《中国旅游景区治理模式》,中国旅游出版社,2003 年,第 41 页。
[21] 王莹:“中美风景区管理比较研究”,《旅游学刊》,1996 年,第 6 期。
[22] 王鑫:“世界袭产地区”,台湾大学地理系台湾地形研究室,《地景保育通讯》,1995 年第 3 期。转引自吴必虎:《区域旅游规划原理》,中国旅游出版社,2001 年,第 255 页。
[23] 王兴斌:“试论风景名胜资源‘四权分离与制衡’”,《旅游》,1999 年第 4 期。
[24] 王兴斌:“中国自然文化遗产管理模式改革”,《旅游学刊》,2002 年第 5 期。
[25] 魏小安:“关于旅游景区公司上市的几点思考”,《旅游学刊》,2000 年第 1 期。
[26] 魏小安:“五化:解决争论症结的一种观点”,《旅游学刊》,2002 年第 6 期。
[27] 邬爱其、徐进:“国家风景名胜区经营性项目规制改革探讨”,《旅游学刊》,2001 年第 4 期。
[28] 吴必虎、李咪咪、黄国平:“中国世界遗产地保护与旅游需求关系”,《地理研究》,2002 年第 5 期。
[29] 谢凝高:“世界国家公园的发展和对我国风景区的思考”,《城乡建设》,1995 年第 8 期。
[30] 徐嵩龄:“怎样认识风景资源的旅游经营——评‘风景名胜区股票上市’论争”,《旅游学刊》,2000 年第 3 期。
[31] 徐嵩龄:“中国的世界遗产管理之路——黄山模式评价及其更新(上)”,《旅游学刊》,2002 年第 6 期。
[32] 徐嵩龄:“中国的世界遗产管理之路——黄山模式评价及其更新(下)”,《旅游学刊》,2003 年第 2 期。
[33] 徐嵩龄:“中国的世界遗产管理之路——黄山模式评价及其更新(中)”,《旅游学刊》,2003 年第 1 期。
[34] 徐嵩龄:“中国文化与自然遗产的管理体制改革”,《管理世界》,第 2003 年第 6 期。
[35] 徐嵩龄:“中国遗产旅游业的经营制度选择——兼评‘四权分离与制衡’主张”,《旅游学刊》,2003 年第 4 期。
[36] 杨锐:“美国国家公园体系的发展历程及其经验教训”,《中国园林》,2001 年第 1 期。
[37] 杨振之、马治鸾、陈谨:“我国风景资源产权及其管理的法律问题——兼论西部民族地区风景资源管理”,《旅游学刊》,2002 年第 4 期。
[38] 张晓:“从国家风景名胜区股票上市说开去”,《中国园林》,1998 年第 5 期。
[39] 张晓:“国外国家公园和世界遗产管理经营评述”,《中国园林》,1999 年第 5 期。
[40] 张晓:“转型期中国自然与文化遗产资源管理现状的基本判断”,载张晓、郑玉歆主编:《中国自然文化遗产资源管理》,社会科学出版社,2001 年。
[41] 张晓:“转型期自然文化遗产资源管理的经济学理性”, 载张晓、郑玉歆主编:《中国自然文化遗产资源管理》,社会科学出版社,2001 年。
[42] 张晓:“自然遗产资源的内涵和资源特殊性”,载张晓、郑玉歆主编:《中国自然文化遗产资源管理》,社会科学出版社,2001 年。
[43] 张晓、张昕竹:“中国自然文化遗产资源管理体制改革与创新经济社会体制比较”,2001 年第 4 期。
[44] 张凌云:“关于旅游景区公司上市争论的几个问题”,《旅游学刊》,2000 年第 3 期。
[45] 张晓:“世界遗产和国家重点风景名胜区分权化(属地)管理体制的制度缺陷”,《中国园林》,2005 年第 7 期。
[46] 张昕竹:“论风景名胜区的政府管理”,载郑玉歆、郑易生:《自然文化遗产管理—中外理论与实践》,社会科学文献出版社,2003 年。
[47] 张昕竹:“论风景名胜区的政府规制”,《经济社会体制比较》,2002 年第 2 期。
[48] 张昕竹:“自然文化遗产资源的管理体制与改革”,《中国社会科学》,2000 年第 5 期。

社区参与旅游发展的人类学研究

——以西双版纳、阳朔为例

孙 九 霞[①]

一、选题背景和意义

中国旅游业发展迅速，已经成长为国民经济新的增长点。国家在20世纪末作出了西部大开发的战略决策，对于基础设施差、资金短缺，而自然和人文资源丰富的西部，其发展道路既不能搬用国外的历程，也不能简单复制东部地区的经验，它应该选择一条基于自身资源禀赋的内生的发展道路。旅游业便成了西部地区经济发展中的希望，成了西部的主要选择之一。西部地区大多把实现经济腾飞的希望寄托在了旅游业身上，不少地区响亮地喊出了"旅游强省"、"旅游强市"、"旅游强县"的口号，吹响了旅游大开发的号角。西部人民也看到了改变落后、走向现代的新生之路，他们欢迎游客、欢迎开发，并且积极参与到开发中。但一旦旅游业扑面而来时，由于技术、能力准备明显不足，并且旅游业涉及层面广，竞争激烈，市场需求变化多端，尽管有了一定的心理准备，仍然出现了一系列新问题，政府、企业和社区一时间都难以应对。解决好这些问题，是实现西部可持续发展的重要课题。探讨社区参与旅游开发策略，为西部旅游发展提供理论支持。

目前中国在发展中所面临的重大问题，如三农问题（农民、农村、农业问题）、环境问题、土地问题等许多都与旅游业有着千丝万缕的联系。尤其是三农问题成为我国近几年经济社会生活中的重大问题。2000年初，湖北省监利县的李昌平镇长给朱镕基总理写了一封信，用"农民真苦，农村真穷，农业真危险"来反映三农问题，在社会上引起了很大反响。上海学者曹锦清1999年到河南农村基层考察以后写出了《黄河边的中国》（曹锦清，2000）一书；李昌平的著作《我向总理说实话》（李昌平，2002）也已经出版，这些著作进一步引起广泛的社会反应。到2001年三农问题的提法开始写入文件，正式变成一个决策层、理论界和全社会广

---

① 孙九霞（1969～ ），女，山东寿光人，中山大学旅游学院副教授、博士，主要从事旅游人类学、社区旅游与社区参与方面的研究，E-mail：sjxia@21cn.com。

泛关注的问题。2003年初展开的中央农村工作会议上把三农问题称为："三农问题是全党工作的重中之重。"的确，增加农民收入，维持农业的可持续发展，保持乡村社会的稳定、进步，对国民经济和社会发展具有深刻影响。

中国旅游业发展具有广阔前景的地区一般是农村地区、民族地区、西部地区，并且这几类地区都是合而为一的。由于地理和区位的劣势，这些地区所面临的三农问题也更加突出，旅游发展的优势为他们提供了解决三农问题的契机。很多旅游社区的居民，既是少数民族又是农村人，还是西部地区人，是一个弱势地位叠加的群体。旅游业并非一般意义上的工业，它有独特的产业特性。一般而言，旅游业比工业离农村更近，与农民的生活联系更紧密，农民也有着更大的参与空间。它对于提高农民收入，推进农村的城市化，推进乡村社会转型有积极意义。应该寻找合理的方式，让社区、让农民为了共同的利益和共同的发展贡献出足够的力量。但实际上从以农业为基础的传统的乡土社会转变为一个工业和其他产业为基础的现代都市社会，并不仅仅靠把生产用地变为景区用地、把农民变为旅游生意人以及实现一系列经济指标就可以完成的，这是一项艰巨而复杂的社会工程，需要发掘农民自身的创造力，需要各利益群体的协调。如解决不好，还会带来新的社会问题。

总之，西部旅游发展、转型期的社会问题和社区发展，以及国家公共政策的制定等现实条件皆需要寻找新的发展道路和理论指导。在这样的社会背景下，本研究将紧密结合中国旅游业发展的实际情况，展开对社区参与旅游开发的人类学研究。研究的案例地点选在西部的两个省区，其中的结论性分析对中国的社区旅游参与实践具有一定的指导意义，研究得出的相关结论对于完善和补充人类学、管理学、旅游学的学科体系具有一定的理论意义，主要体现在如下几个方面。

（一）解答我国现代化建设和旅游发展过程中提出的现实问题

旅游业发展、西部大开发、社会转型等带来了一系列社会问题，尤其是与旅游业密切相关的利益主体间的利益协调问题。社区利益的协调是顺利实现旅游开发的要求，因为社区文化和资源是旅游活动开展的重要依托，社区居民在认识到本土资源的旅游价值后，对旅游业的参与意识、参与热情日渐强烈。对旅游业的参与，在一定程度上提高了民族地区的文化自觉意识，推动了民族经济的发展。但有些社区自行的旅游开发，是浅层次的、低质量的开发，加上缺乏有效的经营管理，不少社区旅游项目因迅速人工化和过度商业化而失去旅游吸引力，很快走向衰败。在外来投资介入的一些旅游项目中，也由于没有事先协调好与社区的利益分配关系，导致日后出现了社区居民与开发商等多方面的利益冲突，影响了旅游活动的正常开展。因此，总结社区在参与旅游开发过程中形成的比较成熟的经验，以及分析所面临的问题和遇到的困难，寻求解决途径，便成为经济社会发展的切实需要。对旅游进行深入研究,向各级政府提出一系列可行的政策建议,积极影响现行的公共政策,使之转向规范旅游业、促进社区旅游的可持续发展,具有很强的现实意义。

(二) 拓展中国旅游学的学科内容和研究视角,并提供案例支持

旅游规划和旅游管理学科的研究目光往往集中于景区、旅游企业的规划和管理。以往的风景区旅游规划缺少对社区居民的应有关注。旅游规划主要侧重对景观、景点的物质规划,而对社区居民考虑不够。这样的规划也缺少了当地居民和社区支持,致使规划的总体目标难以达成,规划也难以落到实处。同样,对旅游目的地或风景旅游区管理的研究,一般主要探讨开发与经营行为管理、游客管理、人力资源管理、财务管理、质量管理、营销管理、环境与卫生管理、资源维护与保全管理、安全管理等等,对社区及其居民的管理很少涉及,他们大多处于被忽略状态。而在实践中,大部分景区都牵涉到当地居民,处理好景区与社区居民的关系,成了开发商在旅游管理中不容回避的问题。以往的研究认为旅游开发对当地社会—文化环境的影响程度取决于旅游者与居民的交流(交融)程度,而旅游者与社区相互作用的形态、范域和持续时间是决定当地文化变迁的关键指标(崔凤军,2001)。但对于社区旅游型目的地而言,景区的管理、居民参与旅游的程度和方式才是最关键的因素。为了实现各方的利益诉求,协调好社区与地方政府、开发商、旅游者等之间的关系,管理好旅游景区,学者需从不同的立场、不同的视角进行思考,尤其要把社区居民这一相对弱势的群体作为重要的利益群体、开发主体和管理主体来对待。同时,旅游活动的复杂性、社区社会的丰富性以及地区间的差异性又对研究提出了很高的实践要求。因此,旅游业发展的现实迫切需要相关学者对社区居民的旅游参与进行实践探索和深入研究。

(三) 丰富和发展中国人类学的理论,推进人类学的本土化、应用性发展

相对于西方发达国家而言,中国的旅游人类学处于起步状态,正在大量译介西方的著作和成果。我们需要作一些旅游个案研究,为中国旅游人类学提供必须的基础材料。本研究旨在借鉴、吸收国外旅游人类学研究的思想、理念的基础上,丰富我国旅游人类学的研究。保持文化相对主义的人类学传统,吸取不同制度框架下社区参与实践中的经验和教训,在深入研究的基础上,最终提出有关中国社区参与旅游开发的有效模式,提供实证研究的个案。旅游人类学家纳什指出,旅游人类学的理论还须深化、方法还须提高(Nash,1996)。在研究过程中,应对于以往的发展阶段理论、现代化理论的“中心与边缘”、“传统与现代”等所建构的二元对立结构进行反思。其实,随着旅游的深度发展,其对目的地社区的积极影响与消极影响的划分界限发生了某种程度上的模糊。人类生存的社区,本身就处于不断地变化之中。“文明的所有手段或工具,都必须在人们追求当下目标的过程中证明其自身的效度,无效者

将被否弃,有效者将被保留。……随着旧的需求的满足以及新的机会的出现,新的目标也会不断出现”(哈耶克,2000)。

在西方中心的强势话语中加入本土学者的思考,促进旅游人类学的本土化。现代化理论认为现代的经济发展应该以社会传统瓦解为前提,要丢弃传统文化,寻求全球的现代化未来。这是西方一种强势话语。还有一种理论认为文化多样性意义重大,坚持要保持文化差异,这同样带有某种西方文明优越心理,“传统”、“非西方”甚至“蛮荒”、“未开化”的存在意义在很大程度上是作为西方的对比而存在的,是“我们”需要“他们”的多样性存在。学者在下这些论断或坚持某种价值观时,更多考虑的应该是当地人的具体生活场景和他们自身的发展需求,强调对传统的保护应该是针对外部对其的扭曲而言,当地社区更有权利决定自己社会和文化的发展方向。旅游人类学者要做的是帮助他们认识自己文化的价值,并提供文化发展的可能性供其选择,这也是本学科应用性的体现。对于旅游开发来说,就是要预测将来会发生什么,并告知居民,社区居民才是旅游开发的主人,是最终受益人,也是旅游资源的一部分。本研究将基于对社区人的具体行为的直接观察,提供一幅相对真实的社区参与图景,会不同于某些单向度的理论假设。

(四) 为国际理论界提供中国的经验研究及理论解释,拓展中国学者应有的国际空间

目前我国的大多研究是在西方原有的基础上,作出反应性的分析,囿于西方的理论分析框架和思路中,真正从中国社会文化特点出发的理论和实践探索缺乏。本研究力求对于旅游这个大规模的全球性的社会文化现象,用人类学和旅游学等多学科方法,深入中国旅游社区内部探索其自身社会文化系统与旅游参与之间的逻辑关系。从居民的地方性知识出发,寻找居民对自身生活的表述和解释,逐渐接近社区居民的旅游参与真相,探索形成具有中国特色的社区参与的理论框架及其有效模式。这是本土学者为国际理论界提供的中国的经验研究和理论解释。在研究过程中,和以往从西方社会背景中发展起来的理论保持一定的距离,从中国的旅游实践中发掘出一些结论,少作理论预设,也就预防了资料选取上的目标指向性和解释中的倾向性。如果得出的一般性的结论日后能够应用于非中国的社会,这也是中国旅游人类学为国际学术界作出贡献的一种尝试,是对国际人类学的丰富和发展,拓展中国学者的世界发展空间,对社会科学研究的进步有所贡献。

二、相关研究进展

(一) 国外的研究

在西方社会,“公众参与”的理念是与其民主制度的形成相伴生的,在政治学层面上来看

是由来已久的事情。在社会发展中，20世纪五六十年代国际发展的主流思想是“社区发展”，主要是支持发展中国家建设城乡社区的基础设施。当时的“参与”主要是指动员和鼓励当地居民参与建设并管理这些设施，支持开发当地居民的能力，鼓励他们在社区事务中发挥作用。社区参与在发展中国家和地区逐渐得以倡导和实施。旅游业在很大程度上意味着对欠发达社区的开发，因此，对社区参与的认识也不可避免带有这种偏见。

对社区与旅游的关系的认识是经历了一个渐进过程的。许多社区和地区把旅游看作是一个简单叠加在社区上的分离的层，以这种观点从事旅游就一直是令人失望的，因为它在把旅游整合进社区的社会和经济生活中时失败了(Gunn，1994)。近年来，对旅游潜在的消极影响(社会的、环境的、经济的)的认识增加了(Gunn，1994)，进一步认识到旅游规划的重要目标是把社区和地区的社会经济生活与旅游整合到一起，而社区是影响旅游发展越来越重要的因素。相关研究的内容主要是旅游发展与社区的相互关系、社区在旅游发展中的地位、作用等(Taylor，1995；Joppe，1996)。

公众参与作为一项政治行动已经修正了影响社会变迁、环境保护的现存制度和规划程序(Murphy，1985)。相对于传统的规划方法而言，Seekings提醒大家要记住整个社区并考虑到公众的利益。同时，Murphy觉察到更一致的意见超出一般想象地存在于参与者群体中(Murphy，1985)。这是两位专家早在1980年就形成的看法。Murphy1985年深化了这种观点，写成的《旅游：社区方法》(Murphy，1985)具有先导意义。他在该书中阐述了旅游业对社区的影响、社区的旅游参与，探讨了如何从社区角度开发和规划旅游。他认为旅游是一个社区产业，是旅游产品的重要成分，该产业把社区作为一种资源，把它当作产品出售，并且在此过程中影响了每个人的生活。他的社区方法强调社区居民参与规划和决策制定过程，目的在于通过当地居民的参与规划，使当地居民的想法和对旅游的态度反映在规划中，以减少居民对旅游的反感情绪和冲突，以便规划实施。

自Murphy始，西方背景的学者最先是将社区及其旅游参与当作一种旅游规划方法纳入研究视野的。在东道社区中所作的大量旅游影响和居民态度的研究“已经成为增加公共参与的一个要求，尤其是，一个更带有社区导向的旅游规划(Keogh，1990)”。社区旅游作为一种发展旅游的方法，意味着受益人被鼓励参与自身的发展，通过动员他们自己的资源，明确自己的需要，并作出他们自己如何参与的决定(Stone，1989)。他们认为社区方法指的是当地社区最大限度地参与旅游规划和旅游决策过程，并达到一定的可行性和合意度，最大限度地参与到实际发展和旅游管理中，并实现社区的社会经济利益最大化(Inskeep，1991)。进一步认识到社区是目的地增长管理中特有的重要因素(Simmons，1994)，把社区导向看作旅游规划的发展阶段(Wall，1997)，并从社区参与的视角研究合作理论在旅游目的地规划和发展中的应用(Tazim，et al.，1995)。社区参与作为一种规划方法，已经深入人心。

国外社区参与研究是与旅游的可持续发展研究一道前进的。可持续发展的概念也符合许多旅游研究所强调的社区和参与理念(Wall,1997)。随着时间的推移,社区对于旅游作为经济发展和增长工具的观念发生了转换,对旅游所带来的增长方面的认同是因为认识到更负责任的、全面协调的旅游发展是社区共同分享的收益。评估社区对于旅游发展的敏感性是朝向可持续性的旅游规划的第一步(Pigram and Wahab,1997a)。在规划过程中,通过居民参与实施可持续的旅游发展。如果没有受其影响的居民的直接支持和参与,可持续的旅游将不能成功实现。设计出有效的手段来允许市民参与旅游规划过程并鼓励市民踊跃参与这一过程对可持续的旅游发展是首位重要的(Pigram and Wahab,1997a)。在旅游发展中社区担当的一个更伟大的角色是对于旅游方案进行彻底的仔细审查,帮助完成可持续性的目标(Pigram and Wahab,1997b)。

可持续的旅游必须符合旅游者的需要,也必须满足当地社区的需要,必须综合考虑社会经济的、文化的和环境的多方面因素。要使旅游持续发展,社区持续受益,还必须考虑旅游者的利益。一个确定的难题是当变迁持续来临时,目的地社区如何能够保护和增强未来的旅游者的机会。这也是旅游的可持续发展必须面对和克服的挑战,这种挑战本身也在旅游者行为模式和类型的进化、当地社区对于旅游的态度的进步和技术及营销机会的变化上显示出来。旅游必须能够提供与当地环境、社区态度和文化相协调的产品,由此社区将成为旅游发展永久的受益人,而非受害者(Wahab and Pigram,1997)。社区支持是旅游可持续发展的要素(Butler,1997)。

在对社区及公众参与旅游规划的实际操作层面的研究也取得了很大进展,提出了市民参与旅游发展的各种技巧,如管理者导向的技巧,包括信息交流、教育和支持的培养;市民导向的技巧,包括补充决策、代表性的输入(主动的过程)、代表性的输出(被动的过程)(Marien and Pizam,1997)。还具体到了参与项目评估的反馈机制,如Smith提出了评估公众参与的程式(Smith,1984),如表1所示。

表1 公众参与的评估程式

文本	1. 历史背景 2. 制度安排:政治结构和程序,立法和政治规则,行政结构 3. 媒介特征:状况,功能,参考术语,财务安排
程序	1. 参与的目标和任务:由媒介给出参与的命令;参与者的目标 2. 公众参与的数量和特征:他们是谁? 他们如何代理? 他们怎样组织? 3. 所用的方法:技术,信息获得,资源
结果	1. 参与实践的结果 2. 有效性:目标问题,参与者代表,参与者的恰当性,参与者表达的满意程度,参与的效果和影响,时间和花费

资料来源:Smith,1984。

人们越来越关心社区怎样回应旅游、怎样与旅游共处，好的长远旅游规划必须更深刻地理解在蓬勃的旅游现象面前社区怎样作出反应，并以此为指导。《旅游社区关系》一书旨在发展一种对社区旅游反应的理解，作为未来旅游规划、旅游项目发展和源于旅游增长的地区经济方面的应用文献。作者认为社区对旅游的反应是企业家和社区创造的双重导向的旅游项目，并着重探讨了社会表象和旅游社区关系、国内外实际的社会表象的案例、从社会表象的视角探讨旅游规划中的社区参与及未来的旅游社区关系。作者在社会表象法的研究中格外强调主位研究方法，并研究了社区冲突管理的方法。还认为理解社区旅游关系的重要性也是生态可持续发展的核心目标，并对生态的可持续的旅游目标及其特性进行了分析(Pearce，Moscardo and Ross，1996)。其在分析社区表象法的过程中，对社区参与的关键成分从几个维度进行了建构(表 2)，这表明对社区参与的研究已经进入实际应用阶段。

表 2　公众参与的关键成分

公众参与的目标和形式	公众参与结果的影响因素	公众参与的方法和程序	公众参与项目中的关键结果
信息交换； 谈判； 抗议； 教育； 支持项目建设； 补充决策； 代表性的输入； 鼓励未来的定位； 援助管理	讨论的类型； 参与者的能量水平； 有准备的谈判； 在讨论中组织间正在进行的联系； 物理环境的影响(当场背景的类型)	社区委员会； 调查； 提名代表； 焦点小组； 中介； 模拟； 随机抽样； 代理展示； Delphi 程序； 社会表象，社区透视图的绘制	呈递书； 技术报告； 社区建议计划； 相似的总体输出结果； 对于“客观目录树”的贡献； “目标项目模型”或其他决策模型

资料来源：Pearce，Moscardo and Ross，1996。

但在社区参与愈来愈受重视的时候，它也受到了来自学者们(尤其是旅游学者)的质疑，尤其自 20 世纪末期，这种反思的声音多了起来。参与式发展方法发源于发达国家，而参与式旅游发展在发展中国家的应用难免带有局限性。发展中国家的社区参与旅游发展，存在着操作上的、结构上的和文化上的局限性，虽然并不平均地出现在每一个旅游目的地(Tosun，2000)。Tosun 指出，明确地叙述和执行参与旅游发展方法要求许多发展中国家要有一个同时涉及社会的、政治的、法律的、行政的、经济结构的整体变迁，因为以完备的社会、经济和环境的平衡为基础的政治选择和合理决策是以周密的救助、大型国际捐赠结构的协作、NGO 组织、国际旅游经营者和跨国公司为要素的。

对发展中国家的社区参与的提倡多停留在字面上，而非落实在行动上。1994 年世界旅游组织(WTO)在作了25个关于发展中国家的旅游规划的案例研究后，发现其中只有一例，斯里兰卡的旅游规划，考虑了社区磋商(间接的或象征式的参与)，成立了由当地利益群体和中央政府在当地的代理商共同组成的旅游委员会(Tosun，2000)。可见，社区参与没有落到实处，大部分是一种建议性的。社区旅游作为一个可持续的旅游规划方法，它只能建立在个人拥有公民权的机会和责任的现代公民社会中(Potts and Harrill，1998)。而发展中国家和地区离真正的公民社会的距离还很遥远，这也是社区参与难以落实，并因之受到质疑的深层原因。

正是社区参与的有效性和可操作性不强，人们开始反问：社区方法，真正起作用吗？(Taylor，1995)。为谋求旅游的可持续发展，学者们更加寄希望于社区发展方法。但旅游继续被政府而不是社区利益所控制，应亟须评估这种称作社区驱动旅游发展计划的可操作性，以确定当地居民在何种程度上真正分享了游客增长所带来的利益，因为他们显然承受了与旅游相关的大部分代价(Joppe，1996)。Petty在1995年对社区参与划分成了象征式参与、被动式参与、咨询式参与、因物质激励而参与、功能性参与、交互式参与、自我激励式参与七个层次(黎洁、赵西萍，2001)，在实际参与中，大多只是停留在象征式参与和咨询式参与两个层次上。社区冲突的存在，也减弱了参与实现的效度。表面上软弱的社区却拥有与生俱来的力量，拥有来自本土的知晓自身资源及其潜力的能力。在对于资源的处置中，社区有相当大的影响，因为它拥有旅游要求和利益目标，希望能够得到和游客等同甚至更高的对待(Boniface，1999)。

对于社区参与旅游方面的研究，国外学者研究的内涵丰富、外延广泛，既有理论探索又有实践经验。研究的地域多限于发展中国家和地区，对发达国家的讨论也有，一般也仅是僻远之地。研究内容主要有旅游发展与社区的相互关系、社区在旅游发展中的地位、作用等(Taylor，1995)，还涉及参与的机制、模式、类型、意义，并上升到对社区参与理论的反思。梳理社区参与旅游的有关研究，整体而言存在这样的发展脉络：旅游业发端之初，社区及其居民并没有进入人们的视野，这方面的研究是缺失的；随着旅游业的发展，社区开始被当作旅游规划的要素、旅游规划的方法加以考虑；伴随可持续旅游发展的推进，社区参与作为旅游可持续发展的需要加以考虑；当更主位的视角出现时，社区参与开始作为社区发展的需要纳入进来，并出现了对于社区参与的有效性的反思和质疑。

(二) 国内的研究

《关于旅游业的21世纪议程：实现与环境相适应的可持续发展》的中译本的发表(张广瑞，1998)表明中国的旅游研究者已经意识到旅游增长不能仅仅依靠资源开发和牺牲环境来维持。自20世纪90年代以来，为寻找可持续的旅游发展途径，中国学者开始研究旅游和目的地社区间的动态关系。社区既具有实施可持续发展的综合功能，又是可以把握的实体，从社区角度来思考旅游开发问题有可能为实现旅游业的可持续发展找到可行的途径(唐顺铁，1998)，社区参与旅游发展就是旅游可持续发展宏观系统中不可或缺的机制(刘纬华，2000)。在生态旅游研究中，总结和介绍国外许多社区参与生态旅游开发的研究和例证(万绪才等，2002)，认为社区居民对生态旅游开发要进行全方位参与，才能分享旅游带来的各种利益，才能有助于生态旅游的成功。

在理论分析方面，有的研究对社区参与旅游发展的动力、社区参与如何形成最终意见、社区参与如何实现收入公平分配等理论问题进行了质疑(黎洁、赵西萍，2001)。在多理论探索和多学科渗透研究原则的指导下，提出社区参与旅游发展研究的范式，并在此范式指导下，对社区参与的动力、社区参与机制以及社区参与的公平分配等问题提出尝试性的解决方案（刘纬华，2002)。还有的研究对社区参与的历史演化进程作纵向分析和归纳，根据社区参与旅游发展的阶段性特征，将其划分为四个阶段：个别参与、组织参与、大众参与和全面参与，并描述了“近S形”的总体发展曲线。因此，为实现旅游业可持续发展，防止旅游地衰落和旅游地社区解体，社区应该全面参与到旅游业发展过程。当前，社区参与需要在旅游规划、旅游地环境保护、旅游地社区文化维护三个方面得到加强(胡志毅、张兆干，2002)。

在实践中，我国的社区参与远未实现，不仅社区参与程度较低，而且在某种程度上处于被动参与状态，缺少一种激励机制来引导群众自觉参与保护(诸葛仁等，2000)。

对社区重要性的认识，主要以旅游业的可持续发展为出发点。社区居民参与旅游业发展获得经济利益，是促进社区居民保护旅游景区环境的前提。但社区居民参与旅游业发展的经济利益冲突，对环境保护会造成负面影响，故要拓展多渠道社区居民参与旅游发展(杨桂红，2001)。正因为本地居民对旅游发展和旅游者的积极态度可以减少旅游交往过程中旅游者心理的不确定性，所以学者们积极推动社区参与本地的旅游发展。当然，也清楚居民参与交往是以参与旅游地的发展决策和参与旅游受益分配两方面得以实现为基础的，当地居民只有在享受到旅游发展给其带来的利益的前提下，才有主动与旅游者交往的动机(张宏胜，2002)。为了旅游的发展，为了获得支持，他们劝告规划者要使社区居民能够识别旅游的积极影响和消极影响(刘明，2001)。在大部分研究出于关注旅游业才进而重视社区时，也有的研究把目光投向社区发展，并结合实际案例深入阐明了社区力量的重要性(文彤，2001)。

规划学者也开始关注居民，倡导社区参与(保继刚，2002；张建萍，2001；吴必虎，2001)，并开始注重社区参与中的利益相关者分析(保继刚，2002；张伟、吴必虎，2002)。2000年，在由保继刚、钟新民主持的“桂林市旅游发展总体规划”(2001～2020)中，首次通过系统动力学的方法，分析并确认了桂林旅游发展中的主要利益相关者主要有五类：游客；外地旅行社；商业部门(包括景点开发商、正规的旅游服务企业、非法商业行为)；当地的居民；政府管理部门。规划中明确指出当地居民是桂林旅游发展的主体,他们不仅是旅游业的最终受益人,也是旅游资源的一部分。从国际旅游发展的趋势来看,当地居民的文化、生活、生产方式构成的人文景观是以自然风光为基础的桂林旅游地的最好的互补资源。当地居民参与管理、得到利益,才能根除居民、发展商、游客的潜在冲突,消除旅游业发展的潜在阻碍(保继刚、钟新民,2002)。另外,张伟和吴必虎尝试将利益主体理论应用到四川省乐山市旅游发展战略规划过程中,讨论了我国不同利益主体参与区域旅游发展规划中的应用途径(张伟、吴必虎,2002)。

目前国内关于旅游的社区参与方面的研究偏重于理论和宏观的研究,缺乏深入细致的实证的案例研究。同时,有关的研究大多沿袭西方的思路,仅限于西方理论的分析框架。真正原创性的、得源于中国现实特点的理论探讨相当欠缺。加上我国在实际规划过程中一直未能很好地体现社区参与的精神,因而对西方理论和本国理论的探讨既不够深入又难以与现实接轨。在看待社区旅游的观念上,东西方学者之间存在明显的差别,国内学者更看重它对旅游发展的实用性。从这种意义上而言,社区是为旅游服务的。或者,这是因为中国的社区参与旅游的理论还处在西方的某个发展阶段上。

三、研究方法和过程

(一) 研究方法

为把握旅游这一复杂的社会现象和经济活动中社区内的人的思想和行为,本研究以人类学的研究方法为主,辅以社会学、统计学、管理学、历史学等多种学科的研究手段进行了综合分析,具体主要采取以下几种方法。

1. 参与观察法

这是本研究最基本的方法,也是人类学者所擅长的。共八次历时近四个月到三个目标社区从事深入的田野调查。参与观察相关的社会交往、经济交往、旅游活动等,了解一些事情的发生过程和情景,继而发掘出深层的文化原因。田野调查中,调查者更容易理解文化的本质,促进不同文化传统和生活方式更好沟通。同时,也给研究者自身增加新的文化价值观。

2. 深度访谈法

在不同的调查社区选取了有代表性的报道人(参与旅游的农民、公司负责人、政府有关人员等)25 人,兼顾性别、村别、年龄、职业、经济条件、受教育程度等要素。对其作重复性的深度访谈,以了解一些参与观察无法获得的资料。

3. 一般访谈和座谈会法

为较大范围掌握调查对象的基本资料，并给予表达的机会。首先设计访谈提纲，内容包括被调查者个人基本情况、家庭基本情况、家庭物质生产资料、社会资本、劳动分工和经济收入、家庭经济开支、家庭事务的决定权、大众传播媒介、旅游参与状况、对自身生活的评价、发展的愿望等方面，旨在了解其家庭状况、经济背景、社会交往、旅游活动、旅游观念等与都市化相关的问题。召开有关镇、村的座谈会，让农民集中反映情况。在访谈、座谈过程中进行录音。

4. 问卷法

采用问卷法收集数据资料、利用计算机进行统计分析。本研究设计了五种半结构性问卷："遇龙河景区居民调查问卷"、"傣族园景区员工调查问卷"、"傣族园景区居民调查问卷"、"傣族园景区团队游客调查问卷"、"傣族园景区散客调查问卷"，采取随机抽样的方式进行调查，共回收 543 份有效问卷。通过问卷来搜集更为广泛的资料，以补个别访谈之不足。

5. 过程—事件分析

在事件发生的过程中，无论是经济的还是政治的，无论是国家的还是民间的，无论是制度的还是文化的，凡此种种因素都融入到过程之中，展示出复杂互动的关系，并处于不断建构的过程之中。"过程—事件分析"涉及对社会事实的一种截然不同的假设①，即将社会事实看做是动态的、流动的，而不是静态的(孙立平，2000)。本研究分析的主要事件，有时是大型的社区性的事件，有些则是社区中的人和事，一般把它们糅合在分析和论述中作关联性分析。这种研究方法与人类学的渊源是一脉相承的，很有说服力，因为"你可以拒绝一种观点，但不能拒绝一个故事"(夏榆，2003)。

6. 文献法

文献资料主要包括：综述国内外相关研究成果，以便进行对比研究；查阅西双版纳州有关部门、勐罕镇和桂林市、阳朔县各部门、阳朔镇、白沙镇、高田镇等的有关档案材料和基本统计资料；搜集傣族园景区、遇龙河景区和世外桃源景区有关文字资料；到社区所属的各个村委会进行调查，对整个村委会的经济、社会等基本情况有所把握。文献资料的分析方法主要有三种：统计资料分析，现存统计资料往往是调查资料的补充来源，它可以为研究提供历史背景材料；内容分析，将现存的文字资料的内容进行分析以透视社会现象；历史—比较分析，通过比较各个社会的历史事件或历史过程来发现社会发展的一般模式。

---

① 按传统观点，人们往往将社会事实看成是固态的、静止的、结构性的东西。

（二）研究过程

1. 西双版纳傣族园社区

本研究期间，曾先后五次深入西双版纳傣族园社区进行调查，兼顾了旅游的淡旺季和社区居民生活周期的不同季节，过程如下。

2002年12月第一次进入傣族园，调查时间为10天，确立该景区为调研的案例地，并初步完成了对傣族园公司和社区背景状况的调研。

2003年4月，参与"西双版纳在澜湄次区域旅游合作中的战略研究"项目，在版纳州调研两周，了解全州社区参与的整体状况及民族节庆活动的开展，并着重调研了傣族园社区的"泼水节"及居民的参与过程和方式。

2003年7月再次进入傣族园了解社区居民参与的变化及SARS过后的情形，并考察了邻国老挝的朗勃拉邦市、南塔省等地的社区旅游，吸取异国经验。

2003年9～10月赴傣族园进行了为期一个月的参与观察和深度访谈。主要调研内容：傣族园旅游发展历程，社区居民参与旅游的形式，公司在社区参与中的地位和作用，当地政府在社区参与中的地位和作用，社区居民参与旅游的特点及存在的问题，傣族的日常习俗、节日等。

2003年12月中旬至2004年1月初到傣族园进行补充调查，充实有关资料，并参与观察傣族建新房等活动。期间对居民、游客和公司员工实行了问卷调查，进一步深入社区内部探索其自身社会文化系统与旅游参与之间的逻辑关系，思考社区旅游开发的利益机制及各利益相关者的利益体现等。

2. 阳朔遇龙河社区和世外桃源社区

阳朔遇龙河社区和世外桃源社区的调研先后共进行了如下三次。

2002年3月，参与"阳朔遇龙河景区总体规划"项目研究，走访考察遇龙河两岸村庄，并进行了问卷访谈，探讨居民的参与现状及参与策略。期间参观考察了世外桃源景区。这次调查为日后的论文调研打下了一定的基础。

2003年8月，到遇龙河景区和世外桃源景区着重了解社区参与中出现的新问题和新情况，并寻求解决方案。期间走访了大量政府部门、镇、村委会、居民等，还进行了问卷调查。

2003年12月到阳朔进行最后一次调研。访谈相关业内人士及西街上从事旅游经营的业主，了解居民参与旅游活动的变迁。再次深入遇龙河社区和世外桃源社区了解旅游参与情况的变化。

四、案例分析

(一) 傣族园景区的社区参与

1. 案例概况

傣族园景区位于云南省西双版纳州的勐罕镇,距州府所在地景洪市 27 公里。主景区由地处澜沧江边的曼将、曼春满、曼乍、曼嘎、曼听五个保存完好的傣族村寨组成,是集中展示傣族宗教、历史、文化、习俗、建筑及服饰饮食等的特色旅游区。傣族园将五个自然村寨的全部生活区和部分生产区划归景区,景区是以社区为背景建立起来的,景区和社区叠合在一起,是一体化的。社区生活是景区主要的构景要素,傣族的宗教、民族文化、生活习俗、干栏式建筑特征是景区景观的重要组成部分,村寨社区的生产、生活也成了旅游活动和展示的一部分。这五个村寨在行政上由勐罕镇下属的曼听村委会管辖,2002 年共有村民 314 户,1 487 人。其中,傣族 1 476 人,占 99.26%;汉族 11 人,占 0.74%。人口变动虽不大,但居民的人均纯收入却增长明显,由 2002 年的 2 315 元增长到 2005 年的 3 571 元,高于全镇当年 3 005 元的水平,在勐罕镇属于比较富裕的村寨。

傣族园景区 1998 年建设之初的开发主体是广东某公司,运作中由于资金短缺,1999 年橄榄坝国营农场投资 1 000 万元,控股 60%参与开发傣族园。2000 年广东公司退出股份,由橄榄坝农场和昆明某建筑公司合股建设和经营、管理景区。傣族园 1999 年 8 月正式营业,2001 年被评为国家 AAAA 级旅游区。自开业至 2006 年共接待国内外游客约 269 万人次,旅游收入约 6 365 万元。傣族园的游客构成中主要以团队为主,散客的数量呈现逐年增长的趋势。傣族园公司设有景管部、环境部、工程部、演艺部、导游部、民族事务部等十个部门,2005 年公司员工总数为 463 人①。

2. 傣族园社区参与形式

(1) 旅游活动参与

景区所包含的五个村寨都具有西双版纳傣族村寨的典型特征,是浓郁的民族风情和迷人的热带风光的最佳组合,并且每个寨名后面都有特别的含义,“曼”在傣语中是寨子的意思,如曼春满是花园寨,曼乍是厨师寨,曼听是宫廷花园寨。寨子里的村民与景区是一个不可分割的整体,傣族园公司所推出的旅游活动和产品,主要依托于村寨固有的民俗文化和社区活动场所(如佛寺等),并依赖于村民的广泛参与(表 3)。

---

① 根据《傣族园公司 2005 年工作总结》统计。由于人员流动性较大,员工数量每年不同。

表 3 傣族园景区的主要旅游项目和内容

序号	活动项目	内容
1	天天泼水节	让游客随时都感受到泼水节的狂欢氛围
2	傣家民居参观	向游客展示傣家的干栏式建筑,体验傣族的待客礼仪
3	季节性地展示民族节日	组织开展赛龙舟、放高升、斗鸡赛、丢沙包、赛鼓、燃放贡菲、赶摆、赕佛等活动,弘扬傣族的传统文化
4	民间工艺展示	织锦、傣首饰加工、贝叶经刻制、制陶、榨糖等工艺过程的演示
5	小乘佛教文化展示	参观曼春满古佛寺、曼听白塔和塔包树,参加拴线、念经、抽签等佛教活动
6	歌舞表演	向游客集中展示傣族的舞蹈文化

资料来源:作者根据 2002～2005 年的调查资料整理。

这些公司组织的旅游活动,以民俗活动为主,目的在于挖掘丰富的傣族文化内涵,提升景区的文化品位,满足游客的旅游需求,同时也为参与其中的村民带来一定的经济收益。

(2) 经营活动参与

傣族园公司在管理过程中为平衡社区内不同村寨间的旅游参与项目,结合各村寨自身条件,引导他们从事不同的经营项目,避免竞争和冲突,形成了多元化的社区经济结构。傣族园社区居民所从事的自主经营活动主要有如下三类。

➢ 傣楼

傣族人经营傣楼的缘起是对外来汉族经营方式的模仿。20 世纪 90 年代,四川、江西、广西等地的汉族生意人开始租用傣楼,出售以假沙金沙银为主的旅游工艺品。他们以高额回扣吸引司机和导游带游客前来购物。2002 年初被取缔,但后来本地傣族为利益所驱动,开始从事此项活动。傣楼也就在傣族园流传了下来,主要是指在傣族家里的傣楼上卖假的沙金沙银。公司对此予以了默认,并给予接待游客的人家统一挂上了“傣族民居参观点”的牌子,公司认可的前提是不要出现游客投诉,并让景区导游对游客讲清楚是工艺品,不是真的沙金沙银。

目前从事傣楼的主要是曼春满的村民,在老人会[①]和村委会的组织下,2002 年 4 月将全村 108 家,分为两个小组,隔日轮流在家接待,如每月 1、3、5 日为一组接待,2、4、6 日为二组接待。后来,这两个组又分别分解为两个小组 A 和 B,当轮到某大组时,第一个团队归 A 小组,第二个团队就归 B 小组。小组与大组的关系只是在同一天接待游客,每个小组都是独立经营,独立分成的。每小组的人数在 30 户左右,多的 31 户,少的也有 28 户。每户出一名

① 类似于长老组织,傣族的每个自然村都有,其中有一个长老,还有数量不一的几名成员。他们都入寺当过和尚,懂傣文,在寨子里颇有威望,负责管理民间的公共事务和处理纠纷等。

代表，大多是女性，年龄限制不严，一般在 50 岁以下。

购买工艺品的成本均摊，当天结算，第二天轮空，她们有的去割胶，有的去卖水果等。2003 年前后收入可观，每人每天常常分到 100 多元。2005 年后因景区外非法购物点的冲击，傣楼的收入急剧下降，现已降至 20 元以下。

➢ 傣家乐

傣家乐是指傣族居民利用民居为游客提供住宿、餐饮及歌舞娱乐等服务。2005 年，傣族园公司已授牌的傣家乐定点接待户 20 个，村民自己挂牌经营(公司尚未验收)的傣家乐经营点 7 个，常年涉及参与服务人员近 100 人，黄金周从业人员达 200 人。2005 全年接待游客 5 万余人次，“十一”黄金周期间，曼乍村的岩光、岩约两家，户均日接待游客住宿达 100 余人次，接待就餐游客用餐达 600 人次，日均获利 3 000 元。曼乍村主要以经营傣家乐为主，2002 年 9 月份，全村 48 户人家有 32 户自动分为两组合伙经营，每家出 1 名妇女，集中在一家接待。到 2003 年之前，曼乍村基本是分两组，全村 2/3 的家庭参与了傣家乐。在开业之初，每家人都出了几百块的本钱，用来买锅碗等用具，还有为客人表演歌舞用的音响设备。分成是扣除成本后平分，主人家负担水费、电费，会多得一点。主人家的位置一般都比较好，靠近游路。分组的原则采取自愿，大多数都是亲戚间联合。这样的情形从 2003 年后有了变化，其中一个小组开始解散，单独经营。2004 年合伙经营全部解体。目前曼乍村的傣家乐约有 12 家，是景区内参与最多的村寨。收入每家月均 1 000 元左右，会因淡旺季而有差别。

➢ 摆设摊点

截至 2006 年底，傣族园景区内的摊位共计 200 余个，其中 80％为公司为村民提供的免费摊位。种类多为水果、农产品、烧烤、小食品摊和旅游纪念品商店。摆设摊点的为来自五个村寨的居民，这也为其提供了灵活机动的工作机会。

(3) 公司就业

2003 年 10 月份，公司的 249 位职工中来自五个村寨的就有 83 人，占了公司员工总数的 1/3。2005 年，公司 463 个员工中，五寨村民有 248 人，占公司员工总数的一半以上。他们分布在公司各个部门(表 4)，其中在环境部村寨员工的比例是最高的，超过了半数，村民主要承担的是环卫工和园艺工这类劳动密集型的工种。村寨员工比较多的是演艺部，占了本部门职工总数的四成多，这与演艺部包含了大部分民间艺人有关。村寨演员的绝对数量并不多。景管部的村寨员工也占了近三成，这与景管部经常要与村民协调有关，因这时往往需要一些本村寨的人出面。村寨员工比例最少的部门是办公室，这属于公司的机关单位，只有 1 人得以进入，在所有部门中，村寨员工没有一人进入管理者阶层，他们从事的都是较为底层的工作。

表 4 村寨员工在公司各部门的分布情况

部门	人数	其中村寨员工数	村寨员工占本部门人数的百分比(%)
办公室	34	1	2.9
景管部	56	17	30.4
环境部	48	27	56.3
导游部	43	10	23.3
演艺部	68	28	41.2
总计	249	83	33.3

资料来源:作者根据 2003 年 10 月"傣族园公司员工花名册"统计整理。

公司村寨员工的月收入一般在 400～600 元之间,其中导游由于回扣原因会比较高,旺季在 1 000 元左右。参与民俗活动展示的部分民间艺人,在展示中出售产品所得收入归自己,公司支付的工资也就低一些,一般为 150 元。公司所招聘的村寨社区员工是在公司经营过程中,逐年招入的。最初能进入公司做工的主要原因是自己家的土地被公司占用,公司按合同要求安排这家的某个人就业。

3. 社区参与旅游中的正效应

在傣族园几年的旅游开发过程中,旅游带来的更多是正效应,虽然其中不乏消极成分。旅游作为一种外部动力,促使傣族园社区变迁深广,旅游效应显著。社区旅游加速了人口结构的分化,非农产业的劳动力增多;推动了经济结构的多元化,农业经营方式从传统农业向外向型、商品化、现代化农业转变;出现了第一产业的多元化和第二、三产业的发展,生产组织形式走向家庭化、血缘化;带动了生活方式的都市化。频繁的主客互动,社区居民的衣食住行和休闲生活迅速向都市生活转变。此处着重探讨社区旅游参与对傣族园这一民族社区的传统文化保护方面的正效应。

(1) 传统文化得以复归和保持

傣族园景区对于傣族传统歌舞的挖掘,引发了社区居民对本民族歌舞的学习和继承。傣族园的勐巴拉娜西艺术团专门聘请西双版纳州歌舞团的专家担任编导,演绎傣族的民间舞蹈。景区内的社区居民,如经营傣家乐的傣族妇女们,也结合艺术团的歌舞题材,自己编导,自行创作,使许多消失多年的民族歌舞重新在民间流传。虽然她们的直接目的是为了旅游参与,为了赚钱,但在客观上却起到了恢复传统、维持传统的作用。

旅游开发中,傣族居民广泛参与旅游工艺品制作和民俗活动展示。如贝叶经刻制、手工榨糖、织锦、竹编、舂米等手工艺展示,赞哈献歌、葫芦笙演奏、象脚鼓舞、傣拳、刀舞等民间艺术表演,参与展示泼水、放高升、斗鸡、婚恋活动等民间习俗。民间工艺以往只是生活方式的一种,而今得到市场、外来者的认可,他们从民间传统中直接受益。许多正在式微的传统民俗和工艺，正在走向复兴。

(2) 旅游社区的民族认同凸显

社区参与给予社区居民更多的机会接触“他者”，通过与他者的对比，认知了自我文化的价值，对民族文化产生强烈的认同感，强化了民族的自我认同意识，增加了相互间的亲和力和凝聚力。在与游客的接触中，社区居民对于自己的文化有了清楚认知，社区文化由“自在”状态转为“自觉”状态。2003 年 10 月 5 日，傣族园曼乍村赕 “萨拉帅”。“赕”指古代东方、南方少数民族以财赎罪；“赕佛”傣语称以物献佛。这天，曼乍村的 50 户人家都准备了一份丰足的贡品，清晨 4 点钟就开始送到佛寺里，整个佛寺里外都摆满了各式各样的贡品。10 点，附近 5 个佛寺的 60 个小和尚，前来为“赕佛”的乡亲们诵经祝福，场面壮观奇特，整个活动持续到下午 5 点钟，让在傣族园里观光的游客大饱眼福。置身旅游大潮中的傣族园社区居民，保持了自己最深层的文化元素，泼水节、赛龙舟、赕水井、赕塔、赕“萨拉帅”等，是其与生俱来的民俗，但他们从游客好奇的眼神中感受到了自我文化的价值，即使面对游客的欣赏，也会更加笃定和坦然。

(3) 文化和资源保护意识萌生

文化和自然资源保护是所有旅游开发都要面对的难题。使用规定、命令、文件甚至法律来推行旅游资源保护，所发挥的作用是有限的，远远不能达成保护的真正目标。文化和资源保护，离不开社区的广泛参与。有些开发和保护项目的实施因为没有当地社区的参与而失败。

在民族地区，社区参与中的居民，对自身的文化有了自觉意识。他们对于那些原本在自己看来平淡无奇的景致，开始运用旅游者的眼光来看待，逐渐意识到景观保持对社区未来发展的重要性。傣族园景区的开发者深知傣族传统干栏式建筑的旅游价值，他们极力推行保护措施，2002 年 4 月 23 日，公司制定了“保护干栏式建筑的具体措施和办法”。公司保护措施的推行，使社区居民增强了环境与文化资源的保护意识，社区村民基本上都知道了公司对建筑的要求，绝大部分意识到了傣楼的价值。有着如此经济优势和地理优势的五个村寨，目前真正的异化建筑只有一家，还是位于极少介入旅游的曼听村。社区参与程度越高，居民的文化保护意识越强，社区参与为居民主动、自觉地保护、传承民族文化提供了某些内在动力和观念支撑。

(4) 民族传统文化生存空间得以拓展

文化传统并不会轻易消失，它是有着强大生命力的东西。无论人类如何选择，世界如何变化，传统将一直伴随人类世代延续。人们为应对旅游的冲击，会形成一些新的传统，拓展了民族文化的生存空间。对于旅游活动对民俗文化的冲击，社区居民并非完全束手无策，他们采取了自己的应对措施。最初，傣族的卧室是没有门的，只有一个布帘遮挡，本民族的人不会随便窥探他人卧室。但随着游客到来的增多，有的游客触犯此项禁忌，他们便给卧室加了门并上了锁。因家里接待游客频繁，傣族人担心陌生人太多会惊动灵魂，于是为了弥补，老人们便经常在游客离去时向卧室里的灵魂告白，祈求灵魂们的谅解。逐渐地，这成为了一种新的仪式和习惯。这种新传统的形成，与社区参与旅游密切相关。

(二) 阳朔遇龙河景区的社区参与

1. 案例概况

遇龙河社区位于广西桂林阳朔县。遇龙河是阳朔县的第二大河流，素有“小漓江”之称。遇龙河景区范围包括遇龙河、两岸的村落和山地在内，西北部以遇龙河金龙桥为界，东南部以遇龙河工农桥为界。从金龙桥到工农桥的遇龙河两岸，共有 21 个村落，人口有 9 000 多，在行政上分属高田、阳朔、白沙三个镇。遇龙河社区居民人口具有以下特征：以农业人口为主、外出打工人口较多、民族人口构成相对单一、村民的生活方式正在变迁、村民的思想观念较为传统。由于没有开发主体的主动申请，遇龙河景区没有经过旅游部门的评定和认可，暂不属于国家级的旅游区。尽管没有边界、没有景区大门、没有门票，但由于游客到来、游客选择了它，也就具有了景区的实际意义，周边农民也在热切地参与到了竹筏漂流、餐饮食宿服务中。

2. 发展阶段及参与状况

(1) 少量个体参与期

2002 年之前，遇龙河社区居民参与旅游业正处于少量参与、个体自办的阶段。直到 2002 年 3 月，遇龙河景区整体来看还处于未开发的状况。河边除了靠近工农桥的潘庄处有一座 15～20 个床位的小别墅，再往上游不远处还有一个“奥德克培训中心”外，河边沿岸几乎没有什么食宿接待设施。只在个别的村庄里，如遇龙村和旧县村有几家农家乐(农家饭)餐馆。

由于遇龙桥的坐落，遇龙村委的桥上、桥背和遇龙堡三个自然村较早地介入了旅游。遇龙桥是明代古石拱桥，1981 年阳朔县人民政府将其确立为阳朔县重点文物保护单位。这座古桥横跨遇龙河，赋予了遇龙三村小桥、流水、人家的美好意境，由此也吸引了络绎不绝的中外游客。游客的到来，激发起了村民的参与愿望。看到游客进村观光后总是匆匆离去，为留住游客，有的村民建议村里为游客提供更多的游玩项目。于是，从 2001 年开始，他们在遇龙桥旁建了两间小卖部和一个小码头，又把遇龙桥打扫干净，还制作了四张供游客在河上漂流的竹筏。此举果然吸引了更多的游客前来观景、休闲。村民也因此获得了实惠，到 2001 年底，竹筏增加到 40 张，从业人员增至 80 多人。遇龙三村提供的漂游项目主要是从遇龙桥乘竹筏漂流到 10 公里外的工农桥，由于沿途景点多、风光美，而且要经过 20 多个水坝，深受游客的欢迎。他们采取的是自行组织、轮流载客的方式经营，漂完全程的价格是120元。

这一阶段遇龙河社区居民多以家庭、个人为单位，利用农闲时间进行旅游经营。经营的范围主要有撑竹筏、做农家饭、做乡村导游、卖手工艺品、开农用车载客、开小卖部等。各村的经营范围也大致如此：竹篼寨有100多个竹筏，分四组轮流经营，所得收入平均分配；凤楼村现有竹筏10张、农用车1台、小卖部2个，2人在古榕公园摆小摊；旧县村有竹筏6个、农用车12台、小卖部6家、家庭旅馆两家（分别为8个床位和3个床位）；大石寨虽紧靠遇龙河岸，但无竹筏和农用车，只有2个小卖部。这些经营投入少，获利快，利润高。居民参与经营的规模小，大部分家庭旅游收入不占主要地位。即使这种浅层次的参与也仅有17.9%的家庭介入。其他绝大部分居民由于主观或客观上的种种原因而未参与旅游业（表5）。

表5 未参与旅游业的原因

原　因	数量	有效百分比(%)	累积百分比(%)
缺乏资金	11	16.4	16.4
竞争激烈	1	1.5	17.9
没有人手	10	14.9	32.8
不会经营	10	14.9	47.8
还未开发	12	17.9	65.7
缺资金、不会经营	5	7.5	73.1
缺资金和人手	2	3.0	76.1
缺资金、不会经营	1	1.5	77.6
缺资金和未开发	3	4.5	82.1
已投资旅游业	12	17.9	100.0
总计	67	100.0	

资料来源：根据2002年3月所作的问卷调查统计。

此时，社区大多数居民对旅游业的发展持观望态度，对旅游业的认识模糊，既不知旅游发展走向何处，也不知自己该如何入手。但个别居民的旅游经营意识已开始萌发，少数导游由于与境外游客的深入交流，清楚地知道游客的需求，对旅游的开发方向也有较为成熟的意见。

(2) 多元参与期

遇龙河景区的发展时期相对较短，总共也不过几年的时间。社区参与时期的划分，没有准确的界限和标准，只是大体上的一种区分。划分标准主要依据遇龙河最敏感、最突出的竹筏经营和发展问题而进行的。2002年4月开始，由于政府的介入，参与竹筏经营的组织形式更加多元化：县级政府、村级集体组织、民间社区组织、个体联合、家庭等同时介入。2002

年9月后的几个月，由于政府的统一管理，出现过短暂的有序期。但在2002年4月至2003年8月这段时期的基本特点是参与主体的多元化。

这段时期，大部分村是农民个体参与竹筏经营。各乡镇的情况不一，阳朔和高田两镇曾经形成了一些大户经营的局面。一般是每个个体户拥有几十张大排，请几个帮工，撑一排给付工钱10元(约45分钟)，每天包中餐。竹篱寨的竹筏是由传统社区组织——集社组织承包的。集社组织的传统功能主要是包办社区内的丧事，而2003年8月他们把自己的功能拓展到了经济领域。该组织把全村的75张竹筏全买回来，由6～10个人承包，其他的竹筏不能再开张。具体安排，由承包者定夺，也采取雇人划、支付工钱的方式。

竹筏和其他项目开发中村级组织和其他社区组织集体参与的多，而乡村导游、家庭旅馆和农家饭等一般是农民以家庭为单位的个体经营行为。这一时期比起2002年之前，遇龙河景区各种形式的旅游参与都有了明显的增长，尤其是竹筏数目增长最快(表6)。

表6 遇龙河景区部分村庄的旅游参与情况

乡镇	自然村	总户数	总人口	竹筏			导游		家庭旅馆		农家乐	小卖部	载客摩托
				竹筏总数	有证竹筏	从业人数	总数	有证导游	家数	床位			
高田	竹篱寨	130	570	100	80	130	150	14	7	60	12	2	20
	小珠头山	52	235	20	0	25	2	2	0	0	0	1	2
阳朔	矮山门	34	147	22	6	44	6	0	6	34	6	4	0
	骥马	150	800	40	0	80	3	1	0	0	0	3	5
	朝阳	126	672	58	12	120	10	0	1	10	3	5	0
	朝隆	72	310	20	10	42	0	0	0	0	0	1	1
	岭上	34	136	20	6	40	0	0	0	0	0	1	0
白沙	旧县	305	1 168	50	12	100	6	1	3	16	12	8	3
	兴隆	88	400	40	3	80	0	0	2	20	6	1	1
	新寨	161	654	4	4	8	10	0	0	0	10	5	1
	桥背	108	487	21	21	42	0	0	0	0	0	3	1
	桥上	118	497	60	60	120	0	0	0	0	3	6	2
	遇龙堡	195	750	30	30	60	0	0	0	0	1	6	2
总计		1 573	6 826	505	244	891	187	18	19	140	53	46	38

资料来源：2003年8月份对于高田、阳朔、白沙三镇所作的调查。

从表6的资料来看，沿河的每个村都有竹筏在运营，13个村共有505张竹筏，其中持有政府颁发的营运证的只有244家，不足一半。从事竹筏漂游的筏工有891人，提供的就业机会较多。担当乡村导游的有187人，主要集中在高田镇的竹篼寨村，但拥有导游证的只有18人，只占总数的9.6%，大部分是当地人所称的“野导”或“野马”。家庭旅馆13个村共有19家，140个床位，在分布上也主要集中在竹篼寨、矮山门和旧县几个村。农家乐餐馆共有53家，其中白沙镇占了28家之多。农家乐的蔓延很快，在调查中还有一个对于“正在建设的农家乐餐馆”的统计，数字为19家。小卖部13个村共有46家，其分布与旅游参与的关系不大，它们主要是面向社区居民的，一般与村内人口和社区规模有密切关系。参与载客的摩托车共有38辆，竹篼寨一个村就占了20辆。

在经营和管理方面无法统一和规范，是一种有序与无序并存的状况。对于竹筏和导游是介于管与不管之间，不管或管不了的成分更多。农家乐餐馆的卫生状况缺乏监督，住宿设施和卫生条件没有规定，大多是无证无牌经营，游客的利益难以保障。从业人员缺乏专业培训。

(3) 大规模无序参与期

2003年8月31日，一度被阳朔县遇龙河竹筏漂流公司规范得不错的遇龙三村的筏工罢工了。至此，竹筏的经营开始进入无序参与期。自2004年9月以后，遇龙河上漂浮的竹筏已经处于失控状态，有的河段几乎是竹筏遍布。

由于遇龙河竹筏的超常规发展，竹筏的数量无法统计，有人估算在1 300～1 500张之间，这吸纳了很多男性劳动力。由此使男性在旅游业的从业人员大大增加，男性参与旅游业的数量不亚于女性。但性别分工是非常明显的：女性的参与旅游依然是乡村导游、农家饭经营(男性为辅)、卖手工艺品等，男性从事的基本上是竹筏和摩托车载客等劳动强度大的行当。参与旅游程度越高的社区男女平等意识也越来越强。妇女参与旅游业的收入一般不低于男性，乡村导游带客人去吃农家饭可以拿20%的回扣；如带游客去遇龙河漂游，240的票价得到的回扣是48元；150元的票价得到的回扣是25元；40元的休闲游得到的回扣是10元。受高额回扣的吸引，阳朔县的野马导游屡禁不止，她们经常围追、尾随游客，很让游客反感。

(三) 阳朔世外桃源景区的社区参与

1. 案例概况

世外桃源景区位于广西桂林阳朔县，是桂林阳朔山水旅游开发有限公司(台资企业)投资建设的、以陶渊明的《桃花源记》为主题的景区。于1999年10月正式对外开放，2002年为63万人次，成为阳朔的重要旅游景区。世外桃源公司2003年有员工396人，其中不少是周边村民。景区本身并不包含社区及其居民，社区在景区的湖对面，他们隔水相望。与世外桃源景区关系最密切的社区有两个自然村：燕子岩村和笔架山村。2003年两村的人口总数为1 104人，劳动力数为566人，以往他们要么从事种植业，要么外出打工。村民在游客（尤其是团队游客）眼里只是远观的一道风景，在整个游览过程中，游客接触不到任何居民，因游客在水上观光，村民在岸上生活。社区虽与景区分离，但却是景区必不可少的构景要素。世外桃源在逐渐改变着社区的生活，不少村民到公司就业，也有些人从事餐饮服务、出售工艺品等。

2. 初始阶段忽视了社区参与

在开发之前阳朔县土地管理局和桂林阳朔山水旅游开发有限公司签订的"关于开发笔架山旅游景点游览项目的合同书"。合同的内容主要是关于土地局和山水公司双方在开发中的责、权、利问题。由于燕子湖当时一直是政府在管理，并作为国有资源而存在，因此，周围社区及其居民并未在考虑之列。而且开发的中心区是荒芜的水面，没有多少经济价值可言，也就无须考虑农民的利益和分成。合同的甲方、乙方，包括当地政府，都没有预料到公司和村民之间日后还会产生各种各样的利益关系甚至纠纷。

公司想的只是获得政府的支持，征用到水面和一定数量土地，然后再得到一定的政策支持，就可以按计划投资建设，吸引游客，获取投资回报。政府考虑的重点是与外商的关系，大力吸引外资，带动地方经济的发展。对于自己所承担的征地任务，土地局也习以为常，认为按政策支付征地费，土地征到后就与农民没有什么关系了。就是农民自己也不知道做水上旅游生意的台湾商人与他们的生活会有什么关系。但随着旅游开发的进一步深入，他们觉得公司的旅游开发在很多方面对他们生产生活的多个方面产生了影响，他们也与公司发生了密切的关系。

3. 旅游开发过程中农民的参与意识增强

(1) 农民的利益要求产生

没有等到公司开张，农民的利益要求就出现了。因为世外桃源的开发触动了社区周围的山体，村民的利益要求也开始浮出水面。农民对于自己生存的自然环境是非常熟悉的，他们很快发现，山水公司在开发燕子岩洞时，对燕子岩村的饮用水源有一定影响。同时，他们对于公司新开凿出的水道也有了分成的要求，对于公司开挖燕子岩后对村民的通行造成的障碍也希望得到解决。于是，燕子岩村的村民们开始了他们的利益诉求。

1998年3月12日。通过县人民政府办公室牵头，由外经局、土地局、计划局、白沙镇政府等单位派员组成工作组的积极调解下，燕子岩经济合作社和山水公司签订了一份"关于燕子岩开发有关问题的补偿协议书"。规定：山水公司一次性补偿3万元人民币作为另辟饮用水源的经费；公司在开通燕子岩石洞时，要先将燕子岩的洞口小桥修建好；鉴于燕子岩村对燕子岩及周围树木、岩石进行过保护，山水公司一次性付给 3 万元人民币维护费，山水公司有权开发使用燕子岩水道，村里不再收取水道费用；在燕子岩旅游景区的经营中，县人民政府、白沙镇政府按船票扣除佣金后的实收票价提取 2.5%的款额，作为燕子湖水面景区开发使用的协作分成；山水公司在开发燕子岩石洞时，负责在石洞口新开凿的水渠上修建一座简易石拱桥(桥宽 2 米)以方便村民，新开凿的水道宽度不得超过 4 米，并愿意无偿资助 5 000 元人民币给村里修建村道(从燕子岩村至桂阳公路)，公司承诺其车辆不通行此道路；山水公司履行上述义务后，村民不得擅自阻挠公司开发燕子岩水道旅游景点或提出无理要求。

在 1999 年底，随着土地局和山水公司“关于开发旅游景点游览项目的补充合同”的签订，燕子岩经济合作社和山水公司的约定分成 2.5%也相应改为“公司经营中每年提出 1.2 万元作为燕子岩旅游景点游览项目开发使用的协作分成。款项每两年支付一次，于第一年四月一日支付，协作期间，金额不得调整”。至此，燕子岩村农民的利益要求基本上得到了满足。

因为由于旅游项目的开发，笔架山村的饮用水源也受到影响。他们也不断与公司交涉，1998 年 5 月 10 日，山水公司与笔架山签订了“关于笔架山旅游区开发的有关协议”，最后公司也补偿了他们 2.5 万元作为另辟饮用水源的经费。

随着开发的深入，社区居民的参与意识日趋强烈，开始一步步提出利益要求。相对于邻近的燕子岩村的经济补偿，笔架山村村民的心理上不太平衡。他们村虽然没处于燕子湖开发的中心，但旅游开发同样也给他们带来了影响。2001 年开始，笔架山村开始要求有关的补偿。2001 年 9 月 20 日，由白沙镇政府组织召开了笔架山村要求世外桃源业主补偿事宜的协调会议。在这次协调会议的基础上，2001 年 12 月 16 日，山水公司与笔架山经济合作社也签订了协议书，招工、护堤、分成得以书面约定，笔架山村的利益诉求终于也有了一定的结果。

(2) 公司扩大社区的参与空间

当地人也承认，在旅游开发中公司确实给当地社区带来了很大好处，社区在就业、利益分配等方面都得以分享。的确，在有关协议的约定下，世外桃源公司有意识地逐步扩大了社区的参与空间。主要体现在以下几个方面。

提供就业机会。公司开业后，分别给燕子岩和笔架山的村民提供了一定的就业机会。一般通过经济合作社推荐，再经过公司考核，对其进行各项岗位职责教育训练并经过考核合格后录用为公司正式员工。

表 7　世外桃源招收村民的时间和人数情况

年份	燕子岩村人数	笔架山村人数	合计
1998	1	1	2
1999	8	7	15
2000	4	1	5
2001	9	8	17
2002	8	12	20
2003	3	7	10
总计	33	36	69

资料来源：2003 年世外桃源景区村民员工花名册。

从表 7 可见，公司招收村民从 1998 年开始，到 2003 年共招收了 69 人，占公司员工总数 396 人的 17%，其中燕子岩村 33 人，笔架山村 36 人。所招收的村民员工最大的 61 岁，最小的 17 岁。文化程度以初中毕业为主，共有 51 人，占总人数的 74%；小学毕业的有 15 人，占 22%；高中或职高毕业的只有 3 人，占 4%。由于文化水平不高，他们从事的最多的是船工、保安、清洁工、园林工，其他还有电工、演员、服务员等，在管理部门任职的只有 1 人，是职高毕业的黄凤娇，在标准部工作。

在公司就业的村民员工，在工作中得到了一定的培训，使其作为旅游从业人员的业务素质得到了提高。同时，也增加了社区居民的收入。以笔架山为例，每年支付给村民的工资为 400 元/人·月×36 人×12 月＝172 800 元。为保障村民的工作机会，公司在 2002 年 9 月份还出台了一项规定，“船员离职后该岗位空缺可由离职人员找自家亲戚或本村（户籍所在地）朋友到公司任职”。

除了正式的员工招聘，公司还为当地村民提供大量临时用工机会，大部分建设工程均由当地村民完成。据公司统计，从景区筹建至今，共支付村民临时员工工资达 230 614 元，受益人员达千余人。

给予经济援助。在社区的积极争取下，世外桃源公司每年按协约支付燕子岩、笔架山及县乡政府的分成款项，1999 年至 2004 年共计支付了 432 000 元（表 8）。从表 8 看，好像政府的账可以欠，而农民的账是不能欠的。

表 8　世外桃源对于村及政府的分成款付款情况

付款对象	应付金额（元）	已付年数（年）	已付金额（元）	已付年度
燕子岩村	12 000	6	72 000	1999～2004
笔架山村	12 000	6	72 000	1999～2004
县乡政府	96 000	3	288 000	2000～2002
合计	120 000	—	432 000	—

资料来源：桂林阳朔山水旅游开发有限公司世外桃源景区的有关统计。

对于社区的一些公益事业，如修路、架桥、抗旱、建办公楼等，公司本着“睦邻友好”的原则也给予了一定的赞助。近几年，支付给笔架山、燕子岩和五里店村委的有关费用为273 553元（表9）。

表9　世外桃源补偿及赞助费用统计

补偿对象	补偿金额(元)	付款时间和内容
笔架山村	146 333	1998年5月，饮用水源补偿费2.5万元；1998年12月，大坝架桥赞助费2万元；2001年9月，抗旱赞助费5万元；2001年12月，修路赞助费；2002年1月，抗旱赞助费1.88万元；2003年10月，抗旱赞助费2.9533万元。
燕子岩村	92 220	1998年3月，饮用水源补偿费3万元、燕子岩维护费3.9万元、村道赞助费0.5万元；2002年3月，赞助燕子岩道路修建费3万元；2003年10月，抗旱赞助费1.522万元。
五里店村委	35 000	1999年10月，办公楼赞助费1万元；1999年11月，办公楼赞助费1.5万元；2000年8月，办公楼借款1万元（未还）。
合计金额	273 553	

资料来源：桂林阳朔山水旅游开发有限公司世外桃源景区的有关统计。

其他方面的受益。景区划拨大门口外围地区为村民买手工艺品的地域，目前笔架山村在门口卖绣球的妇女有十几人。景区开发后，散客开始进入社区休闲，有的村民提供农家乐服务。景区号召村民种植果树，由村民自行种植及管理，公司派专人定期对其进行技术培训及指导，从而提高了村民的技术水平，更让其了解科学的重要性。在旅游参与中，村民在观念、文化素质、管理技术、环保意识等有了明显提高。

4. 矛盾和冲突日渐凸显

虽然在旅游开发中，公司获得了利润，社区也得到了一定的实惠。处于互动过程中的双方，一方有要求，另一方不能满足；或满足了其中的一部分，未满足其他的部分，未满足方就会不断申诉、不断争取，期间难免有纷争和冲突发生。

五、结论与讨论

（一）结论

本书分析了三种类型旅游社区的社区参与，包括景区和社区一体化的傣族园社区、景区与社区紧密相连的遇龙河社区、景区和社区保持距离的世外桃源社区。这三种社区代表了两种开发方式，分别为企业主导和政府主导。企业主导的又分为两种，傣族园社区是国营企业投资的，世外桃源是外商投资，它们的管理方式和经营方式也有所差别。政府主导开发的遇龙河景区处于发展初期，而企业主导的傣族园和世外桃源已经是比较成熟的国家AAAA级风景区。在综合研究这几个社区的基础上，得出以下主要结论。

1. 社区参与旅游发展的特点

社区参与旅游发展的特点可以概括为：社区参与呈现出农民参与积极性高，但参与程度低，社区参与具有积极的社会正效应，社区参与过程中矛盾普遍存在等特点。

社区参与旅游经营活动的积极性很高。原因之一是旅游的经济效益明显，村民从中获利；之二是长久以来农村的剩余劳动力没有出路，旅游业给农民提高了不少就业机会；之三是村民对于旅游业给社区带来的消极影响缺乏认知，普遍持乐观态度，认为旅游业有利无害。

农民的参与程度低，是低层次和窄范围的社区参与。农民只是将自己的部分劳动和社区资源参与到了旅游经营中，村民的智慧、地方性知识等一概没有机会参与。农民参与程度低的主要原因为参与能力弱、相对地位低、整体意识差，更重要的是缺乏应有的参与机制。

社区参与除了具有一般的经济和社会意义外，还具有特别的社会正效应。主要有两个方面：一是有利于社区传统文化的保护，二是推动了社区的乡村都市化。社区参与可以强化社区居民的自我意识，增强社区认同感，促进传统文化的延续。因而旅游的适度开发与有效控制，将有利于传统文化的保护。社区传统自身也具有强大的生命力。乡村都市化既是现代化的强大动力和发展结果，又是解决三农问题的根本出路和战略举措。旅游发展加速了社区人口结构的分化，推动了经济结构的多元化，带动了生活方式的都市化，促进了思想观念的现代化，是旅游社区都市化的外部推动力。

社区参与过程中矛盾普遍存在。原因有：社区参与正处于明显的变动期；公司或政府占主导地位，作为强势的政府和公司与作为弱势的农民间难以平等对话；获利后的农民利益诉求越来越强烈；社区参与过程中出现的矛盾和冲突呈现出一定的地域和文化差异。居于云南西双版纳州的傣族一般以相对温和的方式表达自己的意见和愿望；居于广西阳朔县的汉族在利益诉求过程中容易采取过激的对抗方式。不同地域的不同民族，其参与方式和态度反应不同，这需要切合族群、文化、环境等状态来制定适当的参与政策。

2. 提高社区参与度的路径

提高社区参与度的路径为：政府有限主导、社区能力建设、合同制约与法制规范、第三方力量介入。

政府有限主导。政府在旅游社区参与中的主导地位并非是主导一切的无限主导，而是有限主导。政府作用体现在政策法规制定、平台搭建、行政管理、协调干预等方面。首先，政府要制定可行的旅游公共政策，为旅游开发和社区参与提供优质的“政策产品”。其次，提供社区民主参与的制度平台和信息平台。再者，明确地方政府在社区参与中的角色定位。当好社区参与规范制定者和旅游业利益相关者关系的协调者角色，摆脱经营者角色。

社区能力建设。社区因为承载了历史的积淀，蕴藏着丰厚的地方知识，是发展中的主体。能力建设是提高社区参与度、推动社区发展的重要途径。社区能力建设的主要方法有：推行参与式发展。旅游业的参与式发展的具体目标主要为调动社区参与的积极性和服务于具体的旅游发展项目；加强知识学习和技能培训。低的综合素质制约了农民参与程度的提高。教育和培训的主要内容有传统文化价值、旅游影响、旅游基础知识、社区工艺等；培育社区组织和社区精英。建立社区旅游协会等社区组织，增加社区居民旅游参与的社会资本，提高与政府谈判的能力。发挥社区旅游精英的带动作用。社区旅游精英作为社区的经济能人，在整个社区的旅游参与具有示范性的带动作用。社区旅游精英不同于外来的经营者，他们根在社区，即使富甲一方，也会造福一方，回馈的还是当地社会；利用传统社区组织的权威作用。宗教、家族等传统社区组织，组织脉络延伸深广，社区影响力强，组织运行成本也较低，有利于减少乡村社区治理成本；发挥基层组织新的动员能力。目前基层政府的行政动员能力有所减弱，以旅游业引导为契机，进行广泛的经营式、管理式动员，改变基层组织软弱涣散的现象，重拾政府的公信力。

合同制约与法制规范。合同可以作为相对弱势的社区农民利益保障的手段和渠道。在农民的能力成长起来之前，旅游开发合同对其责、权、利的保护很必要。社区居民的行为也是可以用合同来规范的。合同有效的前提是合同公平、公开，应在法律上、制度上、合同内容上保证公平，以消弭潜在的冲突或反抗。因为，农民的弱势地位是相对的：一者他们可以利用自己的土地资源等进行权利争取；二者也可以利用自己的“一无所有”进行合法的或“踩线但不越界”的对抗；甚至还对前者的怠慢产生情感上的疏离，这是最具经常意义的“弱者的武器”。

法制规范的是所有利益相关者的行为。社区参与中的所有利益相关者都应该纳入法制的规范之下：政府依法行政、企业依法经营、农民依法参与并依法维权。合同也保护了政府和旅游企业的有序经营和合理开发。社区传统的习惯法依然有其存在的合理性。

第三方力量介入。本文中的第三方力量主要指涉独立于政府之外又区别于市场部门的非政府组织（NGO）、非营利组织（NPO）、行业协会、志愿者团体、学者阶层、新闻媒体等组织和群体。第三方力量的首要作用在于扶助相对弱势的社区。第三方力量对于社区的扶助，是社区农民参与能力迅速成长的重要外部推动力。制衡政府是第三方力量作用的另一方面。监督、制衡是对政府消极行为的预防，咨询和服务则是对政府积极行为的推动。第三方力量中的学者群体可以为政府提供旅游开发、旅游规划、旅游管理、社区发展等各方面的专业咨询和服务。

3. 中西方社区参与的异同

中西方社区参与由于民主化进程、第三方力量的发育、旅游发展阶段、参与方的主动性等方面的不同，因而存在许多差异；也有某些共同之处。

西方社区参与的社会背景是民主化程度高的公民社会，中国则是一个民主化程度较低的发展中国家。西方社区参与是促进当地社区发展的力量之一，对于中国旅游社区而言，是带动社区发展的最重要力量。尽管中西方都追求经济利益，但西方同时看到了旅游所带来的或潜在的负面影响，但中国只是单方面追求旅游的正效应。中西方在参与主体的主动性上也有差异，西方表现为主动，中国各方都处于绝对或相对的被动状态。在参与方力量对比上，中国各方的不均衡状态远远超过西方。在社区参与的发展阶段方面，西方走得比中国更远。社区参与已经从观念重视走向实践行动和技术操作层面，常用的方法是“基于社区的旅游规划方法”和“社区生态系统方法”。西方还进一步关注到社区内部投资的积极性，中国在旅游投资上则着重对外来资金的引入。中国基本上处于理论探讨和引介阶段，真正在旅游规划和管理中的应用还只是个别的尝试。

中西方社区参与也有某些共同之处。各级政府皆由于利益驱动而把旅游开发当作经济发展的良好手段，支持和鼓励企业和社区进行旅游开发。中西方大部分旅游社区在正规教育和商业经营经验等方面都比较缺乏，缺少资金支持，对旅游开发的认识不够深入，因而处于相对弱势地位。中西方社区一般都出于对利益的考量而接纳旅游。

4. 中国社区参与模式

在对西方加以取舍的基础上，建构以“政府主导＋社区主体＋企业经营＋第三方力量介入＋法制规范”为基本结构的中国社区参与模式。

试图通过克服西方中心视角和西方社区参与局限来超越西方。由于语言和文化背景的差异，西方学者在研究中对于非西方文化、历史的理解常常不到位，难免会有失偏颇。因此，西方的某些理论和观点不一定适合中国的实际。在社区旅游方面，西方学者关于社区居民对于游客敌意态度的基本判断不太适合中国，中国社区居民对于游客的态度自始至终都会比较友好。理由有以下三个方面。一是人口密度较小的社区，容易对外来者产生对立情绪。西方学者所研究地区的人口密度都很低，居民对游客的心理容量也较低；长期高密度聚居的中国人心理承受能力要高得多。二是相对开放的社区对于外来游客及其文化更容易接纳。土著社区的社会相对封闭和传统，对传统文化的维护意识强，特别是仪式和信仰层面不希望外人触及；中国社区在参与旅游活动之前，社会文化已经历了改革开放的冲击，社会传统发生了变迁，社区观念相对开放。三是社区记忆影响社区认同。土著社区大多有被殖民被驱逐的历史，在族群记忆中的创痛依然深刻，而前来旅游的游客大多是殖民者族群，在土著人的心目中他们之间不仅仅是东道主和游客的关系，还有一种殖民者与被殖民者的关系，难免有潜藏在族群记忆中的怨恨。他们对游客的敌意是民族文化复兴和抗争心理的显现；而中国社区居民没有这样的记忆，建国以来民族团结互助的观念加深，大家都认同多元一体的中华民族。中国社区旅游的游客构成是以本国游客为主，主客方对于民族间的文化传统有所认知。

在社区参与方面，西方也存在不少问题和障碍，诸如社区难以达成共识，公众参与兴趣下降，土地所有制导致社区土地为外来者控制，西方式民主政治给社区发展政策带来不稳定性，政府影响力下降，NGO 等组织的项目缺乏持续效果，等等。中国在某些方面有自己的优势。

本文所建构的中国社区参与旅游开发模式的基本结构为："政府主导＋社区主体＋企业经营＋第三方力量介入＋法制规范。"结构中的各个部分是密切关联的，每一方的行为都牵动其他各方：政府主导的范围包括社区、企业、第三方力量；而忽视社区的主体地位，政府和企业必定陷入被动状态；第三方力量介入后可以扶助弱势的社区，制衡占主导地位的政府，并为政府提供咨询。同时，第三方力量由于扶助了社区，也就相应地制约了企业的经营行为，当然，第三方力量也能够为企业提供咨询；旅游业所有的利益相关者无不纳入法制的规范之下，这是公平参与、民主参与的前提。即使强势的政府也不能随心所欲，要依法行政。

该模式的运行原则为："自上而下，自下而上，由内而外，由外而内。"政府作为行动的核心，"自上而下"实行主导性管理和决策；社区"自下而上"发挥自身的能动性，进行参与方式和途径的选择，并提出参与意见和建议供政府决策；社区力量是"由内而外"发展起来的，其参与热情高、利益诉求强、参与能力成长快，社区参与内源性动力充足；社区在能力建设、法律援助等方面需要第三方力量、政府及企业等多方面"由外而内"进行推动和扶持。总之，这是一种多向度、多层次的运行机制，只有政府主导、社区反应的自上而下的方式与社区主导、政府反应的自下而上的方式实现双向合流，并在自下而上与自上而下之间加入第三方力量的制约和平衡，社区参与才能真正实现。也只有实现真正的社区参与，旅游发展的目标才可能与社区发展的目标一致起来。

（二）讨论

从案例本身来看，社区参与中的利益协调始终是社区旅游发展的关键。

傣族园社区居民虽然广泛参与到旅游经营活动中，公司也力主推行社区参与旅游。但在实际的参与过程中，由于利益诉求点的不同，公司短期利益与长期利益之间、公司与村民之间，村寨之间及村寨内部，存在着各种各样难以协调的利益关系，导致了利益相关者之间冲突事件的发生。这是社区深度参与旅游开发的障碍。

傣族园公司作为旅游开发的主导者，它与其他旅游业的旅游相关者存在着各种各样的利益关系，而处理好相互间的多种利益关系却不是轻而易举的，但又是始终都要面对的问题。

政府对于遇龙河景区的保护和发展是有一定的预见性的。从最需要控制和管理难度最大的竹筏入手，进行了规范和控制。遇龙河竹筏漂游管理中心和竹筏漂游公司的成立都是以规范管理旅游业为初衷的。但在管理的过程中，相继出现了：由于控制不严，导致合法与非法并存；政府办公司在农民心目中形成政府与民争利的形象；部门配合不够、乡镇协调难；当老问题持续不能解决、新问题不断出现时，民众对政府的信任度便开始下降。短短一两年的时间，遇龙河社区的各种变化和政府介入管理失灵，使政府置身于尴尬境地，遇龙河景区下一步的治理也成了政府不得不面对的棘手难题。

遇龙河目前的发展状况超出了政府当初的预期和判断。目前，资源在遭受破坏，政府感受到巨大的危机，一直在寻找解决的突破口和切入点，但又进退两难，觉得无从下手。因为稍有不慎，引发的将是更大的混乱，到时对遇龙河景区的打击将是毁灭性的。对于遇龙河问题，真如当地人所言：成了烫手的山芋。

政府正在竭力寻求遇龙河问题的解决方案，防止纷争升级。旅游业的所有利益相关者，以及遭受污染、破坏的遇龙河，都期待着尽快结束这种"透支旅游"局面，恢复景区、社区的自然与和谐。

旅游社区无论在何时、以何种方式介入到旅游开发中，他们的参与欲望、参与能力是一步步发展起来的。而作为旅游开发的主导者——企业和政府，他们对于社区的要求是不可回避的，是要永远面对的。社区本身并不是一个整合得很好的利益主体，现代社区的利益要求更加多元化。世外桃源景区虽然在空间上与社区保持了一定的距离，但处理好与社区的关系将永远是他们要应对的挑战。往往是旧的问题没有彻底解决，新的问题还在不断涌现。社区、景区和政府之间是永久的利益相关者。即使目前提出的所有要求都满足了，在日后的发展中，新的要求和利益关系还会产生。只要世外桃源还在经营，农民的利益诉求就不会停止，政府的裁判角色就要永远当下去。

值得进一步研究的方向有以下三个方面。首先，希望有更多的、来自不同地区的实证研究来补充和丰富中国多种类型的社区参与。其次，社区参与模式需要寻求合适案例来实践。通过实践，既能实现理论对实践的指导，也能通过实践来改进或修正模式本身。再者，由于旅游业正处在迅速增长期，社区参与也处于频繁变动期，对这方面的考察应该有较长的时间跨度。但基于研究时间等的限制，不能进行更长时期的调研，这有待于在今后的研究工作中进行跟踪观察、追踪研究，提供出更完善、更成熟的社区参与理论。

参考文献

[1] Boniface, P. 1999. Tourism and Cultures: Consensus in the Making? In Robinson, M. and P. Boniface, *Tourism*

and Cultural Conflicts. CABI Pub, Oxon, New York.
[2] Butler, R. 1997. Modeling Tourism Development: Evolution, Growth and Decline. In S. Wahab and J. J. Pigram, *Tourism, Development and Growth*, pp. 109-125.
[3] Gunn, C. A. 1994. *Tourism Planning: Basics, Concepts, Cases (3rd Ed)*. Tayor &Francis.
[4] Inskeep, E. L. 1991. *Tourism Planning: An Integrated and Sustainable Development Approach*. Van Nostrand Reinhold, New York.
[5] Joppe, M. 1996. Sustainable Community Tourism Development Revisited. *Tourism Management*, Vol. 17, No. 7, pp. 475-479.
[6] Keogh, B. 1990. Public Participation in Community Tourism Planning. *Annals of Tourism Research*, Vol. 17, pp. 449-465.
[7] Marien, C. and A. Pizam. 1997. Implementing Sustainable Tourism Development through Citizen Participation in the Planning Process. In S. Wahab and J. J. Pigram, *Tourism, Development and Growth*, pp. 164-178.
[8] Murphy, P. E. 1985. *Tourism: A Community Approach*. Methuen, New York and London.
[9] Nash, D. 1996. *Anthropology of Tourism*. Pergamon, Oxford.
[10] Pearce, P., G. Moscardo and G. Ross. 1996. *Tourism Community Relationships*. Pergamon, New York.
[11] Pigram, J. J. and S. Wahab. 1997a. The Challenge of Sustainable Tourism Growth. In S. Wahab and J. J. Pigram, *Tourism, Development and Growth*, pp. 3-13.
[12] Pigram, J. J. and S. Wahab. 1997b. Sustainable Tourism in a Changing World. In S. Wahab and J. J. Pigram, *Tourism, Development and Growth*, pp. 17-32.
[13] Potts, T. D. and R. Harrill. 1998. Enhancing Communities for Sustainability: A Travel Ecology Approach. *Tourism Analysis*, Vol. 3, pp. 133-142.
[14] Robinson, M. and P. Boniface. 1999. *Tourism and Cultural Conflicts*. CABI Pub, Oxon, New York.
[15] Smith, L. G. 1984. Public Participation in Policy Making: the State-of-the-art in Canada. *Geoforum*, Vol. 15, No. 2, pp. 253-259.
[16] Stone, L. V. 1989. Cultural Cross-roads of Community Participation in Development: A Case from Nepal. *Human Organization*, Vol. 48, pp. 206-213.
[17] Taylor, G. 1995. The Community Approach: Does It Really Work? *Tourism Management*, Vol. 16, No. 7.
[18] Tazim, B. J. and D. Getz. 1995. Collaboration Theory and Community Tourism Planning. *Annals of Tourism Research*, Vol. 22, No. 1, pp. 186-204.
[19] Tosun, C. 2000. Limits to Community Participation in the Tourism Development Process in Developing Countries. *Tourism Management*, Vol. 21, pp. 613-633.
[20] Wahab, S. and J. J. Pigram. 1997. Tourism and Sustainability: Policy Considerations. In S. Wahab and J. J. Pigram, *Tourism, Development and Growth*, pp. 277-290.
[21] Wall, G. 1997. Sustainable Tourism-unsustainable Development. In S. Wahab and J. J. Pigram, *Tourism, Development and Growth*.
[22] 保继刚、钟新民:《桂林市旅游发展总体规划(2001～2020)》,中国旅游出版社,2002 年。
[23] 曹锦清:《黄河边的中国》,上海文艺出版社,2000 年。
[24] 崔凤军:《风景旅游区的保护与管理》,中国旅游出版社,2001 年。
[25] 哈耶克著,邓正来译:《自由秩序原理》,生活·读书·新知三联书店,2000 年。
[26] 胡志毅、张兆干:"社区参与和旅游业可持续发展",《人文地理》,2002 年第 2 期。
[27] 黎洁、赵西萍:"社区参与旅游发展理论的若干经济学质疑",《旅游学刊》,2001 年第 4 期。
[28] 李昌平:《我向总理说实话》,光明日报出版社,2002 年。
[29] 刘明:"旅游地周边乡村社区的功能与结构更新",《华中师范大学学报》(自然科学版),2001 年 1 月。
[30] 刘纬华:"关于社区参与旅游发展的若干理论思考",《旅游学刊》,2000 年第 1 期。
[31] 刘纬华:"社区参与旅游发展研究应有的理论视野——兼与黎洁老师商榷",《海南大学学报》(人文社会科学版),2002 年第 2 期。
[32] 孙立平:"'过程—事件分析'与当代中国国家—农民关系的实践形态",载清华大学社会学系主编:《清华社会学评论》,社会科学文献出版社,2000 年。
[33] 唐顺铁:"旅游目的地的社区化及社区旅游研究",《地理研究》,1998 年第 2 期。
[34] 文彤:"旅游与社区发展——以桂林龙胜县平安寨为例"(硕士论文),中山大学,2001 年。
[35] 吴必虎:《区域旅游规划原理》,中国旅游出版社,2001 年。

[36] 夏榆:“人文谈话不是文人谈话”,《南方周末》,2003 年 12 月 8 日。
[37] 杨桂红:“试论社区居民参与旅游业发展对环境保护的积极作用——以碧塔海旅游景区为例”,《经济问题探索》,2001 年第 11 期。
[38] 杨桂华、齐扎拉:“滇西北香格里拉生态旅游示范区开发研究”,《思想战线》,2000 年第 5 期。
[39] 张广瑞:“关于旅游业的 21 世纪议程:实现与环境相适应的可持续发展”,《旅游学刊》,1998 年第 2、3、4、5 期。
[40] 张宏胜:“信息不对称对旅游地的影响及对策研究”,《桂林旅游高等专科学校学报》,2002 年第 2 期。
[41] 张建萍:《生态旅游理论与实践》,中国旅游出版社,2001 年。
[42] 张伟、吴必虎:“利益主体(Stakeholder)理论在区域旅游规划中的应用——以四川省乐山市为例”,《旅游学刊》,2002 年第 4 期。
[43] 诸葛仁等:“武夷山自然保护区资源管理中社区参与机制的探讨”,《农村生态环境》,2000 年第 1 期。

旅游小企业发展与影响研究

——以阳朔西街为例

邱 继 勤①

一、选题背景和意义

（一）选题背景

自20世纪80年代中期起，全球经济的产业发展已经从福特主义的生产体系向后福特主义的弹性生产系统进行转变（Harvey，1989）。这一转变对企业结构变化最为突出的影响表现为：一方面是资本高度集中的跨国大公司的继续扩张，另一方面是各种类型的小企业的蓬勃兴起和发展（Upadhya & Rutten，1997）。

进入90年代以后，这股全球企业小型化的发展趋势体现得更为明显。旅游业也同样如此，旅游小企业已经发展为旅游企业的重要组成。在新西兰、英国、印度尼西亚等国，旅游小企业都已经发展为当地旅游企业的主体。

显然，企业构成的变化已经改变了行业内不同规模企业之间的关系。就旅游业而言，有必要重新探讨不同规模的旅游企业在旅游业发展中的作用、地位以及相互关系，特别是重新认识旅游小企业在旅游发展中的作用成为一个亟须解决的问题。

根据布莱逊（S. Brittion，1989）的研究，旅游业发展的全球化导致旅游企业划分为三个层次（图1）。这三种层次的旅游企业在旅游发展中的重要性也是自上而下依次递减的。位于最底层的旅游小企业则被认为是一种边缘企业或者非正式的经济体，是依赖于跨国旅游企业而生存的企业。因此，早期的旅游学理论认为，旅游小企业对于区域旅游发展并没有促进作用，反而对区域旅游发展有一定的阻碍作用。这种观点导致许多旅游目的地对旅游小企业的发展采取一种消极态度（H. Dahles & Bras，1999）。

传统的旅游学理论解释与目前旅游小企业在全球范围内的发展态势是明显相矛盾的，

---

① 邱继勤（1976～ ），女，重庆人，重庆工商大学旅游学院副教授、博士，主要从事旅游小企业、旅游规划与区域发展方面的研究，E-mail：qqautumn@sina.com。

这迫使学者们不得不重新考虑旅游小企业与目的地发展的关系。

作为发展中国家的中国，近年来随着旅游业的发展，旅游小企业在中国发展迅速。尽管目前尚无旅游小企业发展情况的具体统计数据，但在旅游目的地，都存在大量的旅游小企业，如家庭旅馆、小餐厅、购物摊点等。在中国旅游发展重点的西部地区，一些知名的旅游目的地，如云南丽江古城、桂林阳朔西街等都是因为发展为旅游小企业的集聚区而扬名天下。在这类地区，旅游小企业的集聚已经成功地发展为一种独特的旅游吸引物。可以说，旅游小企业的发展已经与这些旅游目的地的发展，与中国西部旅游业的发展紧密相连。既然中国旅游小企业在目的地的发展中占据一席之地是不可否认的事实，那么，正确认识中国旅游小企业发展状况也成为必然。以上述问题为基础，需要进一步探讨的问题包括：什么是中国的旅游小企业？中国的旅游小企业有何特征？中外旅游小企业有何异同？与大型旅游企业相比，中国旅游小企业的比较优势体现在哪些方面？中国旅游小企业在旅游目的地的发展中扮演什么样的角色？对目的地的发展有何影响？未来中国旅游小企业的发展应该采取什么样的策略？

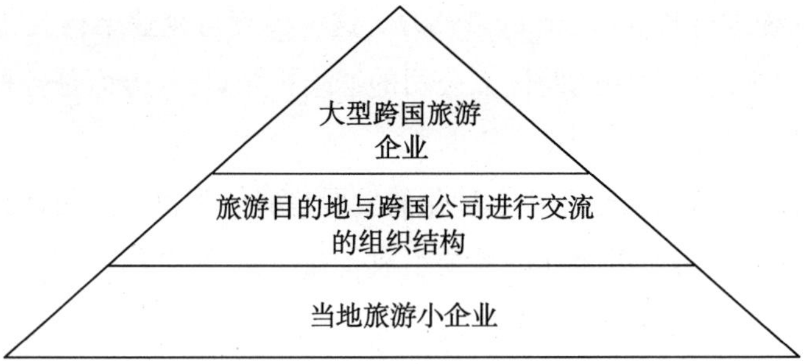

图 1　旅游企业的划分

(二) 研究意义

如前所述，近年来旅游小企业在中国发展迅速，并且成为某些旅游目的地(如阳朔、丽江等)发展的关键因素。为此，论文以旅游小企业为研究对象，以阳朔西街为案例，对中国旅游小企业的发展情况进行探讨。具体而言，研究具有以下几点研究意义。

1. 弥补中国旅游小企业理论研究的空白

同其他发展中国家相类似，国内学术界完全忽视了旅游小企业研究的重要性，导致旅游小企业研究在中国还处于空白状态。论文以阳朔西街为案例的旅游小企业研究，可视为国内第一篇旅游小企业的研究文献，这也是在国内学术界第一次明确提出旅游小企业这一概念。此外，笔者还希望通过这一研究，能够引起国内学者对旅游小企业研究的重视，使更多的国内学者加入到中国旅游小企业的发展研究中来。

2. 以阳朔西街为案例的旅游小企业研究具有典型意义

论文选择阳朔西街作为案例，一方面是因为阳朔西街旅游小企业发展较早。通过对其发展历程的回顾，可以清楚地解释中国旅游小企业是如何产生和发展的。另一方面，经过多年的发展，西街旅游小企业的发展逐渐稳定成熟。阳朔西街已经成为在国内外知名的旅游小企业集聚地。因此完全可将阳朔西街视为中国旅游小企业发展的代表性区域。论文对西街上的旅游小企业进行分析，无疑具有典型意义。

3. 为中国已经存在的旅游小企业的发展提供理论指导

旅游小企业在短期内往往会取得较大的发展，但在较长的时间内，其生存能力是非常低的(Harrison & Leitch，1996)。这一点在中国也得到了证实。大理护国路是中国旅游小企业发展最早的区域之一，但在不到十年的时间内，这条街上的各类旅游小企业如昙花一现，纷纷关门(沙平，2002)。缺乏来自于政府和学术界方面的关注和适当的指导是导致这些旅游小企业失败的原因之一。因此，通过对阳朔西街旅游小企业的调查、研究、分析旅游小企业产生发展的动力因素，总结其发展特征，以及对小企业与目的地发展关系的研究，能够从理论上为中国现有的旅游小企业的发展提供必要的指导，进而促进中国旅游小企业及目的地更好地发展。

4. 为政府主管部门对旅游小企业进行宏观管理提供参考

长期以来，中国一直实行的是抑制私营经济发展的政策。近年来，由于私营企业的发展对国民经济的持续平稳发展发挥着重要的作用，特别是就业方面，私营企业吸纳了大量剩余劳动力，减轻了就业压力和不稳定因素。党的十六大上明确提出："充分发挥个体、私营等非公有制经济在促进经济增长、扩大就业和活跃市场等方面的重要作用。依法加强监督和管理，促进非公有制经济健康发展。完善保护私人财产的法律制度。"这说明党和国家采取了鼓励私营经济发展的指导方针，这预示着中国私营经济在近期内将进入高速发展期(张厚义，2002)。

旅游小企业也属于私营企业的范畴，加上其所特有的一些优势，如投资小，对从业人员要求低，见效快等，可以预见在这一政策的指导下，未来旅游小企业将在中国有一个较快的发展。对于旅游小企业的发展，政府主管部门在宏观控制方面应该采取什么样的政策？在日常管理中又该如何进行管理？这都是迫切需要解决的问题。因此，论文对旅游小企业的发展及其对目的地影响研究对于政府部门的决策具有重要的参考意义。

二、研究进展

(一) 旅游小企业研究的兴起与发展

最早探讨旅游小企业与目的地发展的研究文献是罗德伯格(Roernburg, 1980)于 1980 年发表于 *Annals of Tourism Research* 的"不同规模的旅游企业对目的地经济发展的影响：巴厘岛的旅游业研究"一文(Stephe,2000)。文章以巴厘岛为案例，分析了岛上三种不同尺度的旅游企业，特别是小型旅游企业对目的地发展的影响(Roernburg,1980)。

继罗德伯格后，在 80 年代中后期，也有一部分学者也投入到旅游小企业的研究中，如高斐、卡尔兰德等人的研究(Goffee,1983;Carland,1984)。但总的来讲，旅游小企业研究在 80 年代还处于萌芽阶段。"许多学者还未能认识到旅游企业绝大多数都是旅游小企业，因而在旅游研究中，关于旅游小企业的组织，经营和管理几乎被研究者所忽视"(Shaw & Williams,1989,1994)。

进入 90 年代以后，伴随着旅游小企业数量的迅速增加以及对目的地发展的促进作用的日益突出，旅游小企业研究也进入相对发展阶段。从文献研究来看，研究主要是通过具体的案例研究来分析各地旅游小企业的发展特征以及与目的地发展的关系。例如斯蒂芬对英国旅游小企业的研究，布埃亚・比特对澳大利亚当地人开办的住宿设施的研究，彼得・巴特对巴厘岛旅游小企业的调查等。

随着研究的深入，在 90 年代中后期出现了一批专门从事旅游小企业研究的学者和机构。1995 年，世界上第一个专门从事旅游小企业研究的研究机构——旅游及接待业小企业研究中心在英国利兹都会大学成立，并于第二年主办了第一届旅游小企业发展国际研讨会，这标志着旅游小企业研究进入了一个新的阶段。

2002 年，第二届旅游小企业国际研讨会在英国举行，在会上成立了一个新的研究团体—旅游小企业研究小组。这个小组附属于 ATLAS(旅游与休闲学教育联合会，The Association for Tourism and Leisure Education)。而这个小组成立以后的第一项工作就是邀请各国旅游小企业的研究者共同参与国际旅游小企业发展现状研究。这意味着旅游小企业研究已经成为一项国际性的研究，成为旅游学研究中的重要内容。

(二) 当前国外旅游小企业研究的主要内容

对现有的涉及旅游小企业发展的研究文献进行分析和归类，发现国外学术界较为关注以下几方面的内容。

1. 旅游小企业的界定

在现有的旅游小企业研究文献中，旅游小企业的界定有定量与定性两种标准，并以后者为主。在定性研究方面，学者们多从旅游小企业的性质、地位和作用方面来进行界定。在定量界定方面，则主要通过雇工人数这一指标来进行界定。由于“小”只是一个相对的概念，因此在不同的国家，涉及不同的旅游行业构成，具体指标也各不相同(表 1)。

表 1 近年国外研究文献中部分学者对旅游小企业的界定

作 者	行 业	界 定
莫里森 (Morrison,1998)	住宿业	是由个体或小型组织投资并由所有者亲自经营的企业
桑伽德(Sungaard et al. ,1998)	住宿业	客房数小于 25 间
托马斯 (Thomas et al. ,1997)	旅行社、景点、住宿设施、餐厅、酒吧等	雇工人数在 50 人以下
罗森等(Rowson & Lucas ,1998)	住宿业	雇工人数在 25 人以下
海里森(Halcro et al. ,1998)	住宿业	客房数小于 15 间

资料来源：Rhodri Thomas(2000)。

2. 旅游小企业的经营研究

对于企业而言，如何维护其正常的经营活动并得以发展是最为重要的工作。在旅游小企业文献中，很多学者都对旅游小企业的经营和管理进行了研究，这些研究主要是从企业经营影响因子，新技术的运用，经营障碍等多个方面进行了探讨(Claudio, 1999; Benson, 1997)。例如，米尔勒和森格·哈伯(Miri & Sigal,2000)在文献分析的基础上将影响旅游小型企业经营的因素分为四大类，并运用系统动力学的分析方法，对这四类因素对企业经营影响力进行了分析，得出了影响旅游小企业经营的综合模型(图 2)。

3. 旅游小企业的影响研究

(1) 经济影响研究

旅游小企业对于目的地经济的发展具有明显的促进作用目前已经是一个被学术界普遍接受的观点，并已在许多案例研究中得到了证实(Curran, 1993)。旅游小企业对经济的促进作用主要体现在三个方面：就业增加、国民收入和外汇的增加以及居民生活水平的提高。

而对于旅游小企业能否为当地居民提供更多的就业机会在国外学术界还有所争论(Cukier, 1996)。一部分学者对小企业解决就业的能力表示怀疑认为旅游小企业提供的就业机会方面存在“4 低”的缺陷，即低技能、低收入、低满意度和低发展机会(Mark,1998)。

对此，持肯定意见的学者认为，旅游小企业为当地居民，特别是为教育程度较低的居民

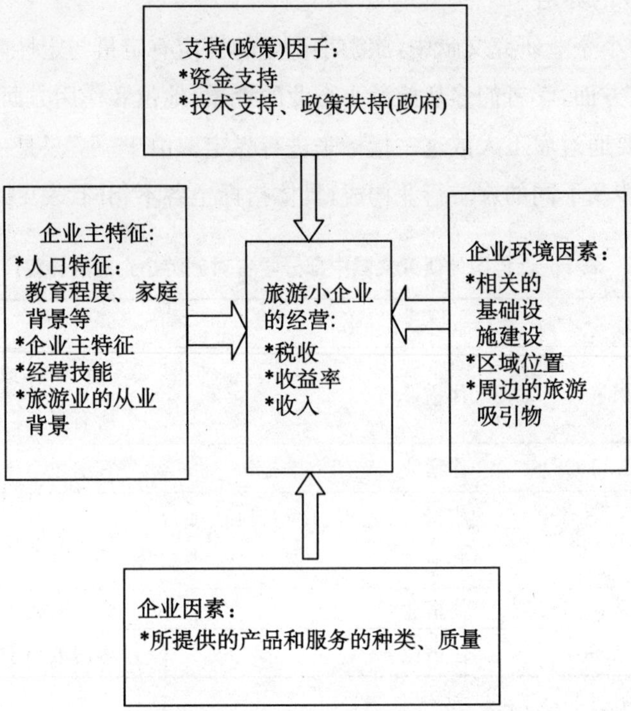

图 2 影响旅游小企业经营的综合模型

提供了更多的就业机会(H . Dahles & Brast, 1999)。对于旅游小企业从业人员收入低和工作满意度不高的观点,德克斯特(Dexter, 1995)认为这是长期形成的偏见。他对就职于夏威夷,旅游企业的部分员工进行了调查,其调查结果显示"旅游业从业人员的报酬是相当可佳的,其对工作的满意度也是非常高的"。

比较不同尺度的旅游企业对目的地经济发展的影响大小也是旅游小企业经济影响文献中常见的内容。在这些研究中,较为典型的是布恩·阿彻和约翰·福莱的研究(Brain & John, 1991)的研究。两位学者对各种类型,不同尺度的旅游企业对 Seychelles 经济的贡献率进行了测算,得出小旅店对目的地经济的贡献都大于大型旅游企业的结论(Brain & John, 1991)。

以上研究都再一次证实了罗德伯格(Roernburg, 1980)早期的研究结论:"相对于大型旅游企业,旅游小企业为当地居民提供更多的收入和发展机会。"

(2) 社会文化影响研究

现代旅游业的发展必然会对目的地的各方面产生影响,社会和文化变迁是其中一个不可忽视的方面。

目前旅游小企业对目的地发展的社会文化影响主要是由社会学者和人类学学者在进

行。研究内容主要是对旅游小企业在目的地社会和文化变迁中所扮演的角色进行探讨。大部分学者都认为旅游小企业是有利于当地社区的可持续发展的。“旅游小企业的发展意味着更多的当地居民参与旅游业。旅游小企业对当地社会的负面的影响更小,能够加强当地社区对旅游活动的承受力(Echtner, 1995)。”

在旅游小企业的社会文化影响研究中,社区参与和传统社区文化的保存是其中两个重要的方面。如杰弗瑞(Jafari, 1989)认为旅游小企业多由当地人开办,在某种程度上可将其视为传统商业文化的延续。因此小企业更有利于传统文化,社区文化的保护和继承。同类研究还包括史密斯(Smith,1994),范·史卡顿博格(Van,1995),布诺曼(Brohman,1996)等学者的研究(H. Dahles & Brast, 1999)。

此外,一些研究文献还指出通过旅游小企业所提供的一些传统服务,以及在经营中所展示的传统文化,还可以使游客更加深入地了解目的地,从而使主客关系更为融洽,进而减少外来文化对传统文化的影响。杰弗里·沃尔(Wall & Long, 1996)通过在巴厘岛的研究认为:“旅游小企业通过向游客提供传统服务和家庭生活的体验,满足了游客接触巴厘当地文化的要求,并有助于在当地人与游客之间建立和睦的关系。”

旅游小企业社会文化影响文献中另一个比较重要的内容就是对旅游小企业与女性的研究,如汤姆·爱立信(Tom,2001)对瑞典小型企业中的妇女的研究;代哈伊瓦(S. Dhaliwa, 1998)对亚洲家庭旅游业中的妇女进行的研究等等。其中海蒂·德莱斯等(H. Dahles & Bras, 1999)对印尼 Sanur 贩卖旅游纪念品的妇女进行了追踪调查,发现“在旅游小企业的工作,使妇女不仅仅获得了工作,可以挣钱养家,更重要的是,它动摇了巴厘岛上认为女性地位较低的传统观念。许多妇女感到通过在旅游小企业的工作使她们在家庭中的地位大为提高”。

旅游小企业对目的地的社会文化影响的研究内容非常丰富,除了上面提及的内容之外,当地居民通过旅游小企业与游客进行交流,接受外来文化的影响以及从居民的角度探讨旅游小企业发展所带来的社会变迁都是属于这一研究范畴。但是由于开展旅游小企业社会文化影响研究的时间较短,目前在这些方面还没有进行系统的研究。

(3) 旅游小企业与政府

当地政府被认为是制定目的地旅游发展政策最为重要的权力机关,企业的发展与政府的政策有着紧密的联系(Robert, 1995)。

对研究文献进行分析,会发现两种迥然不同的研究情况。大多数发展中国家对当地旅游小企业都实施的是不过问或者是抑制的发展政策,认为旅游小企业对国民经济的贡献很小,反而增加了政府在卫生、灾害和政治方面的风险。这正如布瑞顿(S. Britton, 1989)在研究中所指出的:“政府的政策是偏好外来资本的,抑制当地小企业的发展,旅游小企业只能生存在大企业的阴影之下。”

而与发展中国家相反，发达国家非常重视小企业的发展。在欧洲，“中小型企业在就业、创新以及促进经济发展方面发挥了重要作用的观点已经被广泛的接受。”（Harrison & Leitch，1996）如何促进和帮助旅游目的地的旅游小企业的发展是这类研究的主要内容。斯蒂芬（Stephen，1999、2000）对英国威尔士旅游局与当地旅游小企业的发展进行了研究。从1990年起，在欧盟支持下，威尔士旅游局展开了对本地旅游小企业的援助项目，简称IC项目（Incentive-compatible，激励—合作），通过该项目，该地区的旅游小企业与旅游局形成一种新的合作关系或伙伴关系。

相对于其他旅游小企业的研究内容，小企业与政府的研究还处于发展初期，相关的研究文献较少。但是鉴于政府在旅游小企业发展中所发挥的重要作用，相信旅游小企业与政府这一研究主题会受到更多学者的重视。

当前，国外旅游小企业研究主要以上述研究内容为主。除此以外，旅游小企业的研究还涉及小企业与大型企业的关系研究，旅游小企业的从业人员研究，旅游小企业行会研究等内容。

4. 国外研究文献评述

当前国外旅游小企业研究范围广，涉及旅游学、管理学、经济学、社会学等多个学科。但相对于旅游学的其他研究领域而言，旅游小企业研究时间较短，还处于发展阶段。就整体而言，国外旅游小企业研究还存在以下不足，这也是未来旅游小企业研究中将要注意的问题。

首先，相对于旅游小企业在旅游目的地发展中的重要性而言，现有的旅游小企业研究的数量是远远不够的。根据笔者在elsevier上分别以small business（firm、entrepreneur）、tourism为关键词进行的扩展搜索，从1995～2004年共搜索到相关文献44篇，其中专门从事旅游小企业研究的文献只有20多篇①。这正如一些学者所指出的“在学术界，学者完全忽视了旅游小企业以及旅游小企业与目的地发展的研究”。

其次，从现有研究文献中可以看出，旅游小企业的理论研究较为薄弱。以旅游小企业的界定为例，研究者往往从自己的研究目的来进行界定，随意性较强。理论研究的薄弱在研究文献中也得到反映。在笔者所找到的研究文献中，除了托马斯的《旅游产业中的小型企业：对相关概念的讨论》对旅游小企业的概念和特征在理论上进行了探讨以外，其他相关的研究文献都是案例研究。笔者就此问题，与旅游与休闲教育协会所属的旅游小企业研究小组的发起人之一丹麦学者汉斯（Hans Holmengen）进行了联系，他也认为当前旅游小企业的研究在理论研究方面还很欠缺，今后应该加强理论方面的研究。为此，S. J. 佩奇认为：“当前旅

① 查询时间为2004年1月10日19时30分。

游小企业研究缺乏理论和经验研究，这主要是由于缺乏研究的第一手数据和资料造成的，而进行大规模的调查是需要一定的资金和时间的。”

第三，现有旅游小企业研究多以描述性研究为主。现有的研究往往只是对案例地的旅游小企业的发展状况进行描述，而没有对这种发展状况进行深一步的分析和解释。如在旅游小企业与社区参与的研究中，一些研究通过调查发现旅游企业多由当地人开办，并以当地员工为主，就得出旅游小企业是有利于实现社区参与和当地居民发展的结论。但“并不是每一个当地居民都能够通过旅游小企业参与到旅游业中，这种机会并不是均等的”(Brohman，1996)；此外，“什么样的居民才可视为当地居民？采取什么样的判断标准来确定当地居民从旅游小企业的发展中获利?”都是在这项研究中需要考虑的问题。

第四，旅游小企业研究在空间上分布不均。现有的旅游小企业研究主要集中在少数几个国家，如英国、新西兰和印度尼西亚等国家。在旅游与休闲教育协会于 2004 年 2 月出版的最新的关于旅游小企业的研究专著《全球旅游小企业发展与回顾》一书中，共介绍了九个国家旅游小企业的发展情况，而这九个国家全都属于发达国家，并以欧洲国家为主(AT-LAS，2004)。

事实上，旅游小企业对于发展中国家旅游目的地的发展具有更为重要的意义。“发展中国家旅游小企业作为区域发展的关键因素而被学术界极大地忽视。……其重要性不仅仅是因为旅游小企业在数量上的庞大，更是因为它们对于旅游目的地可持续发展所发挥的重要作用(R. Sharpley，1994)”。

综上所述，就整体而言，国外旅游小企业研究经过 20 多年的发展，已经初步形成了研究体系。当前旅游小企业的研究中所存在的一些问题，将随着旅游小企业国际研究小组的成立，随着学者们在国际范围内的交流与沟通，在未来得以完善。

三、研究方法

(一) 问卷调查

在旅游小企业的研究中，将对三类社会群体进行不同内容的问卷调查，分别为游客问卷调查，当地居民的问卷调查以及西街“野导”的问卷调查；对这三类群体进行调查，主要是为了了解某种特定的被调查者对西街旅游小企业的主观价值方面的普遍看法，因此采用问卷调查法比较适当。在问卷的设计方面，游客问卷主要参考了中山大学旅游发展与规划研究中心以往的游客调查问卷，而当地居民对西街旅游小企业发展认识的调查问卷则主要参考了英国学者 Sevgin Akis(1996)进行当地居民与旅游业影响研究时所采用的问卷。

(二) 访谈研究

为了深入而全面地了解西街旅游小企业的发展情况,在这次研究中将采取以访谈研究为主的研究方法。整个访谈研究将以标准化访谈和半标准化访谈两种方式进行。

标准化访谈主要是使用事先设计的统一的访问表询问被调查者(宋林飞,2002)。在研究中,主要是对研究对象—普通的旅游小企业主和雇工使用标准化访谈。通过标准化访谈可以直接、有效地获取旅游小企业的一些基本资料,且能够根据对象的回答及时追问,获取更广泛的信息。访问表的设计参考了 Rhoderi Thomas 与 S. J. Page 两位学者在英国和新西兰进行旅游小企业发展研究时所使用的访谈问卷,其内容涉及旅游小企业的规模类型、人员结构、从业人员背景、企业经营等多个方面。

半标准化访谈又被称为深度访谈,主要是使用事先拟定的提纲与主要问题,具体如何发问,在访谈过程中,则根据当时的情景灵活决定(宋林飞,2002)。对某些关键人员采取半标准化访谈,往往能了解更多、更关键的信息。研究中,半标准化访谈的对象主要包括:直接研究对象——部分旅游小企业主和雇工,旅游小企业的服务对象——部分游客,相关行业从业人员——导游,主管部门——政府官员,以及相关利益者——当地居民代表等人员。通过对这些人员的深度访谈,有助于更深入地了解西街旅游小企业发展的历程和特点。此外,访谈中主要使用单层次提纲,即只列出几个大问题,由受访者自由发挥。

(三) 比较分析法

比较分析能够帮助研究者更好了解研究对象的情况。论文拟在两处采用对比分析的方法,一是为了更好地研究中国旅游小企业的发展特征,论文将在研究中对西街旅游小企业发展特征与国外旅游小企业的发展特征进行对比。二是为了更好地理解旅游小企业对目的地发展所带来的影响,突出旅游小企业在目的地发展中的重要作用,论文还将对比分析两种不同规模的旅游企业——西街旅游小企业与旅游大型企业对阳朔发展的影响。

四、研究介绍

(一) 案例地介绍

1. 西街的历史与现状

西街是位于广西壮族自治区桂林市的阳朔县,是阳朔县最有历史的街道。据《阳朔县志》记载,在隋开皇十年(公元 590 年)设置阳朔县时,县城内就有这条街道。西街的得名缘由其地理位置。阳朔县城在元代至正年间筑成石头城墙以后，以县衙前面的街道为署前街，与从东到西的一条横街相接，往南至碧莲峰下一段则为小巷，东边一段通漓江边城墙，后来把这一带通称为十字街，其中往西的这一段最长称为西街。昔日的十字街是县城繁华的商业中心，阳朔历史上的四大商家（万利祥、陈公兴、蒲同昌和元安商号）呈各据十字路口的一角，他们对阳朔的经济生活起着举足轻重的作用。直到抗战胜利后，十字街的商业中心才逐步走向衰落（王咏，2004）。

西街是中西方文化在阳朔最早的接触和融合地。在1917年左右基督教传入阳朔，由李绍庚夫妇主持，其地点就在西街东段一带的一间民房。当时就有英籍传教士在西街江西会馆进行布教，可以说西街居民在那时就和西方人有所接触。此外，在20世纪30年代，上海商务印书馆的马泽生先生在西街（后迁往广东会馆）创办了阳朔有史以来的第一个英语学习班，班上的一个名叫李春茂的学生，进步很快，不久就用英文为西街上的“西林照相馆”设计了中英文的广告牌，这可以算作西街上的第一块英文招牌。

在抗战期间，国民政府的部分研究机构迁往阳朔，在阳朔开办了国民政府军官外语补习班。当时的“敌国人民收容所”也设立在阳朔，这一收容所包括德、日、意等多国侨民，一时间西街成为多国人员的集散地，西街洋人街的历史也可以从此算起。

长期以来，西街一直处于一种“半是乡村半是店，可为生意可为耕”的状态。直到1970年左右，西街周围还是一片菜地。这种状态使西街保持了桂北传统的民俗风情。到了20世纪80年代，随着国外的背包游客的进入，西街才有所改变（邓晓强，2002）。

如今的西街，位于阳朔县城中心区，东临漓江，直对东岭，西对青泽峰，旁靠碧莲峰。经过1989年和2002年的两次改造以后，街道全长517米，宽8米，呈弯曲的S形。街道的路面为青石板路面，两边建筑以两、三层居多，具有典型的中国岭南建筑的特色。

近年来，西街已经发展为闻名遐迩的名街，享有“中国洋人最密集的一条街”、“中国最大的外语角”、“中国涉外婚姻比例最高的一条街”等称谓。

现在的西街上到处是涉外旅店、酒吧、咖啡店、书画店、工艺品店，可以说是三步一酒吧，五步一旅店。西街是名副其实的洋人街，店名清一色由中英文组成，十分有趣，如“没有饭店”、“月亮下咖啡屋”等。店内的装饰也是中西合璧：中式的灯笼，西式的挂钟；中国的古陶瓷，欧洲的西洋镜。虽然风格迥异，但摆设十分和谐。外国人来西街，有一种宾至如归的感觉，因此西街上的人常说西街的老外比中国人还多。

每到黄昏时分，冷寂一天的西街开始热闹起来，外出旅游的游客纷纷涌入西街，或购物、或就餐，或观光、或散步，人山人海，川流不息。西街上众多的服装店、工艺品店（摊）中摆满了代表中国传统文化的商品，如傩面具、丝绸、仿古董等，供游客们挑选；街道两边则摆满了铺着蓝色蜡染布的餐桌，坐满了来自五湖四海的中外游客，他们或品尝西餐，或喝着啤酒、咖啡,聚到一块聊天,或浏览书刊、报纸,或欣赏往来穿梭于西街的人们。在这里,中西方文化得到了较好的融合。

2. 研究区域的界定

如前所述,西街仅仅是一条长约500多米的小街。近年来,随着游客的不断增加,西街的旅游服务接待设施已经不能满足游客的需要,开始向周边地区扩展。在游客眼中的西街也不再是传统意义上的西街,实际上已经包括了西街、县前街、桂花路、滨江路等相邻街区的一部分。

根据“阳朔西街保护性改造治理项目的可行性研究报告”(1999),未来西街将不再是一条短短的街道,而是指一个以西街为中心的旅游社区。西街的规划范围是:东至漓江,北、西以叠翠路为界,南至蟠桃路、碧莲峰,总面积18.87公顷。实际上这一社区就包括了如今的新西街、城中路、桂花路等区域。

因此根据这一报告并结合目前西街的发展现状,论文研究区域实际上包括西街、莲峰巷、桂花路、县前街这一片区。为方便研究,论文中将这一片区统称为西街(图3)。

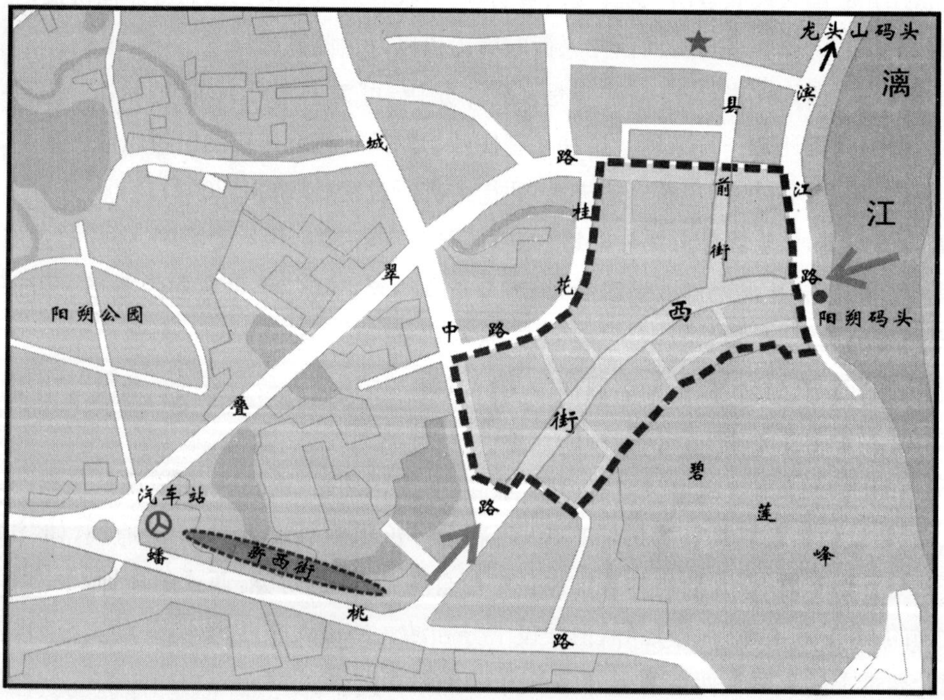

图3 研究区域的界定

资料来源:桂林市投资咨询公司、桂林市建筑设计研究院、桂林市城市规划设计研究院:“阳朔西街保护性改造治理项目的可行性研究报告”,1999年11月。

（二）主要研究内容

论文将针对在前言中所提出的问题进行研究，即以阳朔西街的旅游小企业为案例，分析中国旅游小企业发展状况以及旅游小企业对目的地发展的影响。论文具体包括以下各项研究内容。

1. 西街旅游小企业发展历程及分析

西街旅游小企业的发展开始于20世纪80年代初期，已经有20多年的历史。根据不同时期西街上旅游小企业的数量和特征，西街旅游小企业的发展历程可以划分为以下三个阶段。

西街旅游小企业的产生期（1978～1987年）。在这一阶段，西街旅游小企业并未发展成为西街店铺的主体，“当时西街上相当部分的店面还是以本地居民为服务对象，出售的商品以各类生活用品和农业生产用品为主”。①

西街旅游小企业的发展期（1987～1999年）。在这一时期，西街上的旅游小企业的数量逐渐增加，类型也开始多样化，服务内容和接待设施逐步完善，同时旅游小企业呈现出良好的经营业绩。但西街仍然保持着“半是乡村半是店”的古朴风貌和庭院般的环境。调查中80%以上的西街旅游小企业主都认为这一时期是西街旅游小企业发展的黄金时期。

西街旅游小企业的商业化发展期（2000年至今）。在2000年以后，西街旅游小企业进入了一个新的发展阶段。西街原有的“半是乡村半是店”的风貌已经不再可见，街上挤满了各类旅游小企业，企业之间的竞争加剧。

关于旅游小企业的产生和发展，国外有学者认为，在任何一个旅游目的地发展的早期，即旅游地还处于探索期时，其游客主要以自助客、背包客为主，这些客人对服务接待设施的要求不高，因此以家庭经营为主的旅游小企业应运而生。但旅游小企业的发展是非常有限的，在旅游地发展进入成熟期以后，大型旅游企业相继进入，旅游小企业的数量会相对减少，在某些情况下，旅游小企业甚至会被吞并，进而全面消失（H. Dahles & Brast, 1999）。

海外学者的理论并不能完全解释西街旅游小企业的产生和发展。从前面的历程回顾中可以看出，西街旅游小企业的产生确实如国外学者所解释的那样，是为了满足自助游客吃、住、行、游、购、娱等基本需求而自发产生的。但是阳朔旅游业发展了20多年，早已经进入成熟期，按国外学者的观点，西街上的旅游小企业应该是逐年减少的。事实上西街旅游小企业不仅仅没有减少，反而呈现上升的趋势，而且西街旅游小企业自身也成功地发展成为一种旅游吸引物。为此，通过游客调查和西街旅游企业调查，论文将从消费者（消费者特征，满意

① 笔者在2003年8月对西街上老居民的访谈。

度)与产业集聚两个方面对西街旅游小企业的产生和发展的原因进行探讨。

(1) 消费者与西街旅游小企业的发展

根据游客调查,西街旅游小企业的消费主体是过夜自助游客。其中,在西街旅游小企业的产生和发展初期,海外自助游客是主要的消费群体;而在2000年以后,这一消费主体则逐渐向国内自助游客转移。而作为西街旅游小企业消费主体的自助游客属于平民型游客,与大众游客具有完全不同的消费特征。问卷调查表明,其消费特征具体体现为:停留时间较长,普遍对旅游服务接待设施要求不高;对目的地的居民生活、传统文化怀有极大的兴趣等方面。显然要满足自助游客的以上需要,是提供标准化服务的大中型旅游企业所不能胜任的,只有以家庭经营为主的旅游小企业才可能提供满足自助游客多样化的需求的服务和产品。因此,以背包客为代表的自助游客的行为特征(需求)促使了西街旅游小企业的产生和发展,其中西街旅游小企业的产生更是与海外自助游客有着直接的联系。

其次,在供给的方面,调查表明由于西街旅游小企业向旅游者们提供了符合其需求的产品和服务,因而吸引了更多的游客到西街进行消费,使得西街的旅游小企业拥有一个比较稳定而持续发展的消费群,从而促进了西街旅游小企业的进一步发展。

此外,阳朔独特的自然风光、参与性和休闲性极强的旅游活动以及中国传统农耕习俗与文化对自助游客具有极大的吸引力,这也成为西街旅游小企业得以产生与发展的根本所在。

(2) 产业集聚与旅游小企业的发展

产业集聚是指由一定数量的企业共同组成的产业在一定地域范围内的集中,以实现集聚效益的一种现象,一般包括同一种类型和不同类型两种产业的集聚(黄曼彗、黄燕,2003)。

就西街旅游小企业的发展而言,产业集聚对旅游小企业发展的影响体现在两个方面。一方面旅游小企业通过形成企业集聚,共享企业网络信息和游客市场,并充分利用现有的基础设施和人员,相互学习,形成一定规模,共同抵御外部风险,从而推动同业合作,促进西街的发展。此外,由于集聚,众多旅游小企业以一个整体的形象出现,因此阳朔县政府会更加重视企业群的发展,在资金、政策上给予一定的支持。以上这几点往往都是单个企业难以达到的。

另一方面,通过同业内部竞争,促进企业的专业化分工,充分发挥每个旅游小企业的特色,形成西街独特的风格。从整体上看,西街的旅游小企业都表现为类似的风格,如企业的风格都比较西化,餐厅都能提供西餐等等。但实际上,每一个旅游小企业都有自己特定的风格。以餐饮类旅游小企业为例,有的装修较为原始粗犷,如旅行者;有的则偏向于淡雅、幽静,如明园咖啡;有的是以俱乐部的形式存在;有的是以风味餐厅的形式存在。正如一些企业主在访谈中所说的,"要在西街这条街众多的餐饮企业中牛存,没有特色是绝对不行","竞争的关键还在于餐厅有没有特色"。因此,产业集聚所带来的内部竞争迫使西街上的旅游小企业在服务质量,产品的特色方面不断地进行提高、创新,进而推动了西街旅游小企业的发展。

综上所述,就西街旅游小企业的发展历程而言,西街旅游小企业的产生与发展完全是对市场需求的一种自发的行为。本地居民自发地参与到旅游发展中来,开办各种旅游小企业,政府介入并非为旅游小企业的主导发展力量;以背包客为代表的自助游客的行为特征或者其需求促使了西街旅游小企业的产生和发展,而产业集聚所带来的集聚效益则是促使西街旅游小企业发展的另一个重要因素。但是西街旅游小企业发展的根本动力还在于:阳朔独特的山水,传统的农耕习俗与文化,以及为游客特别是为自助游客提供了满足其需要的休憩的场所和服务。

2. 西街旅游小企业特征分析

旅游小企业的特征分析是众多旅游小企业研究文献所关注的内容。为了更好地了解中国旅游小企业的发展特点,研究于 2003 年 7～8 月、11～12 月在西街进行实地调研。据实地统计,西街上共有各类企业 179 家,其中受"非典"影响未开业和正在进行装修的店铺是 15 家,因此实际数量为 164 家。按照旅游小企业的界定标准,对这 164 家店铺进行检验,得出西街共有各类旅游小企业 157 家,占西街店铺总数的 87.71%①。

以标准化访谈的形式对其中 75 家旅游小企业主或其雇工进行调查,被调查企业的类型涉及住宿、餐饮、旅游服务部等行业,共有 49 家接受访谈,占西街旅游小企业数的 31.21%。这一调查比率与海外学者在进行旅游小企业研究中的调查比例相近(Thomas 于 1997 年在英国进行的研究中调查比例为 31%)。此外,为进一步增强调查的可信性和科学性,还从阳朔县旅游局、工商局等部门获取部分西街企业的申报和年检材料,与访谈信息进行对比检验。

以下将从企业概况,从业人员情况以及企业经营三个方面对西街旅游小企业的特征进行总结。

(1) 企业概况

西街旅游小企业在规模上以微小型企业为主。从调查的情况来看,22.45%受调查企业的雇工人数为零,雇工人数在 0～5 人的企业占 52.08%,这说明西街旅游小企业的雇工规模普遍在五名以下。旅游小企业在规模上以微小型企业为主②。

西街旅游小企业的经营范围涉及住宿、餐饮、商品销售、旅行社服务、照片冲洗等多个行业,但主要以商品销售类企业和住宿类企业居多,其比例分别为 56.05%和 19.75%。对各

---

① 将同属一个企业主的旅游企业视为一家。

② 学者 H. Dahles 根据雇工人数,将旅游小企业中具体分为小型企业(small,5～20 人)、微小型企业(micro,1～5 人)和零雇工企业(zero)(Dahles,1999)。

行业的旅游小企业进行进一步的细分，发现西街旅游小企业中纺织品商店，工艺品商店和饭店数量最多①。需指出的是，西街旅游小企业在类型构成上有自己的特殊性。一是西街上的餐厅和酒吧以西式餐厅为主，几乎所有的餐饮企业都能提供西餐；二是西街上分布着相当数量的休闲用品商店和三家运动俱乐部(攀岩吧)。这一特点除了与西街的游客类型有关以外，也与阳朔作为休闲度假型的旅游目的地及世界知名的攀岩胜地有关。

在地图上将各种类型的旅游小企业在西街的位置一一标注，发现整体上西街旅游小企业的布局是随意而杂乱的，但是不同类型的旅游小企业在某些路段的布局呈现一定的特点，例如饭店主要分布在老西街和县前街路段，餐饮企业主要分布在西街的中后段，而家庭旅馆主要分布在西街的两个支巷——桂花路支巷和莲峰中巷。西街旅游小企业在空间上的布局特点表明，不同类型的小企业在西街上呈组团式的分布。而这种组团式分布实际上与游客的进入方式、路径和前面提及的集聚效应有关。

(2) 从业人员分析

西街旅游小企业的从业人员以当地居民和女性为主，其中当地居民占被调查人员总数的 76.47%。而在接受调查的 153 名从业人员中有女性 95 人，占全部比例的 62.09%。西街案例对从业人员的来源和性别构成的调查说明，旅游小企业在解决当地人的就业问题上，特别在女性就业上可以发挥一定的作用。

在管理学中，企业主被认为是企业发展的一个关键因素。在旅游小企业中，由于小企业往往不具备管理层，企业主是企业的主要乃至唯一的投资者和管理者，其在企业发展的作用更为直接、更为重要。调查表明，西街旅游小企业主以本地人为主，但是普遍缺乏行业经验与专业技能，大部分企业主都缺乏系统的正规的专业教育，因此缺乏相应的经营、管理和营销等技能和知识。在 51 位受调查的企业主中，有 35 位企业主在从事旅游小企业经营以前从事的是完全与旅游服务无关的行业，25.49%的企业主为大专以上文化程度。在从业动机方面看，旅游小企业主的从业动机明显体现出多样性。接受调查的 51 位西街旅游小企业主在“为何选择到西街创办旅游小企业”一项中给出了数十种答案。西街旅游小企业主不仅仅以赚钱为唯一目标，环境、生活方式、学习外语都成为西街旅游小企业主的主要从业动机。

旅游小企业主从业人员具有就业门槛低的特点，西街旅游小企业在雇用员工方面没有任何专业或技能方面的要求。与此相对应，西街旅游小企业从业人员的流动非常频繁。对从业人员的调查显示，工作时间在三个月以内的约占 35%，在 4～6 个月之间的为 30%，在 6～12 个月的为 30%。

(3) 经营特征分析

---

① 饭店与家庭旅馆的区别是前者提供食宿服务，后者只提供住宿服务。

西街旅游小企业在企业经营方式上，家庭经营占据了主体(65.96%)，接下来依次为个人独资企业(23.4%)、合作经营企业(6.28%)和连锁经营企业(4.26%)。由于西街小企业以家庭经营为主，87.5%的企业主是亲自参与企业的经营，许多企业主既是企业的管理者又是员工。

西街旅游小企业在经营上具有脆弱性的特点。对企业经营业绩调查表明，自2000年以后，西街大多数旅游小企业的经营业绩开始下滑，企业的转手率提高。根据对企业主的访谈，在西街一个铺面几年内更换几个企业是常见的现象。经营成本上涨和竞争加剧是导致企业经营脆弱性的外部原因，而西街旅游小企业主的经营能力则是导致这一特征的深层原因。

需指出的是，西街旅游小企业在经营上也具有灵活性的特点。由于小型企业规模较小，因此能够在较短的时间内根据市场变化来调整经营内容，进行人员安排，即灵活的适应机制和快速的市场反应。例如，受"非典"影响，阳朔海外游客减少，但是国内游客，特别是珠三角的游客增多，西街一些餐厅及时调整菜单，在保持原有西餐特色的同时，增加了很多粤式菜品，因此，餐厅的营业收入的不仅仅未受到"非典"影响，反而出现增长。

将西街的调查结论与海外学者的研究结论相比较，中国的旅游小企业在从业人员结构、经营等方面都表现出与国外旅游小企业相同的特征；只是由于目的地社会经济水平的差异，文化背景的差异以及游客类型的差异，中外旅游小企业在诸如企业的类型构成、经营方式、经营理念等方面有所不同。

3. 西街旅游小企业对目的地的影响分析

旅游活动促进了各种不同社会文化背景下人们的大交融，也大力促进了购买力的空间再分配，而这种大交融和再分配对目的地的社会文化、经济等产生了深远的影响。旅游小企业作为旅游活动的一个组成部分，同样会对目的地的方方面面带来影响。以下将以阳朔县西街为例，分析旅游小企业对阳朔的社会文化、经济乃至城市发展带来的影响。

(1) 旅游小企业对目的地的经济影响分析

旅游小企业对目的地的经济影响包括直接影响和间接影响。而这些影响主要体现在收入、外来投资、就业、目的地经济发展等多个方面。

为目的地经济的发展积极吸引外来投资。经过二十多年的发展，西街成为享有极高知名度的旅游小企业的集聚区，受西街这种知名度和氛围的吸引，在众多的外来投资者心中，西街已经成为阳朔良好投资环境的标志或代表，每年仅外地投资者在西街上创办的旅游小企业就为阳朔吸引相当数量的外来投资。此外，由于西街旅游小企业集聚区的发展，带动西街周边地区的发展，导致一大批投资项目纷纷布局在西街的周边区域。据对阳朔县相关政府官员的访谈得知，目前西街及周边地区已经成为阳朔县外来投资中主要的受资区。

对目的地经济具有一定的带动作用。资金运行是经济活动的轨迹，通过对企业资金流向的分析可以了解企业与目的地其他部门的关联程度。因此，分析旅游小企业的流动资金从旅游小企业向国民经济各个部门流动的过程，可以判断旅游小企业对目的地其他产业发展的带动作用。为此，研究选取一家旅游小企业作为研究案例，通过对该企业的资金流程的追踪，获取了相关经营数据。通过有关数据分析，发现该旅游小企业的资金流动呈现出以下几个特点。

第一，从资金流向的区域而言，通过外地投资者的投资和游客消费进入旅游目的地的外来资金绝大部分都已经转移到阳朔的各个行业部门。尽管仍然存在一定的旅游漏损，但其漏损率是较小的。据计算，在企业主投入的资金中，55.88%的资金进入本地建筑等相关行业，而由游客带来的外来资金中62.5%（除去经营活动产生的其他现金流量）也流入了目的地的相关行业部门。

第二，从资金流向的行业部门而言，其行业范围也比较广阔。外来资金直接流向了种植业、畜牧业、渔业、其他农业、粮油加工业，屠宰及肉蛋类加工业、纺织业、家具木制品业、商业、电力生产和供应业、煤气生产和供应业、自来水电力生产和供应业十多个行业生产部门。其中以商业、种植业、畜牧业、渔业、屠宰及肉蛋类加工业流入的资金最多，而且这些行业生产部门都位于目的地内，由此可见旅游小企业对于旅游目的地的第三产业中的商业和第一产业中的农业的发展具有明显的带动作用。

由于涉及企业经营，所以在调查中很难对资金流向进行进一步的追踪，即分析资金从初级生产部门向次级部门的转移。但是通过以上资金流向的特点分析，已经可以得出旅游小企业对当地经济，特别对流通业和农业具有一定的带动作用。而且通过这种带动作用会产生旅游目的地间接就业增加，间接收入增加及间接税收增加等一系列的间接效应和诱导效应。

有助于帮助实现就业困难人群的就业。第一，在旅游小企业就业中并不存在性别歧视，反而是对女性就业持一种更为欢迎的态度。目前，女性从业人员在西街旅游小企业从业人员中占有较大优势，其比例高达62.09%；这一数据表明旅游小企业有助于解决女性就业。第二，旅游小企业在就业方面具有就业门槛低的特点，在从业人员（厨师除外）的招聘条件上几乎没有任何专业技术和服务技能方面的要求；企业主在创办旅游小企业时，除了必要的资金，也没有经营管理能力或从业经验方面的限制。而对阳朔一些大型旅游企业的调查显示，这类企业要求具备完善的管理层，管理人员必须具备相当的经营管理技能和从业经验，而且在员工的招聘条件上也有诸如年龄、学历、行业经验等多方面的要求。二者相比较，显然西街旅游小企业更容易为文化较低、年龄过大的就业困难人员以及女性提供就业机会。

旅游小企业有利于本地居民收入的提高。旅游对就业与收入的影响是相互关联的。从就业影响分析中得知，由于旅游小企业能够为当地居民和女性提供更多的直接就业机会，特别是能够为更多的文化水平较低，缺乏相应技能和年龄偏大的人员提供更多的直接就业机会。因此，当地居民通过创办旅游小企业或在旅游小企业中工作确实能从中获取一定的经济利益，旅游小企业有助于解决区域内城市和农村贫困问题。这在调查中也得到了证实，根据西街所在的莲峰社区居委会提供资料，西街片区的人均收入是整个社区乃至阳朔县目前人均收入最高的区域，也是全县低保户最少的区域。在张文对阳朔居民进行的访谈笔录中也得出了“真正富裕的居民在西街”的访谈记录要点(张文，2003)。

旅游小企业与传统商业文化景观变迁。西街旅游小企业的发展在促进目的地经济发展的同时也带来一定的负面影响，这种影响较为突出地反映在旅游小企业的过度发展导致传统商业文化景观的变异。

历史上的西街是一条商业街，但长期保持着一种“半是乡村半是店”的古朴风貌，这种状态使西街保持了桂北村镇传统的民族风情和传统商业文化氛围。2000 年以后，西街旅游小企业经历了超高速的发展，西街已经转变成为一条纯粹的现代旅游商业街。根据对海内外游客的调查，商业化氛围过浓成为旅游者对西街最不满意的地方，许多游客在问卷中写到“商业氛围过浓，游客挤满了西街”、“晚上过于吵闹，环境不好”、“西街上到处都有人对你抽成”等感受，这说明旅游小企业的过度发展带来的传统商业文化景观变异正在降低游客对西街的良好感知。而在对本地居民的调查中，55％的本地居民认为西街原有的风貌正在消失，西街只属于游客。

此外，旅游小企业过度发展还对区域经济带来了其他方面的负面影响。例如，由于级差土地和土地用地类型的改变所造成西街所在区域房租的大幅度上涨，而企业主在经营中将房租的这种变化转嫁到其所提供服务和产品的价格上造成的西街物价的上升，使西街居民不得不离开西街，到县城其他地区进行消费，从而对西街居民的生活造成影响等。

(2) 旅游小企业与目的地的社会文化变迁

从 20 世纪 70 年代末至今，已经有无数的游客，特别是海外游客到达阳朔西街。这些游客的到来，不仅仅为西街带来了购买力，更为重要的是，他们带来了不同的行为。他们的行为排斥和动摇了西街当地居民的传统观念，影响了西街的社会习惯和文化传统。由于旅游属于一种“全方位”的社会活动，因此这最终促成了西街的社会文化变迁。而这种社会文化的变迁突出体现在：无处不在的英语文化、婚恋观的改变和价值观的变化这三个方面。

旅游小企业是西街目的地居民与游客接触最早、最多的场所，因此也是受外来文化影响最多的场所，因此旅游小企业在西街的社会文化的变迁中扮演了一个重要的角色。

中西文化交流是部分小企业经营内容。许多外国游客到阳朔来不仅仅是为了欣赏优美的山水，也是为了体验和领略中国的传统文化；而国内游客也有不少是冲着西街的英语环境而来,因此西街的部分旅游小企业为了满足游客的需要而提供了相应的服务。西街的外国语学校就是最为典型的例子。

西街最早的外国语学校是1993年创办的巴克兰商务外语学校。经过十多年的发展,目前民办外语学校已经有15所之多,每年到阳朔来学习外语的修学旅游者已经上千人。与传统的英文教学方法不同,阳朔的外语学校更注重让学员在一个真实的语言环境中每时每刻都感受到语言的冲击,在不知不觉中提高自己的英文水平。学员们随时都可以与不同背景、不同文化理解的英语人士进行交流,因此,除了学习语言以外,学员们还可以从中获取知识、了解民族的差异与美,能够真正贴近地感受西方文化。因此,西街的外国语学校为学员们提供的不仅仅是语言的学习,更是对西方文化的一种了解和学习。

另一方面,不少外国语学校和旅游服务部也为外国游客开设了学习中国传统文化的课程,如太极拳、书法、烹饪的学习等。通过这些课程的学习可以使游客在短时间内对中国的传统文化有所了解。对相关人员的访谈表明,如果没有以外国语学校为代表的以中西方文化交流为经营内容的这些旅游小企业,西街的英语文化不会发展得如此迅速。

小企业的从业人员是社会文化变迁的先锋人群。旅游因游客与目的地居民直接或间接的接触,而形成了文化的互动与交流,进而造成了社会文化的变迁。西街旅游小企业中的从业人员不仅是当地居民中最早与外来旅游者打交道的,也是当地居民中与旅游者接触时间最多的,旅游小企业的从业人员成为西街居民中受外来文化影响最早和最深的人群。表2是在问卷调查的基础上,对西街旅游小企业的从业人员与县城其他居民进行的观点对比。从表中可以看出西街旅游小企业的从业人员在观念上比普通县城居民更为西化和前卫,对新生事物和现象的接受力更强。而这一点也得到了当地居民的认同,60%的阳朔居民都同意西街居民比其他地区居民更容易接受新事物,语言能力更强的观点。

表2 旅游小企业从业人员与县城其他居民的观点对比(%)

观 点	从业人员	县城其他居民
对外来游客持欢迎态度	100	83.7
有过与外来游客交流或学习外语的经历或想法	98.5	54.1
接受涉外婚姻	63.7	50.0
接受一夜情行为	20.8	8.33

事实上,旅游小企业的从业人员不仅仅是最早接受外来文化的人群,其实也充当了外来文化在当地的传播者的角色。文化社会学认为,在文化的传播中,人既是文化传播者,又是最为活跃的传播媒介(司马云杰,1990)。旅游小企业的从业人员在接受外来文化的影响以

后，通过自身的行为和语言，往往在与其他当地居民的交往中不自觉地对其他居民起了示范作用，进而带动了整个社区观念的改变。

旅游小企业是进行中外文化交流的主要场所。中外文化的交流和融合是通过旅游者与当地居民的接触而造成的。对于阳朔的居民而言，到西街的旅游小企业中去工作或到酒吧、餐厅去与外国游客进行面对面的交谈都是接触外来游客的最简单、最直接的方式。从县城居民的调查分析来看，68.57%的被访者愿意到西街小企业中工作，其中45.8%的人认为在西街的小企业工作可以学习外语，接受新观念和西方文化，增加自己的见识。如果没有西街旅游小企业的存在，西街中外文化交流就不会这样方便，因此西街旅游小企业实际成为当地居民和外来游客进行交流或进行沟通的一个平台。

（3）旅游小企业对城市的影响

城市是个以人为主体、以自然环境为依托的、以经济活动为基础的、社会联系极紧密的、按其自身规律不断运转的有机整体，因此城市的发展是一个综合的发展，包括社会、经济、城市建设等多个方面（阳建强，1996）。西街旅游小企业对阳朔县城发展的影响是多方面的，其中最主要的体现在城市形象以及城市建设方面。

在城市形象方面，由于游客在阳朔县城的活动主要是在西街展开，加之西街独特的中西结合的风格给游客所留下的良好印象，因此在游客心中，西街已经逐渐发展成为阳朔的代名词。在网络有关对阳朔的评价中，经常可以看到“不到西街就不算到阳朔”、“西街阳朔必游之处”①这类言语。因此，在某种意义上，西街和西街的旅游小企业就如同法国埃菲尔的铁塔一样，成为阳朔城市形象的代表或标志。

而对于阳朔正在进行的城市建设来看，西街及西街上的旅游小企业对城市建设的各个方面都起着明显的示范作用，阳朔整个城市建设正呈现出“县城西街化”的格局。首先，就建筑风格而言，阳朔县“绝对控制区”②内的建筑与西街的建筑表现为类似的建筑风格，统一为小青瓦顶坡屋面、白粉墙、木门木窗、吊阳台的建筑。其次，目前县城内已经完成和在建的大部分招商引资项目都同西街极为类似。可能是受西街旅游小企业发展成功模式的影响，近年来，外来投资者所投资的项目在项目的方案中，很多都是西街的模仿，出现了诸如“新西街”街区，但是这类街区更多的是具备了西街的外形而缺少西街独特的生活氛围。

（4）不同规模的旅游企业对阳朔发展的影响对比分析

为了更好地理解旅游小企业对于阳朔发展的重要作用，以下将对两种尺度的旅游企业——星级饭店和西街小型旅游企业对阳朔发展的影响进行对比分析。

---

① http://www.yangshuo163.com/gov/ShowArticle.asp? ArticleID=3。

② 控制范围实际上就是游客在阳朔活动的主要区域。

历史时期不同规模的旅游企业对阳朔发展的影响分析。阳朔的旅游业发展已经有二十多年的历史，在这一过程中，不同规模的旅游企业都为阳朔旅游的发展作出了贡献，但二者发挥的作用则有所差别。在阳朔旅游发展的前几个阶段——探索、参与以及发展初期，西街的住宿类小企业承担了绝大部分的服务接待任务。而在这一历史时期，由于大型住宿企业还没有出现，因此对阳朔旅游业的发展及目的地的发展无影响可谈。在阳朔旅游发展的稳定期，由于受旅游者消费特征的影响，大型住宿设施在阳朔旅游发展中的参与度远远不及旅游小型住宿设施。这一情况直到2000年才有所好转。对整个历史发展时期的回顾表明，阳朔旅游小企业明显比大型旅游企业在促进阳朔旅游业的发展及目的地的发展中发挥了更大的作用。

现阶段不同规模的旅游企业对目的地发展的影响分析。在这一分析中，研究分别选取了税收、就业和产业带动这三个指标对不同尺度的旅游企业进行对比研究，并进行了相关的数据收集。数据分析表明，不同尺度的旅游企业对阳朔发展都起到了积极的促进作用。但是大小尺度的旅游企业由于规模、服务对象等的差别，因此在目的地发展的不同方面所起的作用也不相同。相对于旅游大型企业而言，旅游小企业在帮助当地居民、女性、就业困难人群就业、人员培训，对本地其他产业的带动作用以及社会文化变迁方面发挥的作用更大。

4. 西街旅游小企业的发展策略分析

目前西街的旅游小企业正处于一个转折时期，游客类型的改变，市场竞争的加剧，商业化带来的冲击，使西街的旅游小企业正在经受前所未有的考验。在访谈中西街的旅游小企业该如何发展成为企业主和政府官员们最为关心的内容。

根据对旅游小企业主的调查以及相关人士的访谈，当前西街旅游小企业面临的主要问题主要包括：企业主经营能力有限，企业缺乏持续的资金支持；“野导”横行，对西街及旅游小企业带来不良影响；市场混乱，行业间缺乏有序竞争以及西街旅游小企业发展所依赖的旅游基础设施和相关部门的配套服务不完善等。

西街旅游小企业所面临的主要问题既与旅游小企业自身的局限性有关，也与政府、行业主管部门的政策失误和政策空缺有关。要解决这些问题，实现西街旅游小企业的持续发展不是凭借旅游小企业自身的力量就能实现的，它必须依靠多方面的支持，必须通过旅游小企业，政府相关部门，当地居民的共同努力。

(1) 政府部门

政府在小型企业的发展中扮演着重要的角色(Robert,1995)。从访谈中得知，目前西街大多数旅游小企业都对阳朔县政府抱着一种非常矛盾的心理，一方面希望政府能够为旅游小企业出谋划策，提供帮助；另一方面又对政府能否发挥积极的引导作用持有一种怀疑的心态。因此，阳朔县政府必须通过制定切实可行的发展策略，采取迅速有力的措施来打消小企业主的疑虑，促进旅游小企业的发展。

从发达国家的经验来看，政府与旅游小企业之间不仅仅是管理与被管理的关系，更是合作和伙伴的关系。通过对发达国家经验的借鉴，结合西街旅游小企业发展的实际，建议政府在未来西街旅游小企业的发展应采取的策略包括以下几个方面。

第一，鉴于旅游小企业对阳朔发展所带来的巨大促进作用，在政策制定方面，应该充分重视并优先考虑旅游小企业的发展。

对现有的西街发展策略进行修正。西街旅游小企业发展的动力在于对西街独特氛围的保持，对阳朔山水风光的保护，而不仅仅只是规模扩大和建筑的特色。西街的扩建应该优先考虑旅游小企业集聚区自发延伸的区域，而不是盲目扩大。在县城发展规划中，对县城"西街化"也需要进一步商榷。

鉴于旅游小企业对阳朔发展所带来的巨大促进作用，在政策制定方面，应该充分重视并优先考虑旅游小企业的发展。在前面的分析中指出，随着大型旅游企业进入目的地，旅游小企业的生存和发展会受到威胁。为了扶持这种对目的地发展有着重要促进作用的企业形式，阳朔政府应该提高大型企业进入阳朔，参与阳朔旅游业发展的门槛，如在投资额，员工的雇佣方面提出一些限制条件，从而为当地旅游小企业的发展提供一个适当的生存空间，以避免因大型旅游企业的过度发展而抑制了当地旅游小企业的发展。而各行业主管部门，在不违反相关规定的前提下，也尽可能的在营业执照的申请，税收等方面给予旅游小企业一定的优惠。

第二，针对西街旅游小企业存在经营能力较差，缺乏持续资金等问题，建议在阳朔开展类似于发达国家的旅游小企业援助项目，如英国威尔士旅游局对本地旅游小企业展开的名为"旅游小企业的激励与合作"的援助项目（Incentive-compatible，简称 IC 项目），这种项目旨在通过生存帮助和经营指导来激励当地旅游小企业的发展。结合阳朔的实际情况，可以仿照 IC 项目，成立旅游小企业发展基金。这一基金主要用于对从业人员培训，促销以及向旅游小企业提供低息贷款和技术帮助的援助项目。基金具体可以成立一旅游小企业的专门管理机构来负责。此外，建议在援助项目中，基金对阳朔本地企业主，生活比较困难的企业主，以及经营能力较差的企业主有所偏重。

第三，针对目前市场次序混乱、恶性竞争的局面，行业主管部门应该采取一定的措施对市场进行规范。在环境、传统文化和生活氛围等方面对西街采取相应的保护策略，以增强或维持西街对游客的吸引力。

此外，政府及相关部门在基础设施的建设和配套服务方面也要为旅游小企业发展提供帮助。

(2) 行业协会

由于小企业规模小，抗风险能力差，因此行业协会对于企业的发展具有重要的意义。在国外旅游小企业非常重视行业协会，许多小企业都是各类行业协会的会员。

就阳朔而言，尽管旅游小企业的发展已经有二十多年的历史，但是到 2002 年才由政府出面成立了阳朔旅游饭店协会和旅游餐饮协会。由于这两个协会更多的是一种政府行为，加之协会在旅游企业自律、监督和维护企业合法权益的方面发挥的作用极其有限，如协会对于各旅游企业间的恶性的降价竞争就缺乏行业约束力，因此部分企业主对协会不信任，不愿意配合协会的工作。

根据对西街旅游小企业主的访谈，一部分企业主表达了自行出资，成立西街旅游小企业协会的愿望。这些企业主希望通过民间行业协会来协调各企业间的关系并维护西街正常的经营秩序。这说明西街部分旅游小企业也认为确实存在发展行业协会的必要性，其关键内容在于行业协会该如何组建和运作。

根据《中国旅游协会章程》，旅游行业协会是旅游同业企业为发展生产、增进共同利益，在自愿的基础上建立的，接受政府指导的民间经济联合体，是非营利性的社会组织。行业协会具有三大基本职能，即：为企业服务的职能，自律，协调、监督和维护企业合法权益的职能以及协助政府部门加强行业管理的职能。行业协会既是企业与政府之间的桥梁又是旅游企业自己组成的管理者，监督者[①]。

因此，在西街旅游小企业的发展，应该实施在自愿的基础上组建旅游小企业行业协会并充分发挥行业协会服务、协调和自律功能的发展策略。通过行业协会对旅游企业和市场秩序进行自律性管理，从而提高旅游小企业的素质和竞争力。这一发展策略既是企业改善经营和市场发育的需要，也是由于在某些微观管理上，不便于政府直接介入的需要。

这一发展策略具体包括以下几方面的内容。第一，在政府有关部门的指导下，征求各旅游小企业的意见，在自愿的基础上组成西街旅游小企业协会，并制定相关行规行约。第二，在协会的领导层的组成中，要兼顾各方面的利益，使其能成为旅游小企业的利益的真正代表。第三，协会与有关部门合作，制定有效的自律性管理机制和运作机制。第四，作为政府，要对旅游协会进行授权，使其能相对独立地展开工作，并给予一定扶持政策。

综上所述，未来西街旅游小企业的发展政策应该采取政府与小企业联合发展的策略。一方面政府在政策、资金、技术等方面给予小企业一定的援助，与小企业结成伙伴关系；另一方面，在政府指导下，旅游小企业通过组建行业协会，进行企业自律、企业协调和企业培训，提高企业的竞争力。

① http://www.chinata.com.cn/index.php。

五、结论与讨论

（一）结论

随着中国旅游业的发展，出游能力的增强，以及游客需求的日益多样化，旅游小企业在中国迅速发展。在每一个旅游目的地随处可见诸如家庭旅馆、乡村旅店、小餐厅、酒吧之类的旅游小企业。在某些旅游目的地，旅游小企业的集聚甚至成功地发展为一种独特的旅游吸引物，极大地提高了目的地的知名度。尽管旅游小企业与目的地发展的关系日趋紧密，但是同其他发展中国家相类似，在中国旅游小企业研究还是一个全新的课题。为此，论文以阳朔西街为案例，对旅游小企业的发展历程，发展特征和对目的地发展的影响进行了研究。总结全文，论文的主要研究成果如下。

中国旅游小企业的出现与发展完全是对市场需求的一种自发的行为。游客的行为特征及其需求促使了旅游小企业的产生和发展，而企业的集聚所产生的集聚效应则加剧了旅游小企业的发展。

以阳朔西街为代表的中国旅游小企业的特征表现为：企业以微小型旅游企业为主，在经营上多采取家庭经营的方式；企业类型以商品销售类企业和住宿类企业为主，不同类型企业在布局上呈组团式分布；企业从业门槛低，从业人员构成以当地人和女性为主，流动频繁；企业顾客以海外游客，自助游客为主；企业的经营表现出一定的脆弱性，抗风险的能力差，但同时又具有经营灵活性的特点。

与海外的旅游小企业相比，中国的旅游小企业在从业人员结构、企业经营等方面都表现出与国外旅游小企业的相同的特征；只是由于目的地社会经济水平的差异，文化背景的差异以及游客类型的差异，中外旅游小企业在诸如企业的类型构成，企业主的经营理念，以及企业的经营方式方面有所不同。

旅游小企业对于目的地经济发展有着重要的促进作用。旅游小企业在帮助当地人、妇女和就业困难人群就业，提高中低收入家庭生活水平方面发挥了重大作用，有利于从根本上解决农村和城市贫困问题。

通过对旅游小企业进行的资金流向分析，说明了旅游小企业对于目的地其他产业，特别是对于目的地的流通业和农业具有一定的带动作用。并且通过这种带动作用会产生旅游目的地的间接就业增加，间接收入增加及间接税收增加等一系列的间接效应和诱导效应。

以西街为案例的研究表明，旅游小企业的存在直接促进了或加速了社区的社会文化变迁；且旅游小企业的集聚提高了城市的知名度，对城市的建设具有一定的示范效应，对城市发展有一定的引导作用。

与大型旅游企业相比，旅游小企业在帮助目的地当地居民、女性、就业困难人群就业、人员培训、对本地其他产业的带动作用以及社会文化变迁方面发挥的作用更大。

由于旅游小企业存在明显的经营弱点，因此旅游小企业的发展必须采取政府与企业联合发展的策略。一方面政府在政策、资金、技术等方面给予小企业一定的援助，与小企业结成合作伙伴关系；另一方面，在政府指导下，旅游小企业通过组建行业协会，进行企业自律、企业协调和企业培训，以同行合作的方式提高企业的竞争力。

学者肖与威廉斯曾指出，"旅游小企业研究的本质在于，无论是在发展中国家，还是在发达国家，在一定范围内，旅游小企业充分体现了旅游业对产业的带动作用，并成为目的地发展的关键力量"(Shaw & Williams，1991)。而论文通过对阳朔西街的案例研究，则再一次得出了旅游小企业对于目的地的发展具有积极影响的研究结论。

这一结论对于中国未来旅游业的发展，特别是西部旅游业的发展具有重要意义。西部地区是我国 21 世纪旅游业发展潜力所在。但是与旅游业发达的东部地区相比，西部地区深处内陆，经济文化相对落后，在资金、信息传递、基础设施建设、人力资源等方面都表现出严重的匮乏(陈天荣，2001)。因此要在短时间内，在西部发展各类大型旅游企业是不太现实的，旅游小企业由于具有投资小、门槛低、经营灵活的特点以及对目的地发展的积极影响，将在西部旅游业的发展中发挥重要作用，而丽江、阳朔等旅游目的地旅游小企业的成功发展，更是为在西部大力发展旅游小企业提供了可行性和成功的范例。

(二) 讨论

论文以阳朔西街为案例的旅游小企业发展与影响研究只是关于中国旅游小企业发展研究的一项基础性的研究，仅仅是中国旅游小企业研究的一个开端。在未来的旅游小企业研究中，将继续以探讨中国旅游小企业与旅游目的地的发展的关系作为研究核心。未来将重点展开以下几方面的研究。

首先，针对现有研究中的种种不足和缺陷，对现有研究中的一些问题进行深入地分析。例如，不同规模的旅游企业对目的地发展影响的对比研究。现有研究在对这一问题的分析上以描述性的论述为主，在进一步研究中若能采用具体的数据进行定量的对比分析，进而证明旅游小企业在促进目的地发展中所具有的比较优势应该更具有可信度和科学性。又如大中型旅游企业进入目的地后对旅游小企业发展的影响，这一研究是旅游小企业发展研究的重要内容。但是受时间的限制，论文没有就这一方面的内容进行专门调查和展开研究，因此在未来可以对这一问题展开具体研究。

其次，从案例地的选择来分析，阳朔是中国旅游小企业发达地区，因此其研究具有典型意义,但是这并不意味着阳朔旅游小企业就是中国旅游小企业发展的全部代表。由于阳朔的游客以海外游客和自助游客为主,因此各种类型的旅游小企业的发展都比较充分。这种发展状况与丽江、大理等旅游目的地具有相似性。但是从目前中国旅游业实际发展情况分析,还有相当一部分旅游目的地是以国内游客和团队游客为主。在这类地区,旅游小企业的发展情况显然与阳朔的旅游小企业有所区别。因此,在未来研究中将位于这类旅游目的地的旅游小企业的发展情况进行关注。通过对这两种类型旅游目的地的旅游小企业发展研究,才能从中总结出中国旅游小企业发展概况。

此外,从国际旅游小企业研究的发展方向分析,未来旅游小企业研究的重点内容还包括:对旅游小企业的经营过程的剖析,旅游小企业间的竞争与合作研究,企业与企业主的背景研究,以及通过模型或数量分析的方法对旅游小企业对目的地发展的影响研究等内容。

参 考 文 献

[1] ATLAS. 2004. http://www.atlas-euro.org/.

[2] Benson Hong. 1997. What determines success? Examining the human, financial, and social capital of Jamaican Micro-entrepreneurs. *Journal of Business Venturing*, No. 13, pp. 371-394.

[3] Boissevain, J. 1997. Small European entrepreneurs. In M. Rutten & C. Upadhya (Eds.). *Small business entrepreneurs in Asia and European. Towards a comparative perspectiv*. New Delhi/Thous and Oaks/London: Sage Publications, pp. 301-324.

[4] Brain Archer & John Fletcher. 1996. The economic impact of tourism in the Seychelles. *Annals of Tourism Research*, Vol. 23, No. 1, pp. 32-47.

[5] Brohman, J. 1996. New directions on tourism for Third World development. *Annals of Tourism Research*, Vol. 23, No. 1, pp. 48-70.

[6] Carland, J. F., Boulton, W. & Carland, J. C. 1984. Differentiating entrepreneurs from small business owners. *Academy of Management Reviews*, no. 9, pp. 354-359.

[7] Claudio A. Romano. 1999. Capital structure decision marking: a model for family business. *Journal of Business Venturing*, No. 16, pp. 285-310.

[8] Cukier-snow, J. & Wall, G. 1993. Tourism employment: Perspective from Bali. *Tourism Management*, Vol. 14, No. 3, pp. 195-203.

[9] Curran, J. & Storey, D. (Eds.). 1993. *Small firms in urban and rural locations*. London: Routledge.

[10] Dexter J L Choy. 1995. The quality of tourism employment. *Tourism Management*, Vol. 16, No. 2, pp. 129-137.

[11] Echtner, C. M. 1995. Entrepreneurial training in developing countriws. *Annals of Tourism Research*, Vol. 22, No. 1, pp. 119-134.

[12] Goffee, R. & Scase, R. 1983. Class entrepreneurship and the service sector: towards a conceptual clarification. *Service Industries Journal*, No. 3, pp. 146-160.

[13] H. Dahles & Karin Bras. (Eds.). 1999. *Tourism and small entrepreneurs: development, national policy, and entrepreneurial culture: Indonesian cases*. New York: Cognizant Communication Corporation.

[14] Harrison, R. & C. Leitch. 1996. Whatever you hit call the target: An alterative approach to small business policy. In M. Dansen. (Ed.). *Small Firm Formation and Regional Economic Development*. London: Routledge, pp. 221-247.

[15] Harvey, D. 1989. *The conditional of post-modernity: An enquiry into the origins of cultural change*. Oxford: Basil Blackwell.

[16] Jafari, J. 1989. Socio-cultural dimension of tourism. An English language literature review. In J. Bustrzanowski (Ed.). *Tourism as a factor of change: A socio-cultural study*. Vienna: Economic Coordination Centre for Research and Document in Social Sciemce, pp. 17-60.

[17] Kontogeorgopoulos, N. 1998. Accommodation employment patterns and opportunities. *Tourism Management*, No. 2, pp. 314-339.

[18] Mark P. Hampton. 1998. Backpacker tourism and economic development. *Annals of Tourism Research*, Vol. 25, No. 3, pp. 639-660.

[19] Miri Lerner & Sigal Haber. 2000. Performance factors of small tourism ventures: the interface of tourism, entrepreneurship and the environment. *Journal of Business Venturing*, No. 16, pp. 77-100.

[20] Rhodri Thomas, Martin Friel, Stephanie Jameson & David Parsons. 1997. *The National Survey of small Tourism and hospitality firms: annual report* 1996-97. Centre for the Study of Small Tourism and Hospitality Firms, Leeds Metropolitan Uniiversity.

[21] Rhodri Thomas. 2000. Small firms in the tourism industry: some conceptual issues. *International Journal of tourism research*, pp. 345-353.

[22] Robert Madrigal. 1995. Residents' perceptions and the role of government. *Annals of Tourism Research*, Vol. 22, No. 1, pp. 86-102.

[23] Rodenburg, E. 1980. The effects of scale in economic development: Tourism in Bali. *Annals of Tourism Research*, Vol. 7, No. 2, pp. 231-244.

[24] R. Sharpley. 1994. *Tourism, Tourists and Society*. London: UK.

[25] S. Britton. 1989. Tourism dependency and development-a model of analysis. In sight Tej Vir, H. L. Theuns & F. M. Go(Eds.). *Towards appropriate tourism: The case of developing countries*. Frankfurt: Peter Lang Verlag, pp. 93-116.

[26] Shaw, G. & Williams, A. M. 1989. Form tourist to tourism entrepreneur, form consumption to production: evidence from Cornwall. *England Environment and Planning*. No. 21, pp. 1639-1653.

[27] Shaw, G. & Williams, A. M. 1994. *Critical issue in tourism: A geographical perspective*. Oxford/Cambridge: Blackwell.

[28] Shaw, G. & Williams, A. M. 1991. Tourism and development. In D. Pinder(Ed.). *Western Europe: Challenge an change*. London: Belhaven Press, pp. 32-38.

[29] S. J. Page, P. Forer &. G. R. Lawton. 1999. Small business development and tourism: Terra incognita? *Tourism Management*, No. 20, pp. 435-459.

[30] Stephen R. C. Wanhill. 2000. Small and Medium tourism enterprises, *Annals of Tourism Research*, Vol. 27, No. 1, pp. 133-147.

[31] Sue Becton & Brian Gratez. 2001. Small Business≠Small Minded? Training Attitudes and Needs of the Tourism and Hospitality Industry. *International Journal of Tourism Research*, No. 2, pp. 105-113.

[32] Theo Kamsma & Karin Bras. Gili Trawangan. 1999. Local entrepreneurship in tourism under pressure. In H. Dahles & Karin Bras. (Eds.). *Tourism and small entrepreneurs: development, national policy, and entrepreneurial culture: Indonesian cases*. New York: Cognizant Communication Corporation, pp. 67-78.

[33] Tom Ericsson. 2001. Women, family, and small business in late nineteenth century Sweden. *History of the Family*, No. 6, pp. 225-239.

[34] Upadhya, C. & Rutten, M. 1997. *In search of a comparative framework: Small-scale entrepreneurs in Asia and Europe-Towards a comparative perspective*. New Delhi// London: Sage Publications, pp. 13-46.

[35] Van Schaardenburgh. 1995. The role of small entrepreneurs in the development of sustainable tourism in Costa Rica. In H. Dahles (Ed.). *Tourism, small entrepreneurs, and sustainable development, Case from developing countries*. Tilburg: ATLAS, pp. 35-48.

[36] Wall, G. & Long, V. 1996. Balinese homestays: An indigenous response to tourism opportunities. In R. Butler & T. Hinch (Eds.). *Tourism and indigenous people*. London: International Thomson Business Press, pp. 27-48.

[37] 保继刚、苏晓波："历史城镇的旅游商业化研究"，《地理学报》，2004 年第 3 期。

[38] 保继刚、楚义芳：《旅游地理学》，高等教育出版社，2000 年。

[39] 陈乃醒：《中国中小企业发展与预测》，民主与建设出版社，2000 年。

[40] 陈天荣："西部旅游产业化发展的几个新理念"，《旅游学刊》，2001 年第 3 期。

[41] 戴凡、保继刚："旅游社会影响研究——以大理古城居民学英语态度为例"，《人文地理》，1996 年第 2 期。

[42] 邓晓强：《阳朔天上人间旅游乡》，广西美术出版社，2000 年。

[43] 风笑天：《现代社会调查方法》(第二版)，华中科技大学出版社，2001 年。

[44] 桂林市投资咨询公司、桂林市建筑设计研究院、桂林市城市规划设计研究院："广西桂林市阳朔西街保护性改造治

理项目可行性研究报告”,1999年。
[45] 黄曼彗、黄燕:“产业集聚理论研究述评”,《汕头大学学报》(人文社会科学版),2003年第1期。
[46] 李丽梅:“基于旅游者—目的地相互作用的旅游者行为研究——以阳朔海外旅游者为例”,中山大学硕士论文,2003年。
[47] 李祝舜、蒋艳:“欠发达旅游地社会文化变迁与社会心理现代化”,《北京第二外国语学院学报》,2003年第5期。
[48] 刘斌、朱广忠:“政策评价的整体分析方法”,《理论前沿》,1997年第8期。
[49] 刘彦随:“城市土地区位与土地收益相关分析”,《陕西师大学报》(自然科学版),1995年。
[50] 罗明义:《旅游经济分析——理论 方法 案例》,云南大学出版社,2002年。
[51] 宁士敏:《中国旅游消费研究》,北京大学出版社,2003年。
[52] 邱泽奇:“没有爆发的危机——中国当前失业人口结构与社会稳定”,《云南大学学报》(社会科学版),2003年第5期。
[53] 舒萍:“我国中小企业概念的界定原则”,《南开经济研究》,1998年第4期。
[54] 司马云杰:《文化社会学》,山东人民出版社,1990年。
[55] 宋林飞:《社会调查研究》,上海人民出版社,2002年。
[56] 田穗文:“阳朔旅游文化中的英语世界”,《经济与社会发展》,2003年第8期。
[57] 王咏:《阳朔西街》,漓江出版社,2004年。
[58] 杨继瑞:“地价上涨机制探析”,《经济研究》,1994年第5期。
[59] 阳建强:“城市的发展与衰退”,《城市规划》,1996年第5期。
[60] 张广瑞译,威廉·瑟厄波德主编:《全球旅游新论》,中国旅游出版社,2000年。
[61] 张厚义、明立志、梁传运:《中国私营企业发展报告》No.3(2001),社会科学文献出版社,2002年。
[62] 张文:“审视阳朔旅游的发展:社会文化影响的调查与比较”,《旅游学刊》,2003年第5期。
[63] 周有桂:“游山水风光、赏田园美景、住农家旅馆、玩乡村雅趣、探溶洞奇观——阳朔县民居旅游发展情况的调查”,《计划与市场探索》,2002年第2期。

城市衰落、城市更新与城市游憩

——以广州旧城城市游憩商业区为例

甘萌雨①

一、选题背景和意义

改革开放二十多年来，随着对外开放层次的深化，特别在中国加入 WTO 之后，更显示出全境开放的局面。20 年前，仅有少数城市和地区对入境游客开放，城市在中国旅游业发展的初期就站到了前沿，具有举足轻重的地位。仅广州、北京、上海三大城市，1982 年入境游客接待量占到全国总数的 41.37%，三大城市作为中国国家级旅游中心城市，在游客集散、旅游组织与服务等方面构成我国旅游业的支柱。可以认为，中国旅游业的发展与中国城市旅游业的发展是密不可分的。

世界上一些主要的城市已经成为最主要的旅游目的地和城市游憩地，如巴黎、罗马、纽约、华盛顿、东京等。国内也出现类似的情况，以广东为例，目前广州、深圳、珠海三个城市的旅游外汇收入就占了全省的 82%，城市居民的出游水平也较高。城市游憩的发展状况对我国城市的发展和旅游业的发展都有至关重要的影响。因此，对城市游憩进行研究已是现今一个重要的挑战性课题。

我国城市发展也进入了新的发展阶段，在旧城改造和城市化的实践中出现了一系列的问题，要求进行城市更新。城市更新不仅仅是为更新衰败地区面貌进行建筑拆建，而是进行社会救助。对建筑环境进行更新不是单纯地从物质到物质或从经济到物质，而是从社会和文化的高度重新诠释城市的物质环境；不仅仅注重城市物质形态的变化，更加注重所产生的城市社会效应。在这个意义上而言，城市旅游和城市更新殊途同归。在后工业时代，城市的商务、零售、游憩、娱乐功能日益突出，重视创造良好的人居环境，保持传统的历史文脉和浓郁的文化氛围成为城市更新的焦点和地区发展的潜力所在。

---

① 甘萌雨(1976～)，女，福建福州人，福建师范大学地理科学学院/旅游学院副教授、博士后，主要从事城市与旅游开发方面的研究，E-mail：cnsense@126.com。

此外，在城市更新过程中，城市景观面貌破旧，历史风貌和景观特色的丧失有所加重，城市的产业面临结构调整与重组，以游憩业为代表的第三产业成为城市发展的新兴动力。城市游憩作为一个重要要素与动力，积极参与城市更新，并兼顾城市的历史和现状，寻求城市的发展特性。

然而，这方面的相关研究较少。因此，在这样的现实背景下，对城市衰落、城市更新与城市游憩的研究不仅必要，而且紧迫。

二、研究进展

(一)城市旅游与城市游憩研究

目前国外城市旅游研究集中在城市旅游的需求、供给，城市旅游的经济、社会文化和环境的影响，城市旅游规划与管理，以及旅游地的市场营销等领域，研究的领域已经扩展到多学科的综合研究。

皮尔斯(Pearce, 2001)通过回顾1990年以来有关城市旅游的相关研究文献，总结了城市旅游研究的框架体系。其框架体系以尺度(地点、地区、城市、国家、国际)作为矩阵的纵轴，以主题(需求、供给、发展、营销、规划、组织、操作和影响估计)作为横轴，并强调每个单元格之间纵向和横向之间的联系。皮尔斯总结出的这一套框架体系，为城市旅游研究提供了一套极具参考价值的概念体系。

游憩作为城市的一项重要功能，在国外在城市研究的早期就已经被提上理论和实践的议程，但城市游憩自身的研究进展较慢。著名学者Mitcheel早在20世纪60年代末就提出旅游地理学家对于城市过于忽略。城市不仅有许多重要问题需要调查研究，城市还是绝大多数游憩需求的根源地。他认为城市内部、城市之间以及城市与其腹地之间的旅行现象，是最值得研究的(Page,1995)。

然而，根据掌握的文献，到目前为止，国内外对于城市游憩的研究仍然不多，尤其是对于城市游憩结构与功能的系统而深入的理论分析和实证研究屈指可数。Edgar L. Jackson和Thomas L. Burton在其主编的*Understanding Leisure and Recreation—Mapping the Past, Charting the Future*中，收录了一系列的评论文章和文献综述，对于20世纪60年代中期到20世纪80年代后期的休闲和游憩研究进行了全面而翔实的综合评述，并对于以后的研究方向和研究主题进行了有益的探讨。由于长期依赖我国对于城市的游憩功能重视不够，对城市中的游憩设施使用的研究主要集中在城市旅游者身上，而对城市居民的游憩需求和行为关注不足，所以国内城市游憩比城市旅游的研究起步更晚，是近几年才出现的(古诗韵、保继刚,2002)。对城市游憩的研究主要集中在游憩者行为、游憩规划设计、游憩产业研究等方面。

城市游憩商业区(RBD)作为城市中一种新的功能区已逐渐成为城市新的空间要素,为旅游者、本地及周边地区的居民提供了旅游、休闲、娱乐、购物等功能,并成为城市旅游系统的重要组成部分。

对于 RBD 的研究,国内外相关文献很少。大多数旅游度假地的设施建设都相对集中在一个区域内,并逐步发展起大量与旅游业相关的商业,成为当地一个重要的商业游憩综合地域,这种区域由 Stansfield 和 Rickert 在 1970 年首次以 RBD 的名称提出。国外学者把城市地理学的某些理论应用于旅游、游憩的研究中,较为成功地解释和描述了城市内与旅游业有关的商业聚集的现象,并运用生态学的方法,以 RBD 为焦点分析在多功能城市中旅游服务设施的供给。在国内,保继刚(1994)在探讨深圳华侨城城区发展模式时,首次在国内的城市与旅游研究中运用 RBD 的概念。专门对城市 RBD 进行的研究始于保继刚等人(1998)。保继刚等人还对广州城市游憩商业区进行跟踪研究和实证分析。此外,黄震方、侯国林(2001)在对大城市商业游憩区形成机制的研究中,初步把城市地理学的相关理论应用于城市游憩商业区的研究,建立了城市游憩商业区动力系统结构模型,分析了城市商业游憩区形成机制,并对大城市建立商业游憩区提出展望。陶伟、李丽梅(2003)通过苏州实证性的研究指出,城市游憩商业区在城市发展的整体态势下呈现为动态的发展图景,城市中游憩商业区的形态往往会突破单核的固定结构而表现为多核结构,整体上又往往呈现为链状、环状或网状形态等等,从而形成一个游憩商业区(SRBD)系统。俞晟、何善波(2003)通过城市 RBD 的空间表现形式、城市 RBD 的空间布局模式、城市 RBD 的空间分布规律三个方面来剖析城市游憩商业区的空间布局特征。

回顾城市旅游与城市游憩研究的发展历程,可以认为:20 世纪 80 年代的城市旅游研究大都只停留在具体城市的旅游案例分析阶段,比较分散、凌乱,缺乏对城市旅游基础理论的探讨。20 世纪 90 年代以来城市旅游与城市游憩的研究取得了长足的进展,成为城市学、地理学、经济学、社会学所关注的热点。

国外学者的研究贡献在于:①把城市地理学的某些理论应用于旅游、游憩的设施布局和地域发展演变的研究中;②对城市旅游和城市游憩的影响因素和演变结合案例研究,提出初步的框架体系;③运用景观生态学和多种技术的行为研究方法,研究城市游憩者的行为,并指导城市游憩的开发;④以 RBD 为研究对象,解释和描述游憩者的行为与城市游憩地空间布局和发展演变的关系。但国外研究更多进行城市游憩的实证性的研究,并没有对城市游憩进行系统的研究,包括它的结构、内涵、研究方法、指标技术等;关注更多的游憩供给和社区发展，少涉及游憩客源市场研究。对于RBD而言，对于RBD的研究经常包含在对城市游憩功能的分析研究之中，对RBD的理论研究还有争议。

总体上分析，国内外城市旅游的研究仍处在其发展的初期，国内城市游憩研究更是处在一个相对滞后的状态，并不能适应城市旅游与城市游憩发展的需要，研究领域仍需不断细化、研究方法仍需不断创新，有些方面虽已涉及，但有待深入。

(二) 城市衰落与城市更新研究

国外的城市发展表明，城市衰落多发生在城市中心区。城市中心区的衰落，严重影响了城市整体经济的发展，并引发大量社会问题的产生，经济萧条与社会混乱。同时，郊区化的趋势使得郊区购物中心的兴起，新城的建立也分散了城市中心的客流。以传统商业区为特征和核心的城市中心商业区遭到了强有力的竞争(The Urban Land Institute，1981)。城市中心交通拥挤、汽车噪声和污染严重，城市中心空间环境日益恶化，城市中心区随着郊区化的进程和自身环境的恶化走向衰落(吴明伟，1999)。

城市更新运动起源于20世纪50～60年代的欧美国家，与郊区化和城市中心区衰退密切相关。在郊区化造成城市中心区不断衰退之后，随着城市用地及人口规模的扩大，客观上要求中心区发挥相应的规模和集聚效应，即城市的“再城市化”过程，于是引发了城市更新运动。之后，随着各国和地区城市历史的推进，城市在结构和功能上出现一系列的衰退，即与对城市新的功能要求之间出现了巨大的差距，于是城市更新逐渐成为目前各国城市规划建设方面的重点，城市更新概念的内涵和外延拓展到环境改善、文化产业的发展和实现社区持续发展。与城市衰落相对应，城市更新发展关注物质和非物质层面的问题：①物质层面：保护历史性建筑、街道和城市空间结构，改善生活环境，增加方便生产生活的配套服务设施；②非物质层面：重视生活方式、邻里感、场所感和城市风貌的保存。

影响国外城市更新的理论主要有：从形体规划出发的城市改造思想；对大规模城市改造的多角度反思；在可持续思想影响下的新思考。国外城市更新的得失可以总结为：①由于缺乏理论上的认识，城市更新运动走过了一段弯路；②“人本主义”思想在社会经济生活中复萌；③开始重视城市更新的社会经济意义；④可持续发展思想成为社会共识；⑤城市更新的方式发生可喜变化，从大规模的以开发商为主导的剧烈的推倒重建方式，转向小规模的、分段的、主要由社区自己组织的谨慎渐进式改善(方可，2000；王佐，2002)。

国内城市衰落研究较少，主要有韩宇(1997)对美国中西部城市的衰落及其对策和中国“东北现象”的研究，认为我国近年来出现的“东北现象”与美国中西部20世纪50年代以来以制造业衰退为特征的“冰雪带”现象有很多相似之处。

与西方发达国家相比，我国的城市更新起步较晚，且有着自身的复杂性和特殊性(阳建强,1999)。建国后30年内,由于主要依靠国家投资,资金匮乏,我国城市更新改造速度缓慢,标准较低。管理方面条块分割,设施配套不全,城市结构未出现质的变化。改革开放以后,由于我国城市经济迅猛发展,城市建设速度大大加快,城市更新改造也以空前规模与速度展开,进入了一个新的历史阶段。城市更新的理论研究也随改革开放后我国旧城改造的实际展开,主要集中在国外理论与实践引介、旧城改造、历史街区保护等方面。

特别值得注意的是,吴良镛教授提出的"有机更新"理论,运用于北京菊儿胡同改造(1994),并在北京、苏州、济南等历史文化名城得到不同程度的进一步应用,对我国历史文化名城的保护与更新有重要的现实意义(方可,2000)。

关于城市衰落与城市更新的研究,国外因应城市与社会发展的变化,早在20世纪50～70年代就有大量的相关研究和实践,并积累了宝贵经验。而我国由于体制和城市发展的影响,改革开放之后才出现部分城市和城市部分地区的衰落,研究也主要是集中于资源型工业城市的衰落。在城市更新研究方面主要关注城市中心区的更新研究、历史街区的保护与改造。

国外学者的研究贡献在于:①根据城市衰落与城市更新的发展,理论研究已形成体系,实践上也积累了翔实的案例;②对城市衰落和城市更新的影响因素和演变机制进行了研究,物质形态和非物质形态的研究都有进展;③对城市衰落和城市更新的对策方法提供了一些可供借鉴的经验。国外的研究相比而言是比较成熟的领域,且理论总结与概念体系的探讨已使城市更新的研究迈上了一个新的台阶,对城市游憩在城市更新中的作用也有一定的阐述,由于资料所限,就收集到的资料来看,并无专文论述。

但由于国情和发展的阶段不同,我国的城市衰落和城市更新无论在动力机制、表现形式、影响因素和发展历程上都表现出与国外城市衰落和城市更新极为不同的特征。然而国内对城市衰落的研究少,更侧重对历史街区的保护和更新研究,即侧重物质形态方面的研究,对非物质形态,以及物质形态和非物质形态结合的研究关注较少。

三、研究方法

本文采用理论研究与实证研究相结合的研究方法。实践部分的方法从两个方面着手:①资料调查;②实地调查,问卷和访谈相结合。

行为研究调查方法:论文选取的行为主体包括: 经营者、游憩者、社区居民、专家学者。通过问卷和访谈相结合的方式进行调查。问卷的主体部分是有关游憩者行为和感知的调查，其他问卷仅用于辅助性分析．调查时间为2003年6～9月。

景观调查方法:采用现场调查和资料梳理相结合的方法。对本文研究的案例地:沿江西

RBD、上下九 RBD 和北京路 RBD 三大案例地进行现场调查。调研了政府部门、规划部门的相关资料和规划，对案例地资料进行梳理。调查时间为 2003 年 7～9 月，并于 2003 年 12 月进行补点调查。

1. 理论和个案相结合。本文从理论出发，通过对城市衰落和城市更新的研究综述，确定研究对象范畴，再以广州市沿江西 RBD、上下九 RBD 和北京路 RBD 为个案，分析其衰落和更新的表现与机制，城市游憩在城市更新中的作用，使实证研究与理论研究相结合。

2. 宏观和微观相结合。本文不仅从宏观角度研究国内外城市衰落与城市更新，得出的经验，还结合广州市和三大游憩商业区的实际，通过对物质形态和非物质形态层面，通过对游憩商业区需求、供给和政策三大子系统的研究，从微观层面分析和比较游憩商业区的发展机制。

3. 定性和定量相结合。通过一定量的问卷和统计数据来获得定量分析的数据基础，并考虑到数据获得的困难性和真实性，通过对旅游者、居民、商业从业人员和政府管理部门的有关人员深度访谈，获得定性的认识，把定量和定性结合起来。

4. 个案研究和比较研究相结合。对不同类型和相同类型不同区位的城市 RBD 进行比较研究，掌握 RBD 的空间竞争规律。

论文总体研究的技术线路见图 1。

四、研究介绍

在不同等级的城市内部，所提供的游憩机会和服务设施也有所不同。其中大城市设有较多的娱乐设施、博物馆、星级饭店、多种餐饮服务、铁路车站、机场等(除野信道，1985，转自吴必虎，2001)。因此，选择大城市进行城市游憩研究，对城市游憩体系研究有较强的研究意义。

由于旧城城市游憩商业区最能体现城市特色、历史文脉、城市更新之间的关系，也是城市规划和政策实施和引导的重要对象。因此，选择广州旧城城市游憩商业区(RBD)进行城市游憩在城市衰落与城市更新中的作用研究。研究区域选择沿江西 RBD、上下九 RBD、北京路 RBD，如图 2 所示。其中，沿江西 RBD 代表城市衰落地区，上下九 RBD 和北京路 RBD 代表城市更新地区。

上下九和北京路 RBD 是广州传统的旧城游憩商业区，在更新中不断发展，商业和游憩紧密结合，步行街系统完善，在发挥各自特色的基础上，形成广州城市游憩商业区不断发展的典型案例，也是城市游憩作用于城市更新的正面案例。

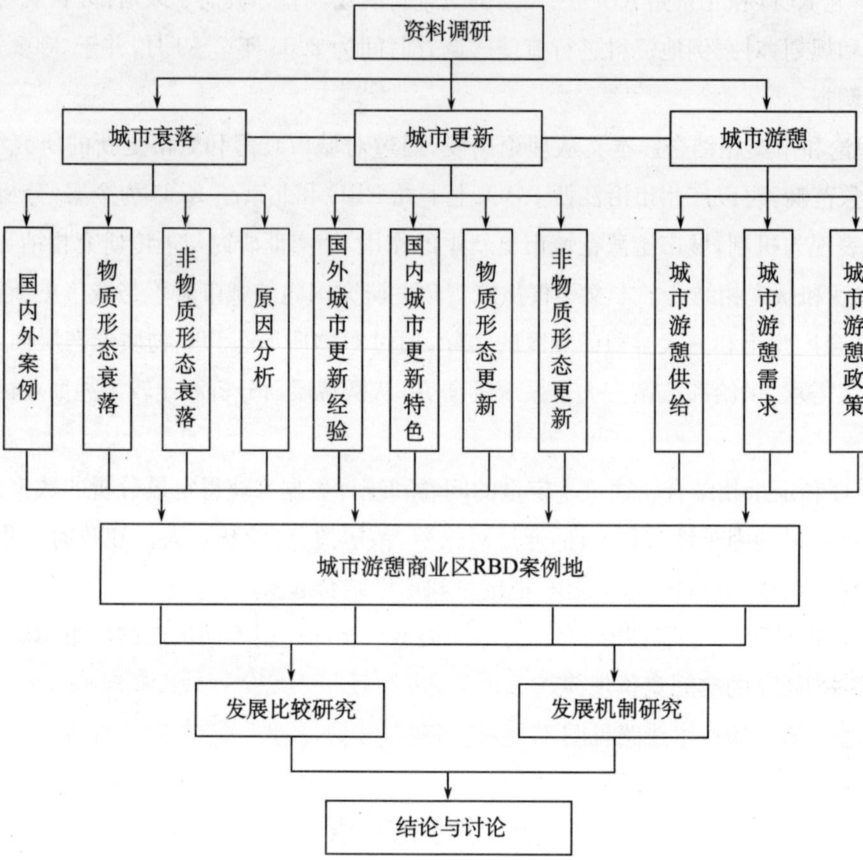

图1 总体技术线路

(一)广州旧城城市衰落研究

1. 城市衰落现象

目前,广州旧城区部分地段整体呈现致密的旧城肌理,物质环境陈旧衰败,加建和搭建的现象也较为突出,建筑密度较高,使得环境更为拥挤,卫生条件也亟待改善。具体表现为以下五个方面。① 广州旧城区部分地段比较陈旧破败,地面肮脏不堪,尤其是雨天,地面积水严重,行走不便。② 广州旧城部分商业街("内街")人流车流异常拥挤,街面混乱,各种小商小贩遍地,假冒伪劣掺杂,噪音不断,治安状况并不良好,也要求进行环境整治,改善治安。③ 广州旧城中心区土地开发强度大,人口密集,人流、车流量大,现有的窄街横巷、停车场地很难满足车辆行驶、停放的需要。有不少商业街货运量大,运输车辆多,进出又受到时间、线路限制,停车场地缺乏,交通压力非常大,交通问题突出。④ 消防问题突出。广州旧城区部分地段售卖、仓储、居住三者合一,建筑年代久远失修,存在较大的消防隐患。⑤ 道路的改

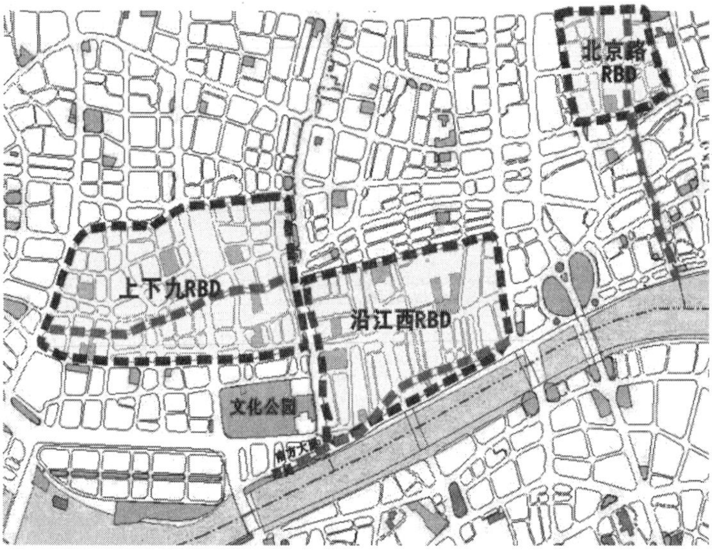

图 2　研究区域

造建设对旧城区部分地段的发展带来了消极影响。如人民路高架桥的建设，对人民路的商业是一个很大的打击。北京路的整治改造使得部分老字号商业网点受到影响。

2. 案例研究——沿江西 RBD 的城市衰落

沿江西 RBD 作为广州传统商业中心，曾引领了近一个世纪的消费潮流。昔日的长堤，更有十里洋场的盛名，至今仍然保存了大量重要历史建筑和历史风貌地段。例如爱群大厦、石室等都是广州地区著名的历史建筑，长堤路、一德路、人民南等路段的骑楼建筑是广州较早建设、较为气魄、较为集中且大体保存完好的区域。

依据现状调查和评定，沿江西 RBD 主要存在土地使用混乱、建筑老化、基础设施缺乏、交通拥挤不畅、历史特色消退等问题，交织存在着地区结构和功能衰退和物质性老化。

(1) 物质形态

物质环境的衰败是沿江西 RBD 目前面临的问题之一。由于身处旧城区，沿江西 RBD 整体呈现致密的旧城肌理，建筑大多数为低层，这与曲折有致的街巷格局一道形成了这一地段的特色，总体上仍然保留着历史的痕迹。

关于建筑物老化问题。沿江西 RBD 多数地段整体呈现致密的旧城肌理，物质环境陈旧衰败，加建和搭建的现象也较为突出，建筑密度较高，使得环境更为拥挤，卫生条件也亟待改善。

沿街部分地段的骑楼界面被后期的建筑所隔断而不再连续，过于陈旧的立面也需要加以整饰以更好的体现其历史价值和风貌。在内街混杂着砖混、框架和砖木结构的建筑，由于加建和搭建的现象较为突出，使得环境更为拥挤，卫生条件也亟待改善。沿江西 RBD 内的建筑物以 20 世纪 80 年代以前的居多，20 世纪 80 年代以后较少，属越秀区的旧城风貌区，现状建筑结构类型以砖木和砖混结构为主。

关于建筑物产权不清问题。根据对沿江西 RBD 现状建筑的调查，沿街商业铺面居多，自有少、租用多，存在二次转租现象，商铺性质私营国营兼有，除了部分传统或较大铺面，以私营为主。

沿江西 RBD 现状房屋产权关系较为复杂，用地性质有公房（分系统房和直管房）、私房（分自有住房和侨房）、教会用房等，给文物的保护利用和旧城改造增加了不小的难度。其中公共用房约占 40%，单位宿舍占 20%，私人住宅占 40%。

关于骑楼文化的衰落。商业骑楼建筑是 20 世纪初广州和岭南地区的临街商业楼房的一种建筑形式。沿江西 RBD 一带的骑楼为广州初期骑楼建筑中的佼佼者。爱群大厦、圣心大教堂等重要文物和富有特色的骑楼建筑需要修缮整饰，其周边缺乏与其保护和发展相适应的空间环境，未能充分发掘出固有的历史文化内涵使其升华为沿江西 RBD 的标志性景观，同时缺乏与滨江游憩岸线必要的空间联系。同时，根据本文对沿江西 RBD 所作的问卷调查，人们对骑楼的感知普遍下降，仅有 32.4%的人了解骑楼建筑，67.6%的受访者选择不了解。在对当地居民和业主的访谈也证明了这一点。生活和使用沿江西 RBD 骑楼建筑的人对骑楼本身的不了解，直接导致了骑楼文化的衰落。

历史特色尚待挖掘。沿江西 RBD 拥有众多的历史文物保护单位，有丰厚的文化底蕴，但沿江西 RBD 的历史文化旅游资源未被很好地利用和开发。沿江西 RBD 曾是广州大店、老店、名店和特色商店集中之地。其中许多老店，知名度高，在国内外商人和消费者中印象较深，这些名店老店的商业品牌和商业信用是无价之宝，也是城市文化和特色的历史载体，是构筑城市特色历史街区不可或缺的重要条件。但近年来，由于种种原因，沿江西 RBD 的老字号呈现经营不善的衰落现象。

绿地与开放空间少，景观质量总体不高。沿江西 RBD 物质环境衰落，建筑质量陈旧、密度高，缺乏足够的绿化，未能为市民提供必要的开敞活动空间。市政配套设施不足，停车场地不能满足需要。旧城传统的空间肌理和格局在大规模的城市更新中未能得到有效的尊重，新建的大体量建筑和大面积用地对原来致密低矮的旧城风貌，便利的人行交通网络和人性化的空间尺度都造成了破坏。除沿江路珠江岸大型沿江开放空间之外，开放空间的数量少。

沿江西 RBD 范围内绿化总体水平低。作为拥有丰富历史文化遗存的近代繁华闹市，沿江西 RBD 显得杂乱无序，部分地方更显得凋敝破败。沿江路一带紧靠珠江，景观质量较好，但是观赏珠江景观缺少主题，景观单调，沿江路机动交通流量饱和，使得水面和人缺乏对话。

长堤大马路商业萎缩严重，人气低迷。除儿童图书馆和爱群大厦两端外，景观质量较差。长堤大马路、一德路、圣心教堂夜景景观差，沿江路夜景景观质量较高。

当地居民对沿江西 RBD 的景观环境普遍表示不满，人民路高架桥的修建破坏了当地游憩购物和居住的社区肌理，给当地居民生活带来极大不便。

商业与居住混杂，消防隐患突出。沿江西 RBD 的商铺大多利用沿街陈旧的民居作为经营场所，因而消防安全问题一直没有得到很好的解决。在商业用地中，大多数零售面积集中在沿街建筑的首层，但商业所必不可少的仓储空间和停车场地在该地段十分缺乏，以至于现在许多店铺仓铺合一，或租用当地街巷中的民宅转作仓储。很多本地居民将自宅出租作为仓库，因此居住用地往往呈现多功能混杂的状态——垂直空间中由下至上的功能分布通常为商业、仓储到居住；水平空间则是商业、仓储和居住多元杂处。停车用地的不足也严重地影响了该地段贸易活动的正常开展，造成了高层建筑地下停车场车满为患，同时大量路面为各种货车和人力推车所占用。

(2) 非物质形态

商业功能趋向衰落 。随着市场经济体系的逐步完善以及城市建设的发展、市民生活水平的不断提高，沿江西 RBD 的商业功能逐渐衰落，以临近的南方大厦表现最有代表性。

南方大厦是家老牌知名百货企业，20 世纪 50～90 年代前期，曾被誉为“南国商业鲜花”。90 年代中，南方大厦开始步入巅峰。1994 年，年销售总额 13.13 亿元，位居全国同行第六位；1995 年年销售总额 16.05 亿元，比 1994 年增长 24.39%，位居全国同行第三位。然而，到 90 年代末，经营状况每况愈下，连年亏损，销售总额下滑至 6 亿多元。在全国同行的排位中，被无情地挤出了十强之外。目前其定位、经营档次、发展规模等明显无法适应城市建设的要求和满足市场发展的需要。

人口构成存在偏老龄化的问题。沿江西 RBD 内人口密度为 81 886 人/平方公里，显著高于广州市的人口密度(726 人/平方公里)，也高于所属的越秀区的人口密度 49 586 人/平方公里(越秀区人口密度为全市各区之首)，是广州市的传统老城区，人口分布非常密集。

沿江西 RBD 地区内部仍然是以居住为主的传统老城区。随着私房的房主迁往新区，中青年层次的居民减少，剩下居民中老年人所占比例较大。当地中青年人多从事批发零售生意及服务业。原先的居民大多另谋生路以后迁到城市新区居住，把祖屋出租给小商贩或做仓储用房，取得租金作为经济来源的一部分。剩下一部分原住民由于经济、就业等原因无力迁出，以中老年阶层为主。他们从事零售、街区服务业或领取退休金为生。由于沿江西 RBD 地区年龄结构较为稳定，因此家庭结构也属于传统类型，约 2/3 的家庭为三代同堂，一般规模为一个三口之家加上 1～2 个老人。

随着人们收入的提高和对生活质量的追求，这种缺乏小区环境的住房对中高收入阶层市民失去吸引力。中高收入居民的迁出，直接减少了对沿江西 RBD 服务的需求，减少了投资和纳税来源，财富外流。

投资不断减少。由于旧城改造成本高、费用大、风险因素多，房地产发展商一般不会轻易卷入旧城改造的麻烦之中，造成沿江西 RBD 外来投资力度小，主要靠政府扶持，如一德路特色商业街的改造。从广州中心城区的房地产开发投资额中也可发现，老城区的房地产投资额都比较小，而越秀区最小，而且还有减少的趋势。这说明老城区的土地已经利用得十分完全，无法进行大规模的房地产开发，区域发展以内部提升和优化整合为主；另外也显示出城市居民外迁的形势。

3. 地区衰退原因剖析

沿江西 RBD 内的长堤大马路、西濠二马路等传统商业街，因为受到新兴商业网点的竞争而日见萧条。究其原因，一方面是由于随时间的流逝而自然老化，另一方面则是由于深层的经济社会原因和外部环境变迁所致。

(1) 区位条件与外部环境的变化，导致人气流失

沿江 RBD 在老城区中具有良好的区位优势。但随着城市规模扩大，以及新区的形成，城市中心布局亦相应发生变化，造成商业分流。广州各区大型现代化商场的建设，使原来必进沿江路地区购物的人流无须进入该区就可满足购物要求，致使该区作为全市性商业中心的地位和作用发生变化。

(2) 群众消费观念与方式的改变，高档消费群体的转移

随着时代发展，群众的消费观念和消费方式在不断变化，本地段消费力锐减：近年来，该地区的许多拆迁户已搬到其他区，加上年轻人结婚时纷纷迁去新城区，留守的多是消费能力较低的老人。许多新的消费点建成，新的时尚消费中心(商业街区)崛起，吸引了大量消费者。因此，以长堤为中心的传统商业中心，逐渐失去了吸引力。另外，周边一批高档住宅区的崛起，使沿江西 RBD 逐渐失去了高收入阶层，区域的消费档次因此受影响而逐步下降。消费结构由“高贵”走向“平民化”，街区失去昔日的风采。

(3) 传统商业优势在减弱

沿江西 RBD 曾是全市大店、老店、名店和特色商店集中之地，并能提供别处所无法提供的商品和服务。在群众心目中地位很高，也是国内外游客必到之地。随着社会发展，消费者的需求观念发生了变化，传统商业经营项目已难以吸引新一代消费者，一些商家转向经营档次不高的商品，导致“名店不名、特色不特”，“名、特、优”特色逐步丧失。

近年随着经济的发展，商店用房在改造，门面不断整修。但大多数装修形式与传统风格不协调，尤其是一些建筑的外立面和广告牌明显与传统风格对撞，历史和文化街区特色被冲淡。

(4) 游憩休闲与商业功能的分离

目前,沿江西 RBD 游憩休闲与商业功能分离现象突出。文化公园的门票年收入从历史最高峰的 712 万元跌至 229 万元。南方大厦百货商店的日客流量从历史最高峰的 22 万人次下降到不足 2 万人次①。沿江西 RBD 随着南方大厦等老牌商业网点的衰落,商铺减少,缺乏明星企业的带领。零售商铺及商品选择少,不成行成市,没有购物氛围和缺乏吸引力。购物者和游憩者分离,据问卷调查和访谈显示,在沿江西 RBD 的游憩者消费少,大部分游憩者只是休闲散步,在本地的消费低于 50 元。究其原因,沿江西 RBD 内目前缺少娱乐设施,饮食服务设施,如大茶楼尤其是大三元酒家的关闭对此影响很大。

(5) 水陆交通优势的丧失

长堤路段自 20 世纪 30 年代开始就是码头集中地,是广州的货运和客运中转枢纽。现在越秀区很多专业街就是依靠水运枢纽发展起来的,人流、物流集中于长堤,造就了长堤的繁荣兴盛。但是,随着运输手段的进步,水运已经渐渐被陆上、航空运输所替代,尤其是高速公路的兴起及珠江沿岸众多桥梁的建成,广州码头向东向南迁移,使长堤一带的水运优势基本消失,原有的水陆码头功能已完成历史使命,从而丧失汇集人流物流的功能。与此同时,沿江西 RBD 的交通并没有得到相应的发展,在广州原有的几大商业中心中,沿江西 RBD 是唯一未通地铁的商业区,阻碍了区域以外本市市民和外地游客前来消费。

90 年代以前,仁济路有一长途客运车站,是各县市到广州客流的集散地,这一重要的交通条件促进了本区购物、餐饮、旅游等的发展,随着长途车站的拆迁,客流的集聚功能亦消失。

(6)交通组织和环境治理不善

人民路高架桥的修建是沿江西 RBD 衰落最有争议的一点。从访谈得知,人民路高架桥的建设对该地区商铺影响很大,从景观而言,高架桥割裂了东西两侧的商业、人流、物流联系,对视觉景观构成较大压力。就环境而言,人民路为广州城市主干道之一,车流量大,尾气排放量大,扬尘多,严重干扰了沿街商铺的发展。

此外,沿江西 RBD 道路狭窄,停车场地严重缺乏。进出车辆的占道停靠,减少了道路通过能力,造成交通拥挤、可达性不强。与此同时,区域内部的绿化与开敞空间亦较为缺乏,难以满足现代商业区对高质量环境的要求。

长堤曾经是珠江水域最繁荣、最亮丽的一段。但是,珠江也曾经一度成为珠江两岸工厂和市民的“排污渠”而色如墨染、臭气熏天。虽然近年污染得以治理,但其“后遗症”也是沿江西 RBD 衰落的原因之一。

① http://news.sina.com.cn/c/2004-02-11/14022831390.shtml,政协委员四剂良药望重塑广州西堤昔日辉煌。

这些均表明该地区交织存在着结构性衰退、功能性衰退和物质性老化，而结构性衰退是其最主要和最关键的问题。此外，沿江西 RBD 地域狭小、人口密集，发展空间受限，开发建设零乱，整体性不强，也是造成该地区特色消失、繁华不在的原因。

(二) 广州旧城区城市更新研究

1. 广州旧城区城市更新的动力机制

(1)城市形态演变和城市成长规律的要求

随着改革开放的不断深化以及地区经济的不断发展，城市形态演变发展顺应城市经济主导方向的要求，从扩张向稳固、调整优化转变。城市形态演变与城市成长的自我规律向城市提出了新的结构要求。依照"东进西联、南拓北优"的空间发展，广州市的城市空间逐渐向南、向东扩展，并在天河区的天河北路和体育中心一带形成新的城市中心区，城市发展轴线也从原来的中山纪念堂—市政府—起义路—海珠广场逐步转移到天河中心商务区——珠江新城，大量的资金也投入到新城市中心区的建设中。同时，旧城区的环境、交通压力急剧增大，设施的不足和老化使得旧城区需要进行大量的更新改造工作。

(2) 城市功能提升的内在驱动

广州旧城区正处在功能转换的关键时期，城市更新迫在眉睫，是实现广州旧城区功能转换的必然选择。反过来，城市功能提升对城市土地利用方式提出了新的内在要求，是广州旧城区城市更新的内在驱动力。

为保证广州旧城区的发展，保证行政职能的正常发挥，营造"适宜创业发展和适宜居住生活"的城市环境，增强广州市的城市综合竞争力，广州旧城区必须重新整合功能空间，构筑合理的交通道路体系，实行物质性的、功能性的和结构性的全面更新。以便为城市产业升级、功能提升提供足够、合宜的空间，同时达到环境整治、提高居民生活水平的目标。

(3) 产业结构升级优化

城市产业结构升级转型的要求提供机会，并顺利实现城市土地功能置换。城市只有通过对旧城的道路交通、通信服务、能源供给以及城市环境的更新改造，才能适应城市经济高速发展的要求。从经济角度考虑，旧城改造工程拆迁建设，可以带动建筑业、建材业、服务业，刺激其他相关产业发展，促进消费。从产业结构调整来看，城市产业结构正从"二、三、一"模式向"三、二、一"模式转换，而作为城市中心区的旧城区已成为第三产业最为集中的黄金地段，适宜发展商务经济、会展经济、总部经济等新型经济业态，因而对广州旧城区的改造已成为城市更新的主要对象。

(4) 城市特色塑造、生活品质提升的时代要求

城市是兼有物质与精神要素的人类文明的成果，表面上看是一种具体的物质形态，但更重要的是一种文化现象。仅仅建几个历史建筑博物馆或对文物古迹单独保存的做法已不能满足现代城市建设的要求，对城市历史文化的保护和特色的塑造已经从建筑和规划的范围扩展到涉及经济、社会、环境、生态等众多领域的更大范畴。

(5) 城市居民生活方式提升的要求和城市游憩需求的增长

随着广州城市经济的发展，人们的生活方式也发生了变化，城市居民生活的改善要求城市更新适应人们新的生活需求，从基本的生活消费转向服务消费，对休闲游憩、体育运动、旅游观光和娱乐活动的需求在不断增加，这些需求极大地推动了广州城市更新的深化。

2. 广州旧城区城市更新的实践

广州城市发展在 20 世纪 80 年代以前仍然主要在原中心区发展，80 年代以后旧城改造与新区建设并举，进入 21 世纪后广州城市发展战略有了重大的调整，为广州城市空间的拓展与城市持续发展提供了新的契机。

(1) 物质形态更新

合理调整各项建设用地，优化土地资源配置 。旧城区是广州的城市综合中心区，其改造和建设应充分体现城市的政治、经济、文化和外交中心的功能，严格限制工业用地，疏散交通源，对有污染和交通运输量大的工业企业分期逐步外迁，保护城市环境和城市风貌。

改造危房及烂尾楼。危房和烂尾楼极大地影响城市景观风貌，是广州城市更新物质形态改造的重点对象。广州城市更新提出以政府为主导，实施危房改造工程。2004 年前，将基本完成越秀、东山、荔湾、海珠四个老城区 18.8 万平方米已纳入危改项目的危房改造。危房改造置换出来的土地，主要用于建设公共绿地和停车场，满足城市更新的交通和游憩要求。在广州经济和商业快速发展的背景下，一地一策，盘活烂尾楼，为旧城区商业和经济发展提供用地，是广州城市更新的重要内容。

保护历史街区与更新骑楼。在旧城区的城市保护与更新上除了注重对旧建筑的单体保护以外，更重要的是加强对历史街道、广场等城市空间和城市结构肌理的保护，划定历史保护区，对城市历史进行整体环境保护，同时利用历史地段，突出重要的历史和建筑主题。在广州，保护和更新最具岭南特色的骑楼建筑是广州历史街区保护和城市更新的特色。

保护文物。广州市在实施城市更新的同时，制定了一系列文物保护的规定，根据城市建设的新规划，重新划定了文物保护的范围和建设控制地带。广州市在城市更新中还提升了文物保护水平，利用城建资金整治和改善文物单位周边环境，形成了新的城市文化景观。

整治与改善环境。由于广州产业结构的调整，经济环境的变化带动了空间环境的巨大变化。产业结构向信息产业等第三产业的调整对空间环境提出了新的要求，导致了城市空

间的软化。在城市空间环境上，城市中心更多地被商贸、服务业、金融、信息产业等第三产业所代替，同时第三产业对功能和空间要求与传统工业相比具有更大的灵活性，有利于通过整治实现环境质量提高的目标。

完善道路交通体系。广州城市交通需求的增长速度远远超过交通设施供给的发展速度，旧城区道路资源的有限性决定了道路容量的严重不足。广州市已经明确提出了逐步建立以公交为主体、轨道交通为骨干，各种交通方式相结合的多层次、多功能、多类型的城市交通综合体系。广州城市交通系统的规划与建设，促进了旧建筑物的拆除与新建筑物的新建，强化了城市经济、社会、政治和环境等要素的优化配置。

(2) 非物质形态更新

调整人口规模。近年来，通过新区开发，旧城区人口逐步向新区疏散，旧城区中荔湾区、越秀区人口总量呈下降趋势，一批质量较低的住宅逐渐被拆除或是转为非住宅用途，一定程度上缓解了旧城区的环境压力。荔湾、越秀两区呈负增长型。总人口近几年在减少，荔湾区以 1989 年为界、越秀区以 1987 年为界，在这以前人口还缓慢增加，以后人口绝对量减少(图 3)。它们是广州最老的城区，也是市商业中心所在。

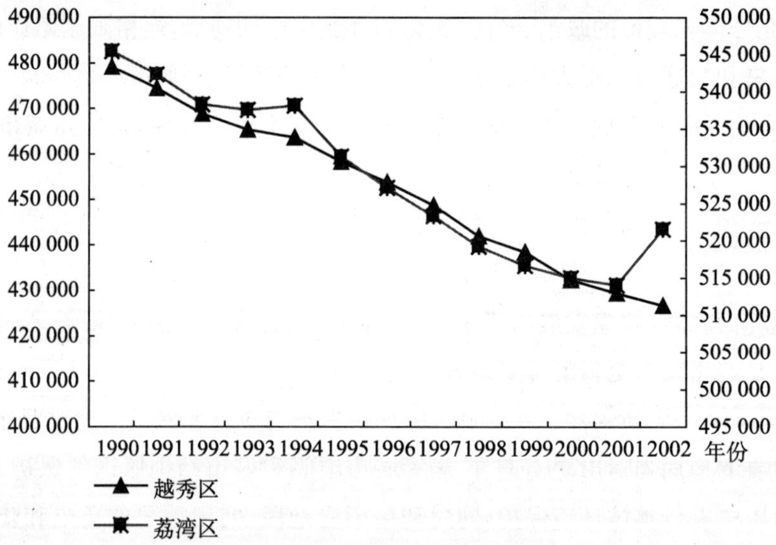

图 3　越秀区、荔湾区人口规模

资料来源：越秀区统计年鉴、荔湾区统计年鉴。

越秀区和荔湾区都在城市更新中重视人口发展的因素，两区人口的流出有利于降低城区过高的人口密度(图 3)，减缓环境压力，创造宜人宜居的城市生产生活环境，同时，在城市更新过程中，还注重人口素质的发展，提出“文化强区”的可持续发展策略(阎小培，1999)。

调整产业结构。广州2002年GDP达到3 001.69亿元，综合经济实力已跨入全国大城市的前三位。产业结构得到优化调整，第三产业的地位逐步上升，成为国民经济的重要组成部分。广州作为区域的商贸中心、金融中心、交通中心、信息中心等，中心城区产业结构在“调二优三”的指导思想下逐步实施。

广州旧城区的产业调整可以与城市游憩产业的发展相结合，如荔湾区大力发展旅游产品工业，如旅游食品、旅游纪念品、工艺品等，为商贸业发展提供货源的生活消费品工业。

尊重历史文脉。广州市旧城区的城市更新及历史建筑的保护与保存不应仅仅是对建筑物单体进行单纯性的保护和保存，而应当是一种使其社会空间、文化空间及物质空间相融合的、综合性的保护。因而，居住文化和相应的社会活动也是保护、保存的对象，保护也应体现城市肌理、文化形态、地方建筑、富有韵味的民俗事项、多元化经济形式等方面所组成的城市文化特色，也作为广州旧城区改造和更新的发展平台。广州原有城市形态是顺应商业城市性质而产生的，在当代，从城市性质上看有着一脉传承的空间需求。商业步行街、密集商住两用街区、城市游憩商业区等，都仍是广州城市当代的形态需求，在城市更新中应尽量不打破和截断原有历史文化脉络，保持可持续发展的动力和城市聚居空间逻辑结构。

（三）城市更新与城市游憩研究

1. 城市更新内涵与城市游憩

在后工业时代，人们对城市本身的性质有了新的认识，城市的商务、零售、游憩、娱乐功能日益突出。重视创造良好的人居环境，保持传统的历史肌理和浓郁的文化氛围成为旧城更新的焦点和社区人文关怀体现之所在。与此同时，城市也进入了新的发展阶段，在旧城改造和城市化的实践中出现了一系列的问题，要求进行城市更新，从社区的角度重新审视和判读城市发展进程。城市更新的重点在于它“努力改善交通问题，创造了游憩场地、户外空间和优美的社区环境，并为大众提供了良好的住屋”。城市更新不仅仅是为更新衰败地区面貌进行建筑拆建，而是进行社会救助；对次建筑环境进行更新不是单纯地从物质到物质或从经济到物质，而是从社会和文化的高度重新诠释城市的物质环境；不仅仅注重城市物质形态的变化，更加注重所产生的城市社会效应。在这个意义上而言，城市游憩和城市更新殊途同归。

此外，在社区发展和城市更新过程中，城市的产业面临结构调整与重组，以观光游憩业为代表的第三产业成为社区发展的新兴动力。城市游憩作为一个重要要素与动力，积极参与社区发展和城市更新，并兼顾社区的历史和现状，寻求社区的发展特性。城市游憩可以作为社区文化与经济的最佳结合点，寻求适合自身发展的政策，从而培育出社区内社会经济的新增长极，以推动整个区域的持续发展。

城市更新最早是从市中心的更新开始，因为市中心的更新最具有经济的效益，然后慢慢扩展到其他城市活动地区的更新。城市更新的类型大体可分为以下七种：①交通枢纽的更新；②旧城区中心商业区更新；③旧城区工业区更新；④滨水区更新；⑤旧城区住宅社区更新；⑥产业振兴与转型的更新；⑦灾后重建更新。这七种城市更新类型都指向城市游憩的发展（Mark & Laurence，2000）。

“游憩功能作为城市的四大功能之一”在《雅典宪章》中早已提出。城市游憩是城市生活的重要组成。而面对可持续发展观念的普及和知识经济浪潮的挑战，城市发展表现出新趋势，引导城市游憩的质和量向纵深发展。

2. 物质形态更新与城市游憩

(1) 游憩景观——城市更新的重要载体

游憩景观包括城市公园、城市游憩商业区、城市绿地、滨水区等构成游憩吸引的城市物质形态单元，是城市游憩发展的物质空间，也是城市更新的重要载体。城市游憩景观在城市更新中具有强大的作用和吸引力，振兴开放的城市游憩系统，聚集人流和社会活动，能够提高城市活力和吸引力。

游憩景观是城市的重要组成和表现。根据国际都市发展协会（INTA），世界各国城市规划师所提出适合居住的城市十大项指标（转自 Fainstein，Susan & Campbell，1996）。十项指标中有超过半数与城市游憩活动相关，公共空间、休闲场所、城市文化等直接构成城市游憩的景观要素和吸引要素，城市游憩是城市的重要组成和表现。应重视建筑与人的相互联系和步行空间的连续性，转变沿街建筑底层功能，对社会和街道开放，营造环境舒适的公共活动场所，为社会交往和活动的开展提供便利，同时借助游憩系统吸引足够的客流，获得商业效益。

游憩景观体现了城市个性与特色。游憩景观所代表的高品位的精品工程、名牌工程将会给公众提供一个印象强烈的视觉识别标志，而使我们城市区别于其他城市，达到城市识别，使城市形象脱颖而出。纵观世界的著名城市，它们都是在不断的追求过程中，形成自己鲜明的特色和优美环境的城市。高品位的游憩景观建设，有助于城市的经济振兴和社会的全面综合发展。城市游憩景观反映了广州“岭南文化”、“商业文化”和华南大都市的城市形象，塑造广州鲜明的城市文化特色。

游憩景观提供了旅游者和城市居民共同消费的场所。城市游憩景观和场所一方面作为城市公共设施为市民所享用；另一方面又作为旅游设施为旅游者提供服务。城市是旅游者在旅游过程中主要的休息场所，随着旅游目的的娱乐性增强，城市游憩景观和场所的数量、质量，以及服务水平，已成为吸引城市居民和旅游者的一个重要因素。越来越多的城市进行大规模的城市更新改造，增加城市公园绿地，修建步行商业街，布置城市广场和各种游憩设施。

(2) 城市游憩商业区(RBD)

城市中心区的一项重要功能即商业功能，随着社会经济的发展，人们对商业环境的要求有很大的变化，与传统商业活动相比，现代商业活动范畴已大大扩展，人们不仅需要一个购物场所，而且还需要娱乐、游憩、交往，并从中获取信息。RBD叠加了游憩功能，提供丰富多元的文化娱乐功能，符合城市发展的多样性要求。

城市游憩商业区在类型上有大型的购物中心型、特色购物步行街型、旧城历史文化改造区型和新城文化旅游区型四种类型(保继刚，1998)，其中前三种类型都可在城市中心区出现，因此也与城市发展和城市更新息息相关。

(3) 开放空间(Open Space)

城市更新是以人为中心的，为城市居民提供安全舒适的城市环境和设施，是城市中心区复兴的目标，也是建设城市开放空间的关键。开放空间除了可防止城市无限制蔓延、保留城市发展性及美化景观之外，更可直接提供人们休闲游憩、社会沟通参与、扩展生活经验与交往等创造性功能，是城市居民提升生活品质的重要条件。

(4) 滨水区(Waterfront)

滨水区是城市更新的重点，通过建设滨水散步道等游憩系统；改造废弃码头，开发假日购物广场等商业娱乐设施；通过结合饭店、公寓、疗养院和历史资源，创造娱乐、休闲的游憩系统，利用滨水的舒适性吸引更多的人光顾。发挥滨水资源优势，布置满足游憩者休闲、游憩、娱乐、锻炼等多层需求的活动空间及设施，创造人与物和谐共生的滨水开放空间，并创造优美的城市景观，使滨水区成为一片独具特色的区域和城市中一道最亮丽的风景线，为广大城市居民和外来游客创造一个生态和谐美丽家园。

3. 非物质形态更新与城市游憩

(1) 游憩需求——城市更新的重要动因

游憩需求是指在一定时间、一定的社会经济环境下游憩者实际购买的游憩产品的数量，是一种有效的需求。随着社会的发展，人们的收入水平、闲暇时间、文化教育程度和出行偏好等方面都在发生着巨大的变化，也带来人们游憩需求的变化。

Uysal(1998)总结了各方面的研究成果，认为旅游需求是由经济影响要素、社会—心理影响要素和外部影响要素决定的。同样，游憩需求也由这三类要素影响(图4)。

随着城市和社会经济的发展，人民生活有了极大的改善。根据马斯洛的需要理论，人们的需要总是低级向高级呈上升的趋势，当低级的需要得到满足后，追求更高的需要就成为其行为的动力。游憩行为属于比基本的生理、安全更高的需要，是一种寻找归属感、尊重和自我实现的需要，随着生活水平的提高和人们心理的发展，游憩需求必然凸现出来。

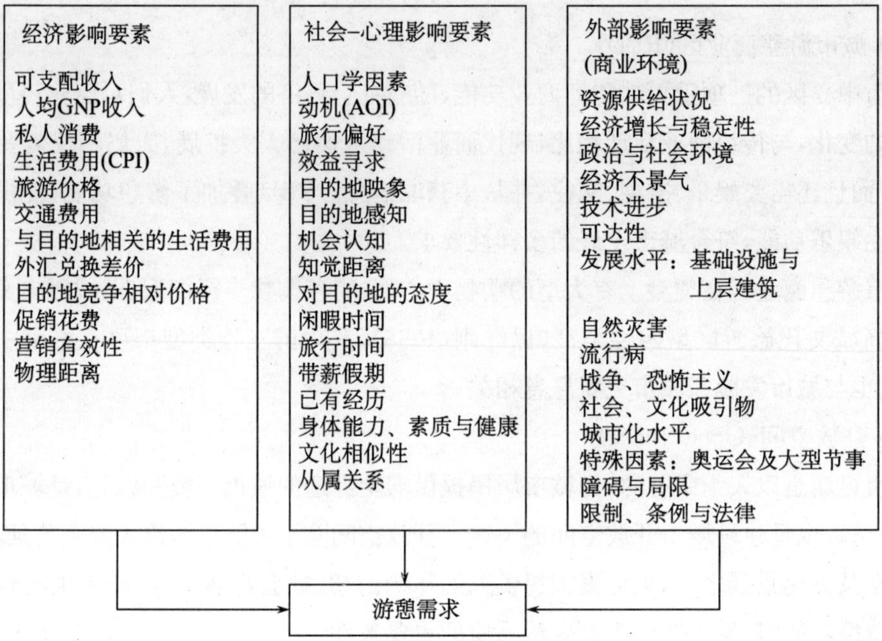

图 4　游憩需求的影响要素

资料来源：据 Uysal，1998：87 修改。

同时，城市居民的消费支出能力巨大，对城市游憩设施的需求量大，要求对城市进行环境整治和更新，配套完善各种服务设施、游憩休闲场所、开放空间等。城市应该积极满足游憩者的参与、闲暇、自由、个性等需要，增加设施、充实游憩内容，提供一个健康生活的场所。

(2) 游憩产业——城市更新的产业选择

产业更新和结构演进会改变城市的形态和规模，进而影响城市更新的发展过程。游憩产业在城市产业驱动和城市更新具有独特的发展个性。城市中心区作为经济与娱乐的中心，功能的多样性意味着服务的多样性和消费的可选择性，从而吸引大量的人流，增强中心区的特有魅力和活力，保持经济繁荣。

随着作为城市中心区经济增长点的游憩业的大力发展，人流、物流、信息流的繁荣带动了餐饮、服务、娱乐等关联产业和其他产业的集聚，产业间依存度提高，产业的空间集聚范围扩大，城市第三产业迅猛发展，城市进入新的发展层次。

由于国内尚未对游憩业进行行业统计，仅以城市旅游业为城市游憩产业的关联产业进行分析，以广州为例。目前，旅游业已成为广州市六大支柱产业之一和新的经济增长点，其国民产值增加值占全市 GDP 比重达 5.39%[①]，且保持继续增长的势头。广州城市休闲旅游的基础良好，景区(点)在广州城市旅游中占有非常重要的地位。

此外，城市游憩中采用一些特殊的产业形式，如商业促销、节庆活动等，会促进城市中心区的产业发展。如展览中心、竞技场和体育场能吸引大量的参观者进入城市中心区。大量的集会和体育活动参加者会在附近的饭店、餐馆和游憩场所消费，还使晚上与周末的中心区街道变得更有生气；带动相关产业的发展，如在会展中心附近往往会聚集餐馆，从而为城市衰落地区提供新的发展机遇。

(3) 游憩形象塑造——城市更新的方法指导

根据游憩地形象塑造要求，进行城市文化重塑与城市更新。城市游憩地形象的塑造包含面大，可操作性强，完全可以作为城市文化再造和城市更新的技术方法和理论指导。

游憩地形象的形成过程是游憩地实体与游憩地内外公众相互沟通的过程。不同的游憩地特征塑造了游憩地信息，通过不同个体的印象综合便形成了该游憩地形象；这种形象会影响游憩地内外观众的态度，进而影响公众的舆论和行为；这一切又改变着游憩地形象的结构与特征。这一过程是循环往复、逐步递进和升华的。

通过城市游憩形象的塑造，不难达到城市更新所提出的"化力为形，化能量为文化，化死的东西为活的艺术形象和音标，化生物的繁衍为社会创造力之所在"(吕俊华，转引自曲凌雁，1998)的目标。城市更新应注重城市整体塑造形成主题与特色，以区别于其他城市。广州的城市特色体系建设应围绕"现代化的华南商都"这一主题(徐君亮，2000)，并以核心要素来体现。RBD 作为代表性的区域，可视为这样的核心要素，成为丰富的城市特色体系中的一个指引性热点，表现城市游憩的主题，创造与强化游憩者的感知形象和归属感。同时，RBD 把商业、娱乐、游憩等设施集中布局，也便于游憩行为的组织。

(4) 规划体现——城市更新的政策保证

政府在制订城市规划、城市设计、旅游规划、旅游服务规范等方面的标准和指导方针上应充分发挥其政策保证职能，营造出高质量的城市环境和游憩环境。游憩作为城市更新的途径，就对城市建设和城市规划提出了特殊的要求，如，城市建设景观(名胜古迹和现代建筑)、市中心和各种部门性中心、城市标志地段、城市大门景和主要游道、城市广场、城市雕塑、园林绿化建设等。城市建设要考虑城市的游憩功能和城市本身的景观效果等问题。此外，城市更新要求游憩规划和城市规划的协调统一。

广州的城市规划指出，应充分发挥广州中心城市政治、文化、商贸、信息中心和交通枢纽等城市功能，坚持实施可持续发展战略，实现资源开发利用和环境保护相协调，巩固、提高广

---

① 广州旅游局，广州旅游业发展"十五"计划与 2010 年远景规划。

州作为华南地区的中心城市和全国的经济、文化中心城市之一的地位与作用,使广州在21世纪发展成为一个繁荣、高效、文明的国际性区域中心城市和既适宜创业发展、又适宜居住生活的山水型生态城市。旅游规划、公共空间规划、城市绿地系统规划等城市游憩相关规划,其目标应与城市规划一致,协调游憩功能和城市其他功能,塑造和谐共生的游憩环境。

(四)城市游憩商业区与广州城市更新

无论是物质形态的城市更新,还是非物质形态的城市更新,落实到地域空间尺度而言,是历史城区的城市更新。同样,城市游憩对城市更新的相互作用,城市游憩商业区是重要的空间形态选择。

1. RBD供给对广州城市更新的影响

城市游憩商业区的供给主要是指为城市游憩商业区满足市民及游客的游憩需要而提供的游憩场所、游憩设施及相关的服务。由于人们对游憩的多样化的理解和需求,游憩的供给不仅仅是指游憩产品的数量,更与游憩产品的种类、规模、等级等因素密切相关。

城市RBD同时是城市多功能的社会活动场所,为商业及社会交往、休闲、娱乐、文化、体育活动和餐饮活动提供适当的空间,它用来组织各类商业,并有可能影响着非商业的居住、办公、交通和游憩功能。RBD的形成发展,使城市开发出现了一种新的趋势:城市多种"共生"功能在一定的地域空间中集中混合使用,形成一种新的城市功能区,它能产生"集聚效应",显示出比单一功能区强得多的竞争力,是一种具有代表意义的土地利用类型。

广州城市RBD以商业购物、休闲游憩、文化教育为主,结合服务功能、餐饮、办公功能。其功能组成,主要包括零售、餐饮、游憩、文体设施等,与周边的办公、旅馆、居住等功能的相互影响关系见表1。

表1 各功能组合相互影响关系

支持功能＼被作用功能	零售	餐饮	文体设施	游憩	办公	旅馆	居住	其他
零售		强	强	强	中	中	强-中	弱
餐饮	强		中	强	中	中	强-中	弱
文体设施	强	强		强	弱	中	中	中
游憩	强	强	中		弱	中	强-中	中
办公	强	强	弱	中		强	强-中	中
旅馆	强	强	中	中	弱		弱	中
居住	强	强	强	强	弱	弱		中
辅助服务设施	中	中	中	中	中	中	弱	

资料来源:根据保继刚、古诗韵,2002,有修改。

广州城市 RBD 的开发打破了传统城市规划功能分区的局限，在商业功能区内注入大量的游憩功能，满足了城市在功能上应是错综的和自我满足的需要。RBD 功能多样混合，满足了人们的多种需要；不同功能吸引不同层次的人，为人们提供各自的活动环境，因此，整体吸引力就更强，取得了良好的经济、社会和环境效益。

2. RBD 需求对广州城市更新的影响

城市游憩商业区的游憩需求是指城市的居民及城市旅游者为了满足其通过参加城市游憩商业区的活动而获得的满足感而产生的对城市游憩产品的需求。游憩需求是游憩行为发生的动力，是收入动力与时间助力联合推动使游憩者的需求层次提高，产生新的需求。

经济因素决定了一个人潜在的游憩消费。经验数据表明，人均年收入达到 3 000～5 000元时，潜在的游憩需求才有可能转化为现实的需求(俞晟，2003)。2003 年广州人均可支配收入 15 003 元，广州城市居民具有较强的游憩潜力。时间对游憩消费行为的影响往往大于金钱。时间压力影响着人的游憩行为及对游憩活动的选择，造成近程的游憩休闲需求尤为明显。

但金钱与时间的压力又使经常外出旅游显得并不现实。人们对生活多样性的需求，促使城市在更新发展过程中考虑人们的游憩要求，促成城市 RBD 的形成。RBD 为人们提供社会交往的活动和场所，使人从中获得信心、尊重和地位。RBD 的游憩业成了规模化的产业，把游憩作为一种经济产业加以促进发展，带动城市更新。游憩活动有利于朋友间的交往，获得彼此的理解与支持，给刻板的城市生活带来恰到好处的多样性，这也是城市更新与社会健康发展的条件。

3. RBD 政策对广州城市更新的影响

(1) 社区发展

RBD 也是社区居民进行城市游憩的重要场所。以沿江西 RBD 为例，在该区域进行的问卷调查中，有 30%的游憩者出行时间在半个小时之内，社区居民对 RBD 有强烈的游憩偏好，也说明 RBD 所代表的开放空间在社区游憩取向中占有重要的地位。同样，在北京路和上下九 RBD 中，社区居民也有强烈的情感偏好(表 2)。

表 2　广州 RBD 游憩者出行时间比较(%)

出行时间	沿江西 RBD	上下九 RBD	北京路 RBD
半个小时之内	30	18	9
半个小时至一个小时	25	33	36
一个小时以上	35	47	40

社区居民的游憩活动类型决定了游憩者更关注 RBD 的开放空间和交往场所。因此，游憩交往所依赖的环境成为游憩者感知的第一取向，这对于社区居民的游憩休闲活动是非常实际的。

城市游憩产业的发展是社区发展新的增长极，对于社区力量的关注体现了“以人为本”的人文精神。随着城市游憩业在社区发展中地位的提升，社区居民在游憩产业发展过程中所起的作用越发重要。对空间、场所、资源的直接使用和互动影响使城市游憩地社区居民在游憩产业发展的众多方面都处于主导角色，由此产生了两者之间的互动关系：城市游憩产业的发展影响着社区居民的日常生活；同时，社区的良性发展同样促进着城市游憩产业的健康发展。

(2) 公众参与

在不同的阶段，公众参与的实际形式有所不同。在决定规划建设游憩场所与设施的目标的阶段，主要的公众参与方式可以是经常性的制度化的游憩者问卷调查，以了解游憩者对于游憩场所的要求和对于游憩活动的偏好；针对某些公众关注的热点问题的专题讨论会等。

例如，本文调查在老街改造问题上，大多数受访者认为，所在的老街改造成为文化街以及改造成居住小区是最好的改造方式(图 5)。尽管广州是美食之都，但在七个待选选项里，只有 3.84％的被访者赞同把老街改造成餐饮街。可能是餐饮业所带来的社会、环境等问题，会给城市游憩者的日常生活带来不便，感知下降。可见游憩者的意愿和城市游憩活动影响是一种互动的关系。因此，在广州 RBD 的发展中，要充分考虑公众的意愿，并引导公众参与。

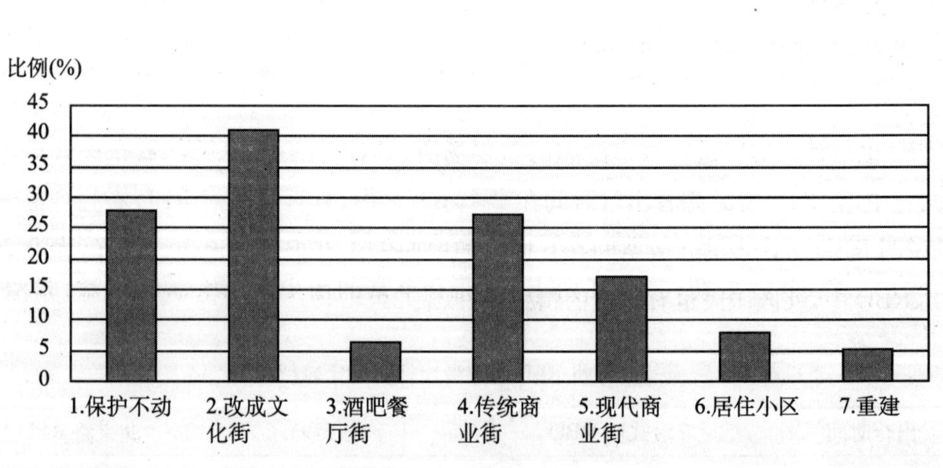

图 5　广州老街改造意向

资料来源：本文问卷调查，2003 年 8 月。

(3) 规划政策

RBD融合了商业、游憩和旅游的功能,在一个区域内提供了不同于城市其他功能区的活动,同时吸引着旅游者与日常游憩者,游憩商业的功能已成为新的城市功能。城市游憩商业区的发展和城市规划的发展存在着互动关系,即科学的城市规划是合理的城市游憩商业区发展的前提,而城市游憩商业区又是一个科学的城市规划的有机组成部分。

(五) 城市更新中的广州旧城 RBD 比较研究

1. 广州 RBD 特征分析

目前,广州形成的 RBD 有大型的购物中心型、特色购物步行街型、旧城历史文化改造区型和新城文化旅游区型四种类型,主要空间分布在天河城、北京路、上下九、沿江西等区域。

其中,北京路、上下九、沿江西三处 RBD 位于越秀区、荔湾区,属广州旧城区,历史文化资源丰富,商业、饮食等游憩功能发达。如广州首批公布的老字号 27 家,有一半以上分布于这三处 RBD 内。依托老城市中心的步行商业街和悠久的历史文化,北京路和上下九两个主要的旧城商业区通过统一的规划更新,已经逐渐成为具有较大的吸引力的 RBD。同时,两地区都突破了以往单一经营的传统模式,融购物、娱乐、休闲、餐饮等多种服务功能于一体,较好地顺应了不同消费层次多元化的消费需求。

北京路 RBD 的特征主要表现为:①北京路 RBD 各种商业设施比较完善,已逐渐形成一个集旅游、服务、商贸为主的城市游憩商业区;②北京路 RBD 不仅有浓郁的商业氛围,而且积聚了浓厚的文化底蕴;③北京路 RBD 位于广州旧城中心,是城市中心区通过商业游憩产业发展而维持其不断繁荣的典型案例。

上下九 RBD 的特征主要表现为:①上下九 RBD 是在旧城更新改造基础上发展的,以广州西关文化为特色购物步行街型 RBD;②骑楼文化、西关饮食文化是上下九 RBD 的两大特色;③上下九 RBD 娱乐、酒店等休闲游憩功能正在加强。

沿江西 RBD 的特征有:①商业批发业与游憩业分离,潜在客源市场松动、环境衰败,沿江西 RBD 处在衰落转型期;②沿江西 RBD 拥有丰富的历史、文化、游憩资源,是沿江西 RBD 再度振兴的依托。

2. 广州旧城 RBD 比较研究

(1) RBD 特征比较

根据北京路、上下九、沿江西三处 RBD 的发展现状和特征,可以从其位置、类型、游憩吸引、功能、发展策略、服务对象等方面进行比较研究(表 3)。

表3 广州旧城RBD特征比较

	北京路RBD	上下九RBD	沿江西RBD
位置	广州旧城中心区、越秀区内	广州旧城区、荔湾区内	广州旧城区内、珠江岸边，荔湾区与越秀区交界
类型	大型购物中心型、古城历史文化改造区型、特色购物步行街型	古城历史文化改造区型、特色购物步行街型	古城历史文化改造区型
游憩吸引	北京路商业步行街；千年古道、大佛寺、南越王宫署等文化吸引物；广百、新大新等大型购物中心；永汉电影院；	广州市商业步行街、华林寺、骑楼建筑、西关美食	爱群大厦、长堤大马路；圣心大教堂、沿江西酒吧
功能	游憩、观光、购物、餐饮、娱乐、文化、金融、办公	游憩、观光、购物、餐饮、娱乐、文化	游憩、观光、居住金融、办公
发展策略	大力发展旅游、旧城改造与复兴、内部填充	大力发展旅游、旧城改造与复兴、内部填充	旧城改造与复兴、内部填充、吸引外来投资
服务对象	外来游客及本地居民	外来游客及本地居民	本地居民为主

(2) 商业分布比较

商业是沿江西、北京路、上下九三处RBD所共有的功能，其对城市游憩有较大影响，并是城市游憩商业区发展的关键因素。

关于商业网点比较。据调查，沿江西RBD街面建筑首层使用功能情况如下。沿江西路及长堤大马路共有商业网点85家，其余3家为非商业机构。沿江西路的业态以银行为主。长堤大马路的主营业态中以酒店、餐饮、娱乐的游憩休闲功能网点共有24家，占27.3%。百货、服装及鞋店有18家，占20.5%。其他专业店有12家。长堤大马路已形成了以餐饮、娱乐、百货为主，包括多类专业店的商业街。

北京路RBD是以大型商店结合专卖店、专业店形成服装、百货经营和休闲娱乐为主的商业功能区，即以百货店和商业街为载体，以开放型的流行休闲方式，构成业态空间的文化特性。由于骑楼建筑的特色不如上下九商业街鲜明，以及缺乏和谐的物质环境，原有的老字号多淹没在现代的商店景观中。

上下九路现有商铺238间、商家数千户，主要以服饰、精品及鞋类等为主。上下九RBD的商业业态是以零售小百货业为主，其商业业态空间的文化内核是对历史传统的继承和弘扬，糅合零售、餐饮、民居、宗教、休闲游憩等各种综合的服务功能。

北京路、上下九RBD的商业业态密集，网点众多，沿江西RBD的商业业态比较分散，说明北京路、上下九的商业层次高，吸引力强，沿江西RBD的商业业态还在调整之中。

关于龙头企业比较。北京路 RBD 目前的龙头企业为广百百货、新大新等大型购物中心，论文选取广百百货为例，与沿江西 RBD 邻近的南方大厦进行对比分析(表 4)。

表 4 广州百货大厦与南方大厦历年经营对比

年份	广州百货大厦		南方大厦	
	商品销售总额(万元)	在广州市排名	商品销售总额(万元)	在广州市排名
1993	81 202	2	96 032	1
1994	80 590	2	81 388	1
1995	97 944	2	138 931	1
1996	104 727	1	49 726	5
1997	111 407	1	66 303	4
1998	111 215	1	50 057	5
1999	92 381	1	38 452	5

资料来源:广州统计年鉴,1994～2000。

可以看出，南方大厦所代表的沿江西 RBD 商业功能在 1997 年后一直处于持续下滑状态，而广百百货在国有资本顺利重组之后，一直稳步上升，其所在的北京路 RBD 也伴随北京路商业步行街的改造升级成为广州市三大游憩商业中心之一。

关于景观环境比较。沿江西 RBD 目前处在衰落阶段，环境脏乱，步行空间狭隘，人民路高架桥的修建严重破坏了周边地区的景观。西堤码头广场与沿江西 RBD 的景观联系不强，绿化面积少，难以发挥其游憩功能。反观上下九 RBD 和北京路 RBD，在各自建成广州两条步行街后，分别进行了立面整治和环境改造，为游憩者创造了良好的休闲娱乐空间。

3. 广州 RBD 游憩者行为比较

(1) 游憩者出游行为比较

广州市 RBD 客源市场的总体特征。客源市场结构和游憩者行为规律决定和影响着城市 RBD 的发展。根据对游憩者的问卷调查(表 5)，广州北京路、上下九、沿江西 RBD 的客源都以

表 5 三大 RBD 游憩者分布(%)

客源	上下九路 RBD	北京路 RBD	沿江西 RBD
广州本地居民	72.3	66.4	83.4
外来游客	27.7	33.6	16.6

资料来源:本文问卷调查,2003 年 8～9 月。

广州市内游憩者为主，说明城市 RBD 主要为本地人服务，是地区性的游憩活动中心。三大 RBD 的客源地相对分散，市场结构较为稳定，客源地与游憩地的距离基本存在衰减规律。

年龄在 18～35 岁之间、文化层次较高、中等收入、职业是以公司、企业、服务业职员或学生为主的游憩者，是北京路和上下九 RBD 的主要消费群体。年龄在 18～25 岁、56～65 岁两个年龄段、文化层次中等偏低、中等收入偏低、职业是以公司、企业、服务业职员；待业下岗；离退休为主的游憩者，是沿江西 RBD 的主要消费群体。从人口特征可以看出，沿江西 RBD 的游憩者消费能力不高，也是导致沿江西 RBD 衰落的重要因素。

广州 RBD 的游憩者行为分析。游憩者到广州旧城三大 RBD 的目的各不相同，北京路 RBD 的游憩目的以购物、休闲娱乐为主；上下九 RBD 以购物、饮食、休闲娱乐为主；沿江西 RBD 以散步闲逛、休闲娱乐为主。游憩者不同的游憩目的导致了不同的游憩方式，也影响了各自的游憩消费。

RBD 游憩者的重游率极高，RBD 已成为广州城市游憩者经常性的游憩场所。其中，沿江西 RBD 的重游率最高，占游憩者的 38.6%。

与亲人、朋友结伴的家庭式出游是游憩者最主要的出游方式，在游憩规划时，应更多地考虑家庭式游憩的需要。

游憩者出游时间从 10 多分钟到两个小时不等，但游憩者对路上所花时间和方便与否的感知相关性不明显，据访谈显示，游憩者对是否有公共交通工具直接到达游憩地比较敏感，不少访谈者认为“直接有车到就是方便”。

游憩者出行的主要交通工具是公交车；以自行车作为交通出行工具已逐渐被市民放弃。私家车代步在三个案例地都不高。究其原因，北京路 RBD 目前缺乏停车场所，上下九和沿江西 RBD 的游憩者消费能力不高。

游憩者在沿江西 RBD 的游玩时间一般在 1～2 小时左右，上下九 RBD 和北京路 RBD 的游玩时间以 1～2 小时至半天居多。

三处 RBD 的游憩者消费都以 50 元以下消费居多，但沿江西 RBD 的消费明显偏低，与沿江西 RBD 目前休闲、娱乐、饮食设施衰落和游憩者消费能力下降有关。

(2) 游憩者感知印象比较

关于游憩者对广州 RBD 的感知比较。根据调查，游憩者对广州休闲购物娱乐场所的认知，天河城 RBD 所属的天河广场、宏城广场，北京路 RBD 所属的北京路步行街，上下九 RBD 所属的上下九步行街感知度最高。有趣的是，上下九步行街、荔湾广场同属上下九 RBD 内，但荔湾广场的感知度远低于上下九步行街，说明上下九 RBD 在游憩者感知中是以传统特色购物步行街为主类型的游憩商业区形态。

关于游憩者对广州城市 RBD 评价比较。在游憩者心目中，北京路 RBD、上下九 RBD

是传统商业区,感知度高,评价较好。上下九 RBD 的好评率(很好+好)高达 76%,北京路 RBD 的好评率高达 74%,游憩者对两处 RBD 的喜爱程度由此可见一斑。

对文化公园、沿江西——人民南为主的沿江西 RBD 没感觉(不了解)的感知印象分别为 31%和 36%,说明游憩者对沿江西 RBD 目前的游憩和商业休闲功能感知模糊,评价也较低。

4. 广州城市更新中的 RBD 动力机制研究

对于本文研究的三大案例地,沿江西 RBD、上下九 RBD、北京路 RBD 都处于旧城区,并在城市更新的城市发展背景下进行 RBD 的发展,RBD 的发展动力机制有所不同。

(1) 主观驱动机制——游憩者需求驱动

根据对广州游憩者的客源市场分析和行为研究,可以看出游憩者对游憩商业区的要求随着其经济、知识水平、社会地位的上升而提高。同时,对于购物与娱乐结合的态度,本文调查显示,86%的持赞成意见,13%持的是无所谓的态度,而只有 1% 的持反对态度(图 6),说明城市游憩商业区是城市商业和游憩业发展的共同取向。

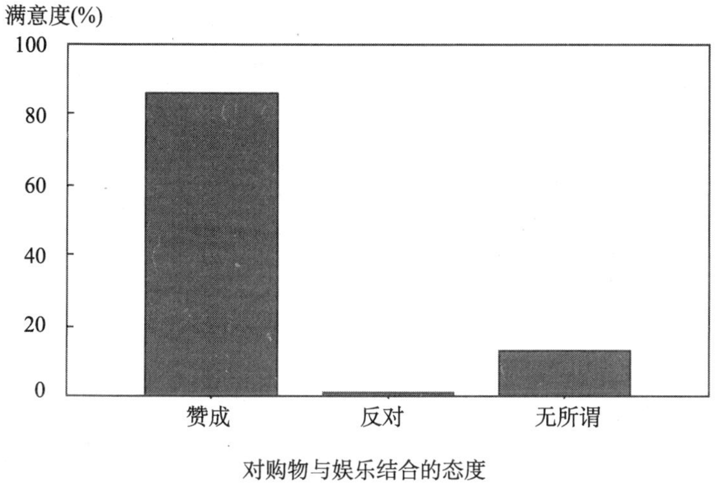

图 6 广州 RBD 游憩者选择意向

资料来源:本文问卷调查,2003 年 9 月。

新的游憩需求将推动城市游憩商业区的功能多样化,不断推出新的游憩产品满足游憩者需要。

(2) 客观驱动机制

客观驱动机制是城市游憩商业区发展的外部动力机制,包括城市商业发展、城市游憩业发展、城市旅游发展和城市 CBD 建设对城市游憩商业区发展的驱动作用。

对于城市商业发展需求的驱动。广州商业网点的空间格局脱胎于历史的形迹,尽管商业重心开始东移,但历史留下的商业繁华区北京路、上下九仍是现代广州的核心商业区。今天的商业网点布局延续着过去的空间形态,其区域背景具备了历史形成的人文环境、人口环境和市场环境等综合条件。在市场需求方面,居民消费需求层次不断提高,从追求物质消费品逐渐向追求精神消费品方面转变,由必需购物转为休闲购物。因此,城市商业发展必须超越传统商业区的内容,把握住不断变化的消费者需求,寻求与游憩相结合,发展与市场相适应的商业模式。城市商业新的发展要求驱动着城市 RBD 的形成发展。

对于城市游憩业发展需求的驱动。广州市处于经济相对发达的地区,是商业繁华的大城市,旧城区有着商业发展的悠久传统,常常形成"无街不商"的商业格局,对其城市商业区的游憩功能应给予足够的重视。商业化的游憩地与城市商业有机结合,商业区可借游憩设施的提供,吸引各类零售商前来租店经营;同时,游憩设施也可利用购物中心等地段为其制造更多在市场上曝光的机会,接近消费者感兴趣的其他设施,以确保固定的消费群,满足其对门槛人口的要求,保证游憩客流量的稳定,为游憩业带来经济效益,这是游憩与商业的空间共生关系。多样化的游憩项目组合使游憩活动和游憩空间多样化,既有效地吸引更多的游憩者,又避免了单一化的游憩地市场结构的不稳定性。

广州城市 RBD 使众多的游憩设施与商业产生良好的集聚效应,满足游憩设施对门槛人口的要求,保证了城市游憩业的发展(古诗韵、保继刚,2002)。游憩设施空间集中布局优化了人们的生活结构。因此,城市游憩业得以持续发展需要城市 RBD 的建设,科学合理地开发利用闲暇资源,提高闲暇使用效率。

对于城市旅游发展需求的驱动。广州作为广东省的省会,是政治、经济、文化、交通与通信中心,以城市的整体素质、综合实力吸引了大量的城市旅游者,成为广东城市旅游中心。广州市旅游业无论从游客人数、产品类型、经济总量上都是我国重要的城市旅游目的地。广州作为旅游目的地,最大的旅游吸引力由其"现代化的华南商都"的城市意象决定:①高度的对外开放程度;②经济繁荣、活跃,较多的商业机会,较好的商务环境;③生活便捷、富裕与现代化的生活方式(李立勋,1997)。

城市旅游吸引的营造应注重城市整体塑造形成主题与特色,以区别于其他城市。广州旅游吸引体系建设应围绕"现代化的华南商都"这一主题,并以核心要素来体现。城市 RBD 作为代表性的区域,可视为这样的核心要素,成为丰富的城市旅游吸引体系中的一个指引性热点,表现城市旅游的主题,创造与强化旅游者的城市感知。同时,城市 RBD 把商业、娱乐、游憩等设施集中布局,也便于旅游的组织与提高旅游效率。

广州城市旅游需要城市 RBD 作为旅游吸引物;需要通过城市 RBD 兼顾设施共享性,使之产生较高的关联性效益,把旅游者与市民在一区域中和谐地融合,既满足供给设施的门槛要求,又让游客真正接近市民和城市的现实生活,增加体会当地风土人情的机会,更好地体现现代化华南商都的城市意象,促进旅游业的可持续发展;需要城市 RBD 提升城市形象与区域影响。RBD 可作为一种旅游吸引源,也可作为提供购物、游憩等服务的设施群;同时,通过具体物质环境,RBD 可提升广州的商都形象,使之更深入人心,加强广州旅游在区域中的吸引力与影响力。

对于城市 CBD 建设的驱动。广州市 CBD 的发展是随着城市空间结构的变化不断转移的(阎小培等,2000)。随着城市 CBD 的不断转移,城市 RBD 也随着发生变化。以天河城广场为中心的城市 RBD 逐步壮大,并吸引了到广州旅游的很大一部分外地客源,而沿江西 RBD 由于环境和设施条件的不足,逐步成为低等级的商业游憩街区,主要吸引本地的客源。

五、结论与讨论

城市衰落现象不仅仅在资源型城市或工业城市出现,在广州这样城市化水平高、经济发展快的华南大都市,也在城区的部分地段出现了城市衰落现象。城市衰落现象的产生必然要求寻求一定方式进行城市更新,以复兴该地区,满足当地居民和外来相关利益者的要求。从广州旧城区来说,城市更新的重要意义在于在保留城市文脉和物质精华的同时,将老化的城区给予有效的改善,使其具备现代化的城市特征,为居民创造良好的生活环境,满足区域和人们对其功能要求的变化,以维系城市的可持续发展和可持续魅力。

通过本文研究表明,城市游憩是城市更新良好的产业选择和动力;城市游憩要求贯彻可持续发展原则,兼顾社会公平和效率,鼓励社区参与和公众参与。城市游憩系统建设是一项公众参与的社会活动,除了引入市场机制外,还可以通过各种宣传媒介和社会公众参与,倡导和推动社会各阶层参与城市游憩的建设和管理,达到城市游憩和城市更新的良性循环。

随着广州城市建设和城市更新的日益加快,旧城中心区的 RBD 在城市游憩中的重要作用日益显现。本文对多个城市游憩商业区的比较研究,通过对其特征、商业分布、景观环境和游憩者行为的比较,分析和评价其动力机制、竞争状态和演变,总结城市游憩商业区在广州旧城城市更新中的作用。

因此,多年度长期历史资料的获得对本文研究有重要影响,但某些历史资料的难以获得性,使得本文研究的历史尺度未能达到预先设想。

本文研究的案例地沿江西 RBD、北京路 RBD、上下九 RBD 都受行政区划变迁的影响。在近几年,越秀区和荔湾区都经历了数次行政区划的调整。行政区划调整的结果使得研究区域内的资料难以保持历史的延续性,尤其是应进行定性研究的人口、经济指标,影响本文研究的定性数据支持。

城市更新是一项综合的系统工程,涉及面很广,城市更新与城市游憩的关系还有许多问题和相关领域值得深入探讨和研究。通过本文的研究，今后可以从以下几个对于城市更新与城市游憩这一重要研究命题进行深入探讨：① 从目的地竞争的角度，讨论在城市旧城区和新城区、近郊区之间不同类型的城市游憩商业区之间的相互协作相互竞争的关系；② 从游憩者行为的角度，研究不同类型的游憩者对城市游憩商业区的发展是否产生不同的影响？③ 从局部和整体的角度，研究社区尺度的城市游憩商业区更新和区域尺度的城市更新之间的关系；④ 从城市体系的角度，研究不同尺度的城市，如特大城市中发生的城市更新与城市游憩现象和小城镇的城市更新与城市游憩的异同。

参考文献

[1] Abrams, Charles. 1964. *Man's Struggle for Shelter in an Urbanizing World*. Cambridge: MIT Press, 13-14.

[2] Edgar L. Jackson, Thomas L. Burton (ed). 1989. *Understanding leisure and recreation-Mapping the Past, charting the Future*, Venture Publishing (PA).

[3] Fainstein, Susan & Campbell. 1996. Scott (ed), *Readings In Urban Theory*. Blackwell Publishers, Cambridge.

[4] Mark T. Motte & Laurence A. Weil. 2000. Of railroads and regime shifts- Downtown renewal in Providence, Rhode Island. *Cities*, Vol. 17, No. 1, pp. 7-18.

[5] Page S. 1995. *Urban Tourism*, Routledge.

[6] Pearce D. 2001. An integrative framework for urban tourism research. *Annals of Tourism Research*, Vol. 28, No. 4, pp. 926-946.

[7] Stansfield, CA. and Rickert, JE. 1970. The recreational business district. *Journal of Leisure Research*, Vol. 2, No. 4, pp. 213-225.

[8] Uysal, M. 1998. The determinants of tourism demand: A theoretical perspective. In Ioannides, D. and Debbage, K. G. (ed.), The *Economic Geography of the Tourist Industry*: A *Supply-side Analysis*. Toutledge. pp. 79-95.

[9] The Urban Land Institute. 1981. *Washington, D. C. Recreational Development Handbook*, pp. 5-10.

[10] 保继刚："大型主题公园布局初步研究"，《地理研究》，1994 年第 3 期。

[11] 保继刚、古诗韵："城市 RBD 初步研究"，《规划师》，1998 年第 4 期。

[12] 保继刚、古诗韵："广州城市游憩商业区(RBD)的形成与发展"，《人文地理》，2002 年第 5 期。

[13] 方可：《当代北京旧城更新》，中国建筑工业出版社，2000 年。

[14] 古诗韵、保继刚："城市旅游研究进展"，《旅游学刊》，1999 年第 2 期。

[15] 古诗韵、保继刚："广州城市游憩商业区(RBD)对城市发展的影响"，《地理科学》，2002 年第 4 期。

[16] 韩宇："美国中西部城市的衰落及其对策"，《东北师范大学学报》，1997 年第 5 期。

[17] 黄震方、侯国林："大城市商业游憩区形成机制研究"，《地理学与国土研究》，2001 年第 4 期。

[18] 李立勋："广州旅游吸引特色及营造重点浅议"，《旅游学刊》，1997 年第 12 期。

[19] 曲凌雁："美国现代城市更新发展进程"，《城市研究》，1998 年第 3 期。

[20] 陶伟、李丽梅："城市游憩商业区系统 SRBD 的生长研究"，《旅游学刊》，2003 年第 3 期。

[21] 王佐：《城市公共空间环境整治》，机械工业出版社，2002 年。

[22] 吴必虎：《区域旅游规划原理》，中国旅游出版社，2001 年。

[23] 吴良镛：《北京旧城与菊儿胡同》，中国建筑工业出版社，1994 年。

[24] 吴明伟、孔令龙等：《城市中心区规划》，东南大学出版社，1999 年。

[25] 徐君亮："广州城市旅游形象定位和建设研究"，《热带地理》，2000 年第 1 期。

[26] 阎小培："改革开放以来广州城市社会结构变化研究"，《中山大学学报》(社会科学版)，1999 年第 2 期。

[27] 阎小培、周春山、冷勇、陈浩光："广州 CBD 的功能特征与空间结构"，《地理学报》，2000 年第 4 期。

[28] 阳建强、吴明伟：《现代城市更新》，东南大学出版社，1999 年。

[29] 俞晟：《城市旅游与城市游憩学》，华东师范大学出版社，2003 年。

[30] 俞晟、何善波，"城市游憩商业区(RBD)布局研究"，《人文地理》，2003 年第 4 期。

基于度假的第二居所空间分布和影响研究

徐 文 雄[①]

一、选题背景和意义

(一) 选题背景

1. 第二居所发展的背景

从全球休闲度假发展趋势来看，成熟的国际性度假地倾向于提供同质化的产品。从20世纪70年代末的3S——阳光、沙滩、海水，到近年加入性(sex)、美酒(spirits)之后的5S，度假地提供能够满足国际化市场的全球化标准产品。在大众旅游时代，人们关心的不是度假地的品位或文化底蕴的深厚程度，而是可达性、可游性、可享受性。从住宅业发展趋势来看，目前全球房价居高不下，全球半数以上的主要国家，房价上涨10%以上。全世界房产的总价在过去五年增加了30万亿美元，已超过70万亿，相当于这些国家GDP的增加总额。楼市泡沫极有可能导致全球经济衰退。影响中国第二居所(为简便行文起见，以下有的地方简称二居)发展的因素颇为复杂，主要有以下几种。

政策因素包括让一部分人先富起来；加快城市化进程、取消户口限制；住宅制度与金融改革；土地市场化；规范房地产的宏观调控等积极因素。政策针对性有效性弱；存在法规空白；宏观调控不当等消极因素。

经济因素包括经济增长带来的消费群体、观念和热点变化，以及小城镇的迅速发展完善；城市与度假地交通的迅速发展；休闲因素对于度假地产的渗透；"假日经济"发展；中国旅游业态和旅游人数的增加。

社会因素包括老龄社会、家庭核心化小型化；更多闲暇和出游机会；服务社会化；"5+2"居住郊区化浪潮；社会分化；生活方式的变化。

产业因素包括房地产新高潮的来临；技术和服务提升、房地产开发、经营和产品的提升；复合地产出现；房地产泡沫威胁；楼市观望、房价、房地产暴利等问题引起公众强烈关注。

---

① 徐文雄(1966～)，男，云南罗平人，佛山科学技术学院旅游系讲师、博士，主要从事旅游规划与管理方面的研究，E-mail：xwinsee@163.com。

中国住宅产业还有很大的发展空间。由于我国经济还不是很发达，城市化水平还不高，为广大民众提供第一居所的任务还相当重，使得复合房地产——巧借旅游元素为第一居所建设服务，以提升居住质量、丰富生活功能成为房地产发展的重要方向。另一方面，随着我国经济的迅速发展和人民生活水平的整体提高，我国传统的观光型旅游开始向度假型旅游过渡，新兴中产阶级萌生了度假置业的需求和支付能力，又使第二居所——度假型房地产前景广阔。

2. 第二居所的发展

作为一种社会现象，国外的第二居所最早可以追溯到古埃及和古罗马时代。在18～19世纪的北美和欧洲，一些城市出现了少量的第二居所，但其仅限于当时社会上一部分富裕阶层，第二居所的普遍流行和大量涌现则属于1945年以后的事情(Clout，1969)。据有关统计和研究表明，以第二居所占全部住宅的比例而论，1970年欧洲的排行榜大致是：瑞典为22%，挪威为17%，西班牙为17%，法国为11%，此时全世界第二居所总数约为1 000万套(Coppock，1977a)。

在大多数工业化国家，经济繁荣的降临，带来更高的可支配收入、更少的工作时间和更长的闲暇时间(Telfer，2002)，并进而带来第二居所的持续发展，第二居所已成为发达国家旅游业的主要特征之一(Williams，Hall，2000；Müller，2002；Strapp，1988)；拥有第二居所被视为现代化不可或缺的部分。

20世纪90年代以来，从北欧斯堪的纳维亚群岛的芬兰、瑞典、挪威等国到欧洲地中海沿岸(法国、西班牙)及其(希腊等国)沿海岛屿，到北美大湖区域，如威斯康星州，佛罗里达，乃至夏威夷，及至加拿大的卡加利、澳大利亚，亚洲新兴的马来西亚、印度尼西亚等旅游胜地，近年来第二居所的发展都十分迅速。在这些地区，第二居所的空间分布选择在乡村、湖滨、海滨、森林、滑雪胜地等旅游资源丰富、风景优美的地方，区位上具有明显的"自然景观性导向"，对于国内、国际度假游客、生活方式体验者、养老者和房地产投资者均有着较大吸引力。

国外第二居所的主要发展特征有以下四点：①二居者背景。职业背景不同，但是文化同源、品味相近；憎恶大众旅游，但并非彻头彻尾的离群索居人群。②购买特征。购买动机为度假、养老、投资；购买者多为高收入、高资产、高教育程度的中老年人。③居所特征。多选址于用地宽裕、环境优美的市郊或海滨，由业主购地新建或改造老宅而成。④发展影响。二居旅游促进乡村可持续发展，增加当地服务供应。通过分时度假、PRC(私家会所)、产权酒店等方式，第二居所实现了产品创新和市场拓展。

近年来在我国旅游度假胜地，以及长三角、珠三角、京津唐等大城市郊区，第二居所如雨后春笋，成为我国国民经济中成长迅速的领域。我国度假地第二居所的发展包括滨海、湖区、主题公园、产权酒店等类型。

滨海型。以海南为代表。海南第二居所的发展具有显著的“外向性”特征。一是近年来,众多岛外实力商家大举进军海南投资房地产。二是异地购房者目前已占到购房者总人数的60%以上,第二居所面对的消费者主要来自岛外。

湖区型。以千岛湖最为典型。2004年千岛湖的建设开发量已突破50万平方米大关。近年来房产价格节节上升。目前已有开元度假村、凤凰岛度假村等10余家开发商落户千岛湖。“别墅 +产权式酒店”模式已为越来越多的楼盘所借鉴。

主题公园型。深圳华侨城依托锦绣中华、民俗村、世界之窗、欢乐谷等主题公园,集旅游、文化、购物、休闲、娱乐为一体,根据异国文化风格和山水自然特点,推出波托菲洛等新型住宅产品,为度假居住提供理想的第二居所。

产权酒店型。在海口、三亚、深圳、上海、厦门、秦皇岛、北京、苏州、昆山等地,近几年已有几十家产权酒店诞生。

就郊区型第二居所的发展而言,由北京市农委牵头组织的“北京城市居民农产品消费需求与投资意向调查报告”调查显示,在家庭年收入10万元到25万元的城市中高收入居民中,有66.7%的受访者、48.6%的家庭有意在郊区购买第二居所。77%受访者认为郊区买房购房时考虑因素前三位是自然环境、交通和价格。在昌平、大兴等北京近郊区中,几年住宅建设面积的递增数量均超过了100%①。北京最早的第二居所社区龙山新新家园目前260多套联排住宅已全部售罄。

3. 第二居所发展存在的问题与面临的挑战

在全球化、信息化、休闲化浪潮汹涌澎湃的今天,国外第二居所面临的挑战可概括为人口变化、社会变化和空间环境挑战三大方面。

人口变化挑战。人口数量的减少、家庭结构的变化、老年化社会的来临,减少了潜在的第二居所业主数量。

社会变化挑战。社会结构、社会分化、社会文化的变化,令维持第二住宅变得困难。

空间环境挑战。用地空间的紧缺、过度城市化、环境变化,一方面海滨各度假地没有足够土地可用,另一方面度假地开发过度与趋于城镇化,环境污染和压力的增加,将减少二居业主的效用。

相形之下,中国第二居所发展存在的问题与面临的挑战如下。

存在的问题:①开发模式问题。部分度假地沿袭工业开发区开发模式,导致了二居度假环境趋于城市化现象。②产业配套的问题。第二居所对于产业配套的经济带动较弱。③管

---

① “近半数中高收入居民想到郊区购买第二居所”,《北京日报》,2004年3月13日。

理政策的完善问题。市场与开发商都不成熟，法规与规则不健全，缺乏一个诚信的大环境。④酒店业与第二居所的关系问题。第二居所将加重酒店业供过于求、经营普遍亏损的症状。⑤环境问题。二居度假地建设与国际水平的度假环境无论软硬件均有较大差距。⑥风险问题。不规范开发、滥用"返租式"售房方式，虚假宣传、合同骗签引发大量的投诉与纠纷。

面临的挑战：①管理挑战。行业管理水平低，政府主导，多头开发。②运营挑战。尚未有既成熟规范又能赢利的二居开发模式出现。③市场挑战。市场不成熟，投机色彩浓。④社会挑战。滨海楼盘主要面向外地买家，本地人买不起，可能加剧社会分化。⑤资源环境挑战。随着度假城市常住人口的迅速增长，存量资源瓶颈和环境风险日益突出。⑥泡沫经济的挑战。炒房投机引起滨海度假城市土地价格上涨，加重了房地产泡沫的风险。⑦购买者的度假习惯的挑战。中国大众度假习惯尚未形成，第二居所发展难成气候。

（二）研究意义和问题

1. 研究的意义

本文通过对不同地域背景、不同发展性质的典型案例进行比较研究，试图从不同空间层次解析第二居所现象特征，具有以下现实意义：①对滨海和郊区度假地房地产开发、建设、运营提供务实性的指导；②对于度假目的地旅游升级、创新休闲度假产品提供战略指导；③对于解决地方居住问题和基于二居的休闲度假的发展提供指导。

同时，本文的研究具有以下理论意义：①将度假与第二居所结合起来的专门研究，国内尚无先例。本文的研究，有助于强化国内"基于度假的第二居所"领域的理论探索。②培育旅游与房地产研究新的学科交叉生长点，推进第二居所的深度研究。③构建中国第二居所的研究规范，澄清某些认识误区。建立起共享的学术语言，为国内度假研究和第二居所研究搭建共识概念平台。

2. 研究的问题

第二居所问题是一个综合性问题。通过对国内外研究的回顾，结合获取的案例资料基础评估，在繁茂芜杂的二居现象中，本文试图回答下列三个问题：①第二居所空间分布及其影响因素；②第二居所与度假地的关系；③第二居所对于东道地的影响。

二、第二居所国内外研究进展

（一）国外研究进展

国外第二居所现象植根于深刻的社会经济变化(Coppock，1977b)。在更广泛的住宅问题背景下，国外学者联系社会经济与旅游业的宏观背景，对发展、影响、政策等主要方面进行了多角度、多层面的探讨，试图解释有关第二居所现象的原因，寻找其内在规律。这些研究集中在发展研究、社会影响、经济影响、政策研究和研究方法方面。

1. 发展研究

二居发展研究主要包括以下四个方面的内容。①发展原因分析。以新的生产和消费发展模式来解释近年来全球范围第二居所旅游经历的复苏（Williams，Hall，2000）。②二居与旅游地关系研究。一般认为，第二居所开发将带来旅游地社会空间变化（Deffner，et al.，2004），但二居旅游可抵消度假地常规旅游业的衰退影响（Strapp，James，1988），对于乡村地区的可持续发展是一个良好选择（ Müller，2002）。③二居产品研究。主要有私家会所（PRC）市场、产品、营销特征研究（Hobson，Wallace，2002）。④旅游地生命周期。Gerda等人（1998）研究了处于旅游地生命周期后停滞阶段的滨海度假地目前的发展；Strapp 等人（1988）对加拿大安大略省 Sauble Beach 地区的案例研究表明，二居发展具有平衡与抵消常规旅游的衰退的作用。

2. 社会影响研究

社会影响研究涵盖了社会文化、地理空间、主客冲突、感知研究、旅游迁移、动机研究、逃离机会等多层面的内容，是国外第二居所研究的主战场。

（1）社会文化。第二居所开发可能会带来东道地社会文化的转型（Girard，Gartner，1993）；这种转型可能有助于保护边缘地区的现存文化（Grahn，1991）。

（2）地理空间。第二居所将引起东道地土地、住宅权属和景观变化（Riebsame，Gosnell，Theobold，1996）。通过一种休闲“绅士化”的过程，二居业主重新创造出一个类传统的平行社会，一个与当地人“共享而又分离”的地理空间（Ward，Lowe，Seymour，1995）。

（3）主客冲突。Phillips（1998）认为二居及其服务设施的维持，是空间竞争问题的核心。Williams 等人（2003）论述了二居目的地主客冲突①。“生活方式者”与当地社区的价值观冲突（Müller，2002），可能升级为政治冲突（Phillips，1998）。

（4）感知研究。二居所有者对于东道地的感知，对于他们决定将社区作为永久居住地至关重要（Girard，Gartner，1993）。在决定社区发展方向上，第二住宅业主的感知与常住居民的感知一样会发生重要影响（Girard，Gartner，1993）。

（5）旅游迁移。Haldrup（2004）根据居住、航行和漂流三种不同的“移动模式”，探讨了旅游中迁移的社会和文化复杂性。Visser（2003）探讨了消费主导的和生产主导的移民体系

---

① 比如，他们注意到，在新西兰等葡萄种植区域，二居业主并不欢迎当地葡萄栽培的实践活动中吓鸟器和直升飞机的使用。对这些业主而言，优美乡村葡萄园的宁静画面才是最有吸引力的。另一个案例与托斯卡纳（Tuscany）的英国移民有关。这些移民对当地的捕猎活动感到震惊，即便这些活动具有深远的传统根源，并是当地区域家庭的经济来源。

的形式。Williams 等人(2000)研究了有关旅游的移民的特定形式和特征，认为旅游与社会经济是旅游迁移的主要影响因素。

(6) 动机研究。Pettersson(1999)对瑞典别墅的外国度假业主的研究发现，度假动机取决于业主的来源地与研究区域之间的距离①。德国二居业主的普遍动机是生活方式的考虑，而挪威二居业主的动机则为休闲放松和多种户外活动②。

(7) 逃离机会。在国外购买和消费第二住宅，被认为是对城市生活的一种逃离③。Chaplin 等人(1999)分析了法国乡村的英国二居业主在国外购买和消费二居带来的逃离机会、活动内容和满意度。结果显示，暂时的度假逃离与在英国的都市生活之间达成了某种平衡。

3. 经济影响研究

二居发展对全球各地经济的影响也各不相同(Telfer, 2002)，可从正、反两方面来认识这种影响。就正面影响而言，二居可增加地区税源，引发外汇收入、基础设施和休闲设施发展的积极增长(Bevins, 1974)，并有助于维持和确保已经存在的工作岗位(Müller, 1999)，较之其他形式的旅游更能抵抗市场的变化(Müller, 2002)。就负面影响而言，二居需求可能引起财产税的增加，促使当地物价、农业用地和村镇土地价格的上涨(Riebsame,1996)，减少当地居民买得起的住宅供给(Hoogendoorn,Visser, 2004)，并可能引发经济漏损影响，强化经济发展的对外依赖性(Mihalic, 2002; Telfer, 2002)。

对当地经济产生影响的一个重要前提是第二居所与永久居所之间的距离。随着距离增加，第二居所业主停留的时间增加，这意味着某些供给品无法从第一居所带来，而只能在当地购买。因此，在当地的花费随之增加。

4. 第二居所政策研究

20 世纪 80 年代以前，二居引发的一系列潜在问题和影响尚未显化，90 年代以来，随着二居问题的显化，二居政策的针对性、有效性研究得到显著加强。

对于英国乡村开展的系列研究工作(Gallent et al., 2001、2003)，集中体现了上述特征。研究结果表明：①相对于二居需求因素，规划限制带来的供给压力更为关键。②二居

---

① Pettersson 注意到，距瑞典北部较远的德国业主与距瑞典北部较近的挪威业主存在明显的动机差异。德国业主更倾向于体验有别于日常生活的东西，寻求安静和未被破坏的自然，期望接触当地的人民并参与到当地社区生活中；而挪威业主更倾向于临近城市的、允许开展多种户外活动的地方。他们钟情滑雪，乐于与同乡和度假者交往，对和当地人的联系没有兴趣。造成这一切的原因是距离因素。

② 在这种背景下，乡村地区被认为是提供城市日常生活中渴望的价值和质量。电影和文学对环境的重建证实了 Squire (1994)的观点：人们喜欢游览象征童年的价值和真实性的环境。

③ 正如 de Certeau(1984)所说，乡村第二居所所有者可以说是购买了社会错失的一种形式，突破日常化的存在到达另外一个生活空间。这里的工作和休闲是一种更简单的生活方式的更广泛的展示。

只反映了住宅市场外部需求的一个方面。如果政策仅仅是降低二居的购买，这只会提高其他外部购买者的机会，依然会对当地居民造成损害。③在实践中，必须根据当地环境、市场理解和住宅需求的整体评估而定，才能制定适合地方需要的、具体的、正确的第二居所政策。

5. 研究方法

研究方法涉及统计资料法、访谈法、问卷调查法、旅行日记法、量化研究法等。借鉴已有成熟理论和技术成果，多种方法的应用，使得研究建立在更加可信的资料和分析基础上(表 1)。总体上，具有明显的社会学研究的方法取向。

表 1 国外第二居所研究方法比较

方法	要点	应用案例
统计资料法	依据国家或地区较完备的有关二居业主背景、房地产交易等统计资料开展研究分析。	美国劳工统计局(BLS)对每年至少花费 500 美元在第二居所的户主进行的调查。
访谈法	通过焦点小组访谈或图解式的访谈得来的经验性证据展开调查和分析。	法国乡村的英国第二居所业主的研究。
问卷调查法	根据研究问题与调查对象的性质，采用合适的问卷设计技术，度身订造专门的问卷进行调查分析。	瑞典南部二居社区德国二居业主的研究。
旅行日记法	依据度假者的旅行日记，作为研究重要的基础资料来源。	丹麦度假迁移的研究。
量化研究法	采用模型等研究方法，在空间分析方面，辅以 GIS 等技术手段，进行相关评价和量化分析。	对希腊的 Evoikos 海岸、瑞典南部、美国威斯康星、科罗拉多州的四个山地度假县的研究。

(二) 国内研究进展

1. 研究评估

我国正式发表的学术期刊中，尚无“第二居所”这一概念。在此以词义和内涵基本相同的“第二住宅”概念进行回顾分析①。

① 对“中国期刊网”1994～2005 年期间登录的学术论文进行检索，尚未出现“第二居所”的研究文章。可以初步判定，在目前国内学术研究中尚无“第二居所”之说，此处的综述参考“第二住宅”的文章，二者属异词同义。

以“第二住宅”为关键词，对“中国期刊网”1995～2005年期间登录的学术论文进行检索[①]，共得到相关的学术文章11篇，并以此为基础，进行初步归类分析，结果表明：①这些文章中10篇出现于2000年以后，说明我国第二住宅的研究起步于本世纪初[②]，历程尚短；②成果数量不多，每年发表的论文仅1～2篇，六年时间全国共发表10篇，说明研究力量薄弱，关注度低；③研究者集中度高，在10篇文章中，冯健等3人就占了7篇，其他人合计仅有3篇；④研究主题集中度高，在10篇文章中，论述发展对策、发展分析、居住郊区化者各占2～3篇，合占文章数量的70%，研究主题显得较为单一狭窄。

2. 研究内容

(1) 第二住宅发展的背景

滨海地区和大城市周边第二住宅的发展潜力巨大(张仲伍等，2005)；以度假、养老、投资为目的异地置业，尤其是到旅游度假胜地购买第二居所的需求日益旺盛(刘艳红，2005)。

(2) 第二住宅的空间分布特征

我国第二住宅呈随机—集中—沿交通线和风景区分布的趋向(冯健等，2000)。住宅郊区化与二居具有密切关系(蒋达强，2002；张文忠等，2003；冯健等，2004)。居住格局反映了城市社会空间的结构特征(张雪筠，2005)和商品住宅的空间分布(张翔，2000)。

(3) 第二住宅发展影响因素

主要涉及社会分化、观念变迁、住房改革(冯健等，2000)、经济水平、城镇发展、假日休闲、就业求学、银行政策(田萍等，2003)等。政策、经济、环境和自然要素的综合影响，决定了第二居所的发展机制和城市空间分布特征(张仲伍等，2005)。

(4) 第二住宅产生的影响

第二住宅对社会经济的正面效应包括：刺激消费，扩大内需，吸引投资，引导储蓄，带动房地产业和相关产业的发展，促进国民经济快速增长(田萍等，2003)；负面效应包括：治安、税源流失、经济、环境、生态、社会、资源分配等社会问题(冯健等，2000；田萍等，2003；张雪筠，2005)。

(5) 第二住宅发展历史和概念考据

有的学者通过回溯中国古代第二居所的发展，从历史演化的角度，辨析、考据了二居的源流和相关概念的含义(冯健等，2000；戚名琛，2002)。这些工作，对于从纵向的角度来透视第二居所的性质，具有积极的意义。

---

① 2000年以前，尚未出现以“第二住宅”为关键词的学术研究文章。

② 最早发表的一篇(郭亮彩，1996)是关于欧洲度假住宅动态介绍的文章，不能算严格意义上的研究文章。

综上所述，国内研究集中度高，主要关注影响因素、发展影响、空间分布、机制对策、发展考据等方面。总体来看，研究尚未引起广泛的学术关注，已有研究视野较窄，流于表层化、一般化，对于内在规律的揭示不足。而“基于度假的第二居所”领域，在旅游视觉、旅游影响、旅游迁移、旅游感知、旅游地发展、规划管理等角度的研究目前还是一片空白。

（三）国内外研究比较

基于国外、国内第二居所在研究角度、研究内容、空间范围、理论方法、研究阶段状况评估方面的比较分析，可以得出以下结论。

在研究角度上，国外的角度较为多元化、多学科交叉进行，研究视野更为开阔；国内研究主要集中在地理、城市、人口方面，角度相对单一，缺乏旅游考虑。

在研究内容上，国外以第二居所影响研究为重点，是一种后向研究；而国内研究集中于第二居所影响因素研究，是一种前向研究（图 1）。

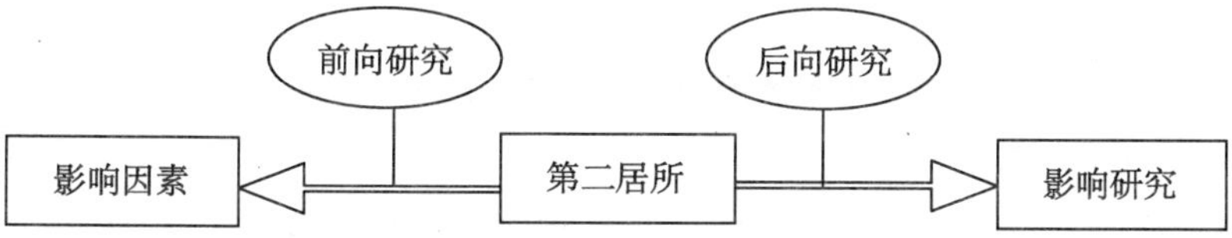

图 1　第二居所研究内容的两种指向

在空间范围上，国外的研究呈现“乡村与海滨导向”，而都市区第二居所问题较少受到学术关注；国内第二居所研究则呈“城市导向”，“自上而下”地集中研究在郊区化背景下的城市地区，普适性有待加强。

在理论方法上，国外学术界借鉴、发展一系列已有成果，采用多种技术手段获取资料并展开分析，结论说服力较强；而国内研究目前缺乏理论、方法，鲜见案例实证研究。

在研究阶段上，国外二居发展历史悠久，自 20 世纪 70 年代初以来，总体上经历了描述性积累、概括性分化、专题性提升三个发展阶段；国内第二居所的研究源于 2000 年以后，整体上处在一个初始的阶段（图 2）。国内外第二居所学术研究的差距，以这一专题博士论文的出现为标志来度量，至少有 25 年的时间。需要说明的是，中外第二居所研究的差距主要体现在观念及方法，即规范性方面，这种差距本质上是社会经济整体发展水平的差距，不是学者个人的差距。

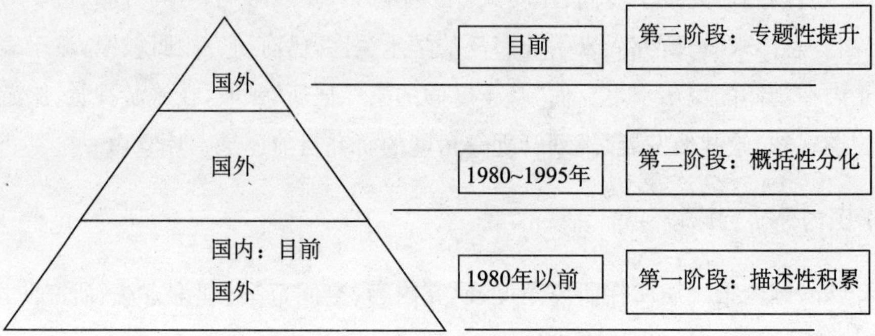

图2　第二居所研究阶段金字塔

三、研究方法

（一）研究设计

在现阶段，国内第二居所研究主要关注第二居所"是什么"，而不是"为什么"的问题。因此，本文的研究逻辑是从经验出发，去观察、了解研究对象，而不是预先设定理论假设然后加以检验。这样做的目的，是为了防止在现象考察和资料收集的过程中，产生过于明显的主观倾向性。在这样的逻辑下，产生了如图3所示的研究总体思路。

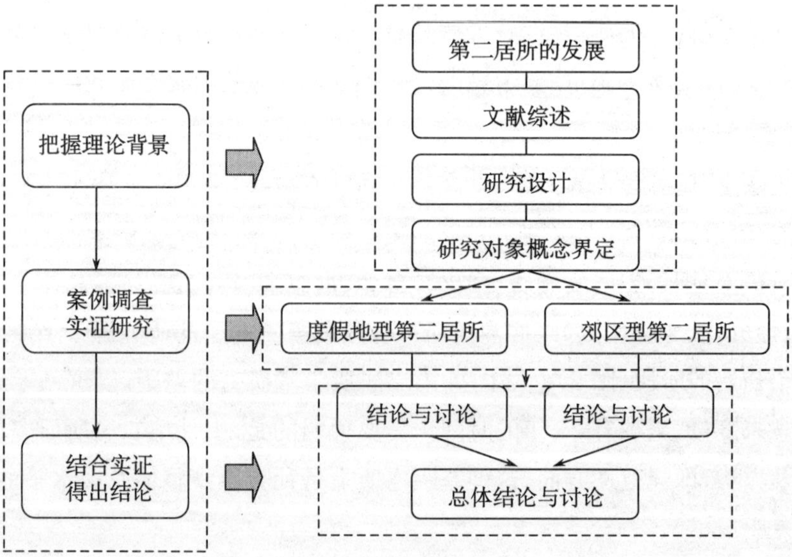

图3　本文研究框架

(二) 研究方法

1. 研究方法

第二居所作为一种性质和特征未经透析的全新现象，轻易套用现行理论进行解释意义不大。在中国特定的社会发展背景下，为了研究“第二居所”问题，需要多角度综合考虑众多现象和因素。在方法的选取中，采用更宽泛的、包容性更强的立场，以便深入了解各种背景因素，可能是有益的。因此，本文不以任何先验的理论作为指导，而是借用一系列较为成熟的定性方法以开展研究。

(1) 实地调查法

这是一种理论构建型的定性研究方法，通过深入到研究对象的生活背景中，以参与观察和访谈等方式收集和分析资料，来理解和解释现象。在本文研究中，笔者通过对海南省三亚市、广东省佛山市案例地进行实地调查，了解第二居所楼盘的空间分布等个性特征情况，以此获取丰富的第一手材料，许多观点与认识就源于这一实地调查的过程中。

(2) 深度访谈法

该方法是根据访谈提纲的提示，通过向被访者提问、交谈和记录了解关键信息，属定性研究方法范畴。在本文研究中，通过对游客、本地人、业内人士、管理部门官员、二居业主等多种利益相关人士的访谈，得到了许多书面材料中无法反映的鲜活信息，从而丰富了对于第二居所问题的认识。

(3) 文献研究法

通过收集现有的各种文字、图形、数据等文献资料，来探讨各种社会关系、社会现象和社会行为的研究方法。本文以收集到的官方统计数据为基础，并结合政府职能部门文件、工作报告、规划文本、国内外研究文献等资料，进行综合研究分析，为立论提供依据。

(4) 问卷调查法

问卷调查法具有标准化、直观化、定量化等特点，是通过样本高效率地了解总体的一种社会学研究方法。在本文中，问卷调查法作为辅助手段使用，一是郊区型二居研究中用于分析游客特征；二是度假地型二居研究中用于了解本地人和游客对于房地产的感知，以补充实地考察和访谈的不足。

2. 案例地的选择

案例地选择主要基于两方面的考虑：一是案例自身的代表性。基于案例的调查研究，能够产生普适性的研究成果；二是对于研究对象和问题的可进入性，有助于获取第一手资料。这样，将为取得有说服力的研究成果打下良好的基础。

(1) 选择三亚市的原因

选择三亚作为度假地型案例地的原因,从宏观来看有:①具有现象的广泛性,度假地型第二居所发展在三亚已成为一种广泛发生的空间现象;②具有案例的典型性,三亚这一标志性目的地的研究,有助于把握我国海滨度假地型第二居所的分布和发展、影响规律;③具有过程的典型性,三亚第二居所的发展具有相对确定完整的过程,便于从中研究时空规律。从微观来看有:①三亚市区是一个第二居所发展的"万花筒",二居数量既多,相应的空间形态和类型又全;②三亚是第二居所影响的一大策源地,以之作为研究重点,顺应了目前度假旅游发展的趋势和潮流,并呼应三亚城市发展战略,具有现实指导意义。

(2) 选择佛山市的原因

选择佛山作为郊区型的案例地,主要基于以下考虑:①这是一个在郊区化背景下,从城市和旅游交叉的角度展开研究的案例;②在城市空间融合背景下,通过对佛山城—郊—度假地三类不同尺度和性质的空间的考察分析,有助于认识二居现象的复杂性及其影响的多元性;③就脱胎于历史名镇的新兴现代化城市而言,本文研究将为其他区域的后续比较研究,提供一个具有较强普适性的基础。

3. 调查过程与资料说明

(1) 调查过程

从2003年10月至2005年11月,共历时两年,调查的范围以佛山、三亚两个不同类型的案例地为中心,并涉及海口、黄山、千岛湖等地的对比调查,先后共进行了九次实地调查,主要的过程和调查项目、内容见表2。

表2 主要调查过程和内容

类型	编号	时间	地点	调查内容
核心调查	①	2003年10月10～12日	佛山市域和南国桃园等度假区	区域考察,部门访谈,收集资料。
	②	2003年11月18～19日	松岗镇和南国桃园度假区	访谈和园内问卷,房地产项目考察。
	③	2003年12月6日	松岗镇和南国桃园度假区	管理、规划、旅游、土地、酒店和房地产调查。
	④	2004年11月6～10日	三亚市	房地产全面考察,部门调查访谈、资料收集。
	⑤	2005年11月1～7日	三亚市	部门调查、资料收集、踩盘、深访和问卷调查,商业调查。

续表

类型	编号	时间	地点	调查内容
外围调查	⑥	2004年4月8～12日	黄山市	度假地型房地产项目考察。
	⑦	2004年10月26至11月5日	海南岛海口、文昌、琼海、万宁、陵水、五指山等地	度假区房地产全面考察，省市部门调查、资料收集、踩盘、访谈。
	⑧	2005年5月10～12日	千岛湖和杭州市	度假地型郊区型房地产项目考察。
	⑨	2005年10月29～31日	海口市	房展调查、踩盘、部门访谈，深访和问卷调查。

(2) 资料说明

本文研究所用的资料分为文字资料和图片资料两类。

文字资料又可分为第一手资料和第二手资料。主要包括：①调查问卷；②访谈记录，包括当面访谈、电话访谈和网上专题讨论；③国家、省、市社会经济统计年鉴；④政府职能部门的统计数据、文件、工作报告、规划文本等；⑤企业营销宣传资料，包括售楼书、会展资料等；⑥有关传媒报道，包括网络报道和报纸报道；⑦国内外相关研究文献。

图片资料主要包括以下三个方面的内容。①照片资料。笔者和其他相关人员在调查期间拍摄的有关研究对象的数码照片。②从网络上下载的研究区域地图，包括卫星图、城市地图、相关要素分布示意图(如酒店、家庭旅馆、楼盘等)，以及笔者根据这些图形绘制的第二居所及其要素空间分布示意图。③其他图片资料。从网络、报告、图书、模型中翻拍、拷贝、借用的图片。

四、研究介绍

(一)第二居所的概念、特征和类型

1. 第二居所的概念和定义

(1) 国外对于第二居所概念的研究

在国外，第二居所一直是一个颇多歧义、充满争议的概念。现列举国外学者对于第二居所概念的一些代表性看法如下。

①第二居所旅游是发生于世界许多海滨、湖滨、乡村和山区的一种独特的旅游形式

(Jackson 1986 ;Buller, Hoggart, 1994; King,Warnes,Williams, 2000)。②第二居所是受法定契约保证、用于暂时度假居住的私人财产(Tress,2002),具有季节性、游憩性、偶然性使用和不可移动及非服务性特征。③第二居所分布于城乡,包含城市边缘带的房地产,但不含可移动的接待设施(Coppock, 1977a;Mellett, 2003),其使用是一种游憩性使用,有别于永久性居住行为(Visser,2003)。④第二居所使用者不一定是业主,但都是旅游者(Jackson, 1986; Gartner, Girard, 1993),有时被视为边缘旅游者(Cohen, 1974)。⑤第二居所包括用于第二居所目的的住房,并涵盖所有相关的关系、行为和行动(Visser,2003)。⑥二居生活是日常生活在不同环境中的再现(Tress, 2002)。第二居所与第一居所存在动态关系(Downing, Dower, 1973),给鉴定和度量带来了困难。

表3 中国古代第二居所相关概念辨析

概念	释义	典籍或实际例证
乙第、外第、别第、别邸、别宅、别舍、别馆、别次、别府	不论有无园林山水,正式宅居以外备一时之用的宅邸居所	《晋书会稽文孝王道子传》:"于是修之归于别第。"
		唐·王勃《春思赋》:"河阳别舍抵长河,丹轮绀宪相经过。"
		清·蒲松龄《聊斋志异·爱奴》:"赁舆载归,停诸别第。"
		《史记·李斯列传》:"治离宫别馆,周偏天下。"
墅、墅舍、别业、别庐、别馆、别墅、别所、别庄	有园林见山水的、正式宅居以外的游憩居所	《晋书·谢安传》:"于土山营墅,楼馆林竹甚盛,每携中外子侄往来游集。"
		《南齐书·周山图传》:"山图于新林立墅舍,晨夜往还。"
		《晋书·刘琨传》:"时征虏将军石崇河南金谷涧中有别庐,冠绝时辈,引致宾客,日以赋诗。"
		石崇《思归引序》:"笃好林薮,遂肥遁于河阳别业。"
行宫、离宫	京城之外帝王居所	唐·白居易《长恨歌》:"行宫见月伤心色。"
		清代夏宫承德"避暑山庄",又名"热河行宫"、"承德离宫"。

资料来源:根据冯健、刘之浩(2000)和戚名琛(2002)等人的研究整理。

(2) 第二居所的定义

我国居住文化博大精深,第二居所现象在中国古代早已存在,区别于正宅或本宅、主宅之外居所的概念和称谓,至少在西汉初期,就已经形成兴起(冯健、刘之浩,2000;戚名琛,2002)。学者们对于中国古代第二居所相关概念源流、类型及其含义进行了研究,现概括如表3所示。

在综述国外对于第二居所概念研究的基础上,本文提出了一个基于度假的第二居所的定义如下:第二居所是指拥有产权或通过长期租约租赁的一处财产,作为平常住在他处的家庭或个人临时性度假生活的居所，具有配套休闲化、生活度假化、区位偏向化、环境差异化、市场多元化、需求提升化等特征。

这一定义与国际上已有第二居所的概念本质上是一致的，将为展开学术争论提供一个有用的起点。

（3）与相关概念的比较辨析

表4、图4从基本含义与第二居所的关联两个方面，对于第二居所与相关概念的关系进行了比较辨析。

表4 第二居所与相关概念的比较分析

概念	基本含义	与第二居所的关联
第一居所	日常常住的居所	第二居所的对应概念及重要参照
第二住宅	强调居住、居住与城市的关系，而不是居住与度假的关系	第二住宅从城市的视角看问题；而第二居所从旅游的视角看问题
二次置业	业主的二次置业，不一定用于第二居所居住，有可能用于出租或投资等	二次置业不等于第二居所
第二套房子	可能用于投资、出租，而不是用来休闲、度假居住	与第二居所生活方式内涵不同
第二居所社区	已具有第二居所特征的社区	本文使用、研究的重要概念
度假地产	用于度假居住的房地产	本文第二居所的母概念
度假别墅	本宅之外用来游玩、休养的山水园林房屋	属第二居所的一种类型
度假村	包含酒店、娱乐等配套设施与活动的综合性度假接待服务基地	度假村内开发的别墅、公寓等物业可成为第二居所
家庭旅馆	与酒店竞争；经营性度假接待设施	第二居所的应用方向之一
宿营地	汽车、帐篷等过夜住宿设施和场所	与第二居所的区别在于“宿”与“居”
小木屋	用于钓鱼、野外临时住宿的简易居所	被视为非正式的、体验型第二居所
传统酒店	常规性旅游接待设施	不属于第二居所范畴
培训基地	以培训为主要功能的住宿接待设施	非第二居所
移动住宿设施	大篷车、帐篷、营地、汽车住宅	二居以外的住宿设施
旅游房地产	具有旅游特征的房地产	与第二居所有关的宽泛的概念集合
景观房产	依托周边旅游资源，房景交融	部分景观房产可能是第二居所

续表

概念	基本含义	与第二居所的关联
运动屋村	高尔夫、登山、滑雪等运动胜地开发的度假公寓(别墅)项目	可能吸引一部分第二居所业主
分时度假	拥有某一时段的度假地房屋使用权,并可以通过交换系统进行交换	属不完全产权的第二居所,介于房地产和饭店之间的中间产品
产权酒店	将酒店的每一个住宿单位分别出售给业主进行投资和自用	分时度假形式之一,业主具有投资者和使用者双重身份
时权酒店	出售酒店的住宿单位一定年限内的时间份额的居住权	分时度假形式之一,使得第二居所的使用权分散化
时值度假型酒店	可凭所购分数选择消费不同时间、地点、档次的度假住宿设施	分时度假形式之一,促使第二居所使用权分散化
共管公寓(别墅)	将公寓(别墅)的单元住宿权分割出售、由专业管理公司统一经营管理	分时度假形式之一,促使第二居所使用权分散化
养老物业	退休前投资、退休后养老自用	分时度假形式之一,用途阶段性变化的第二居所

资料来源:作者根据《中国旅游报》、《中国旅游房地产网》、刘艳红(2005)、刘赵平(2002)等的相关资料整理。

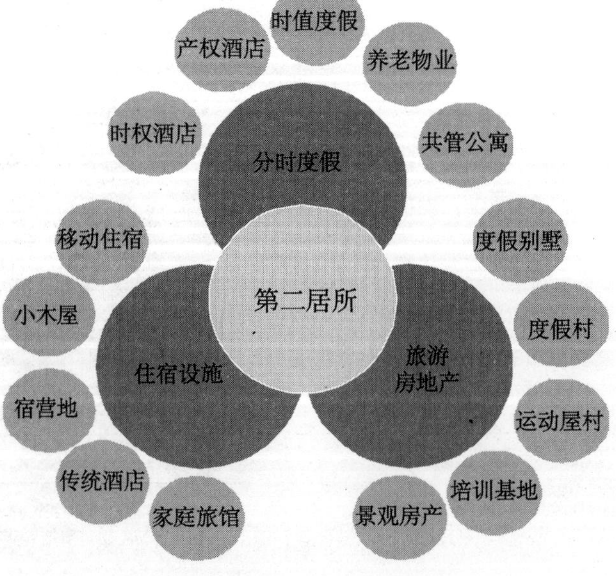

图 4　第二居所与相关概念的关系

2. 第二居所的特征

(1) 产品特征——配套休闲化

第二居所主要是为“候鸟型”生活方式者服务，因而具有明显的配套休闲化特征。它区别于常规性的酒店、家庭旅馆，及其大篷车、帐篷与营地等移动性接待服务设施，是一种自用的自助式休闲态物业。

(2) 功能特征——生活度假化

第二居所是生活方式的选择，其主要功能是：脱离日常生活环境，令人真正进入贴近自然的休闲状态，享受度假居住、娱乐消遣、游憩观光、修身养性、颐养天年的乐趣。

(3) 区位特征——区位偏向化

在宏观上，第二居所区位一是偏向度假地分布，集中在三亚等著名度假地；二是偏向郊区分布，在大都市郊区不断出现。在微观上，二居业主因收入、文化和籍贯等因素的相似聚类而居，出现“扎堆”现象，如三亚近年兴起的“东北村”，这实质是社会分化在居住空间上的一种体现。

(4) 环境特征——环境郊野化

第二居所是接近大自然、净化心灵的居所，是一种具有天然环境属性的房地产。环境是第二居所第一位的吸引因素。依托山水、森林、海滩等稀缺性的自然资源和开阔空间构成的优美、清新、宜人的休闲环境，第二居所令人远离尘嚣、返璞归真、投身自然，让心灵得到彻底的放松和安宁。

(5) 市场特征——市场多元化

第二居所市场类型丰富、层次多样：既包括以外地为主体、主要消费远程度假产品的高端市场，如候鸟型、养老型、商务型、疗养型等细分市场，也包括以本地或近域为主体、主要消费郊区化居住产品的中低端市场，如周末型、养老型、商务型、家庭型、投资型等细分市场。

(6) 需求特征——需求提升化

第二居所是在满足基本居住需求基础上，为满足提升层次的需求而进行的二次置业。它通过个性化、多样化服务手段，提供超越第一居所生活必需的、具有独特内涵的科学化、合理化、人性化的生活方式，从而满足丰富人生体验、平衡精神世界、追求自我实现的心理需求。

上述特征可以概括为一个六分法范畴进行描述(表5)。

3. 第二居所的类型

根据产品档次、物业形态、使用目的、空间分布、依托资源等不同角度，第二居所可分为不同类型(图5)。

按产品档次，可分为面对富豪市场的高端型第二居所和面向中产阶层的经济型第二居所;按物业形态,可分为农家小院、别墅、公寓等类型;按使用功能,可分为完全自用、部分自用和完全他用等类型;按空间分布,可分为度假胜地、城镇郊区、度假—郊区过渡等类型;按依托资源,可分为(海滨、湖区、山地、温泉等)自然资源型、(高尔夫球场、主题公园、水库等)人造旅游资源型两大类。

表 5 第二居所特征分类描述

特征类型	特征要点	特征描述
产品特征	休闲配套	面向"候鸟型"生活方式者的休闲家居配套
	临时居住	在时间分配上,是临时性、非常住、非日常的
功能特征	度假生活	近自然环境下的度假居住、游憩、娱乐、养老等
	脱离日常	脱离日常生活环境,令人真正进入休闲状态
区位特征	宏观偏向	一是度假地偏向性;二是大都市郊区偏向性
	微观聚类	业主聚类而居,出现"扎堆"现象
环境特征	回归郊野	稀缺性资源构成的优美、清新、宜人的环境
	亲近自然	接近自然、净化心灵、具有天然环境属性的居所
市场特征	类型丰富	细分市场类型丰富、层次多样
	多元并存	高中低档市场多元并存
需求特征	满足个性	修身养性、丰富人生的个性化生活方式
	提升自我	满足自我提升与实现的心理需求

上图 5 五分法分类框架内,以不同分类方法划分的各种第二居所类型之间,实际上存在着某些内在联系与交互关系。例如,物业形态与产品档次的关联——农家小院形态相应于经济型产品;而别墅形态则相应于高端型产品。在第二居所分类研究中,明确认识到这一点,对于我们从不同角度看待纷繁芜杂的第二居所现象时,保持内在思维逻辑的同一性,或许是不无裨益的。

(二)度假地型第二居所研究——三亚案例

1. 三亚市第二居所发展背景研究

(1)三亚旅游业的特点和发展

三亚市位于海南省最南端,拥有海岸线 209 公里,是我国唯一的热带海滨城市。是中国热带海滨旅游资源最丰富、最密集、最完整的地区,全年适宜开展海上旅游活动。其中"热带"、"海滨"、"天涯海角情结"是三亚市旅游的特色,对国内游客有极大的吸引力。三亚目前

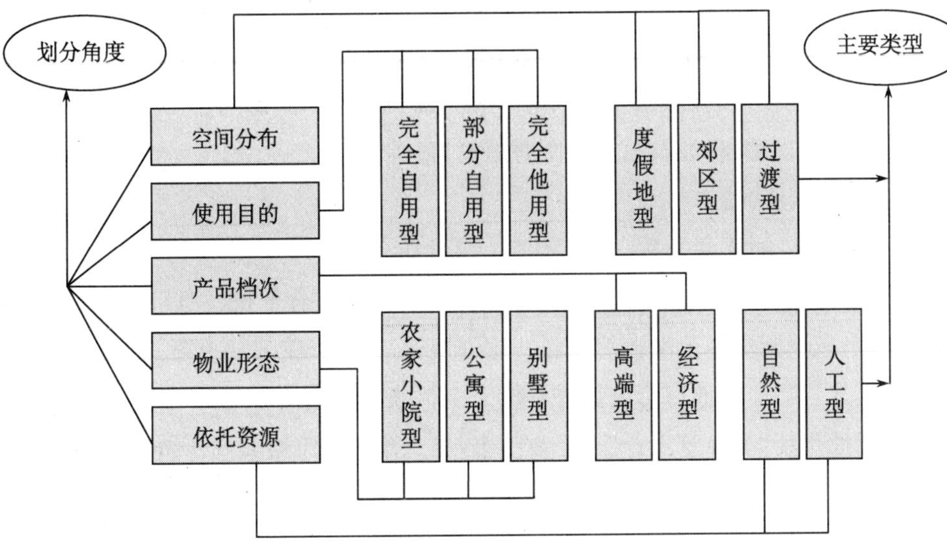

图 5　第二居所主要类型分析框架

的旅游业集中在沿海一带,形成明显的"带状"布局。

在度假大众化、体验化和市场需求旺盛的背景下,三亚旅游在海南旅游中和全市经济中的地位不断提升,目的地形象、信息化水平、市场理性得以改善,旅游内容由观光向度假观光并重转换。传统景区将在"第二居住地的建设"中被边缘化,三亚将由"销售旅游"转向"经营城市";由标志性景观的吸引,转向城市整体的吸引。

三亚旅游与第二居所的发展互相促进,共生共荣。旅游升级推动了三亚房地产业的发展。第二居所有助于促进城市旅游的发展,增加消费理性,规范市场环境。对于目的地的形象塑造和长期稳定发展也具有重大意义。

(2) 三亚房地产的发展

三亚房地产经历了房地产泡沫和 2000 年以来的快速增长,2005 年后进入平稳发展时期,在三亚市的作用与地位不断提升。

三亚市房地产主要特征有:客源和楼盘空间分布上体现出较强的集中化特征;旅游带动房产业的兴旺;产权式酒店等新型产品渐成雏形;海景房小户型受青睐;房价增长过快,空置现象出现;规模化发展;以增量房市场为主。

三亚第二居所存在的问题是:已售房屋季节性空置,使用率低;城市配套建设问题;旅游业与房地产业脱节的问题;土地资源供求矛盾的问题;海滨城市化与环保方面的问题;房地产开发"民族化"特色缺失;产品结构不合理,房地产高端产品缺乏;二手房交易不规范,以公证代替办证,体现了三亚房地产市场的不成熟与不稳定。

现行税收和交易程序政策，对房地产二级市场具有负面影响。因为第二居所独特的季节性度假特点，真正能买下来长期居住的人只占20%～30%。很多来此买房的人在休闲度假的同时，确实带有投资的因素。二手房转让征收的税负太高，影响了二手房的交易行为；而由于堵死了转让出路，将波及第二居所新房销售。

2. 三亚第二居所的影响分析

(1) 三亚与海口的竞合关系

三亚与海口具有两种截然不同的城市生态，城市个性各有千秋。海口具有城市底蕴的舒适休闲环境，三亚则更多浪漫自然色彩。这种差异，直接影响着两地第二居所细分市场定位与发展的差异。目前两地房价走势并不能完全代表市场潜力。海口、三亚两地可面向全国性乃至全球性市场，加强分工合作、互为借鉴，通过差异化策略实现产品与资源互补、客源共享，实现竞合共赢，实施“第二居住地”的城市发展战略。

(2) 酒店业发展与第二居所

三亚的酒店可分为商务酒店、度假酒店，会议酒店、产权酒店及家庭旅馆。截至2003年底，三亚市拥有酒店99家，报建和在建的酒店有16家。星级酒店的结构呈现出两头小、中间大的橄榄球形分布，且呈星级数越来越高之势。家庭旅馆主要集中在市区，多由空置第二居所转化而来，面向满足散客和中低端消费者为主。目前，家庭旅馆、产权酒店的火爆与传统酒店的过剩并存，家庭旅馆、产权酒店加大了住宿设施的供给，分流了原本属于传统酒店的部分客源，引发酒店削价竞争、财税流失等问题。这折射了二居发展与酒店业的矛盾。

(3) 关于本地人可负担住宅——经济适用住房

三亚人均GDP和人均工资收入水平较低，因此本地市场需求规模极其有限。而外来客户消费能力较强，导致三亚住房消费出现“两极分化”的现象。

面对三亚本地居民在三亚房地产市场中被边缘化的现实，发展经济适用房主要是为了解决收入者的居住问题。虽然三亚早期推出的经济适用房因位置较偏，生活配套不完善而空置较多，但根据城市人口和总人口增长情况，估算未来五年内三亚共需新增50万平方米的经济适用住房。

(4) “高考移民”是第二居所潜在的社会影响

随着官方鼓励外地人来三亚购房定居，外来购房与移民入住人口数量日益增加，三亚“高考移民”问题将有强化趋势。二居移民可能引发原住民和移民在争夺教育资源方面的潜在冲突。

(5) 养老基地的形成

在我国老年社会背景下，养老观念变化，“候鸟老人”群聚居区形成。在三亚的东北养老者追求康体疗养，以工薪阶层为主。他们购房置业、谋职就业和参与当地事务，促进了三亚经济社会的良性发展,同时促进了东北生活模式的移植,增加了三亚城市生活形态的多样性。

"东北老年人休闲中心"等度假疗养基地,通过为老人提供家乡特色的餐饮、出游、锻炼、节日活动等服务,从而创造了一个"家外之家",丰富和提升了养老生活质量。该中心的成功经营表明:利用气候差异和城市度假环境,与第二居所的发展相结合,建设和经营面向老年人的度假疗养基地,具有较好的市场前景。领头人物的组织、策划和先锋体验者的介入,是此类项目成功的关键。

养老基地的发展,对于三亚减少滨海房地产的空置、建设第二居住地,对于营造养老社区、解决好养老退休生活问题,均具有积极意义。

3. 三亚第二居所的空间分布

三亚二居总体分布特征是:在售楼盘以海景盘居多,集中分布于市区和三亚湾,其次为大东海和亚龙湾。海景盘以三亚湾居多。市区盘占有相当比例,郊区盘发展较快。在建项目位于市区,拟建项目多位于市区和大东海,多已确定开发商,规模较小,最大规模的项目位于海坡地区。

市区二居的分布特征是:空间集中程度较高、地段性强,具有滨水、交通、行政、生活导向。市区开发规模较小而郊区较大;楼盘多沿河和在老城区内分布;距海越近,房价越贵。

在市场空间分布方面,国内除西藏以外都有购房客户来三亚购房,以长三角、东北、北京等"两区一都"等岛外市场为主,呈现一定的高端化趋势。海南本地(多属新移民)比重较少,西北地区客户和国际客户有所增加。在购房者中,广东人比例较低。原因在于广东与三亚的气候差异性小以及广东市场理性程度高,很少人跟风投资炒房。

三亚第二居所空间分布的影响因素是:区位—气候因素,资源—环境因素,用地因素,市场因素和配套因素。各个因素影响作用内涵如表所示(表6)。

表6 三亚第二居所空间分布影响因素

<table>
<tr><th>内 涵</th><th>影响因素</th><th>评 述</th></tr>
<tr><td>宏观、中观区位是发展旅游吸引外地游客的前提,微观区位决定楼盘个性</td><td rowspan="2">区位—气候因素</td><td rowspan="2">构成二居分布的第一内在条件</td></tr>
<tr><td>气候令三亚成为理想的二居布局之地</td></tr>
<tr><td>丰富的资源决定了三亚旅游的个性</td><td rowspan="2">资源—环境因素</td><td rowspan="2">构成二居分布的第二内在条件</td></tr>
<tr><td>独特的生态环境决定三亚二居风格的热带海洋导向</td></tr>
</table>

续表

内　涵	影响因素	评　述
滨海房价的上升源自开发用地的稀缺	用地因素	构成二居分布的第三内在条件
满足度假功能的二居级差地租规律导致了地价越向海边越贵		
开发规模则受用地供给量支配		
长三角环渤海地区为二居发展带来需求旺盛的客源	需求因素	构成三亚二居分布的外在条件
在城区开发二居可兼顾本地和外地市场的需求		
可达性、城市环境康体设施的改善提升	配套因素	构成二居分布的第四内在条件
旅游城市特色生活服务设施完善		

上述五个方面的影响因素，通过内在—外在条件作用机制，形成度假地型第二居所的空间分布格局（图 6）。

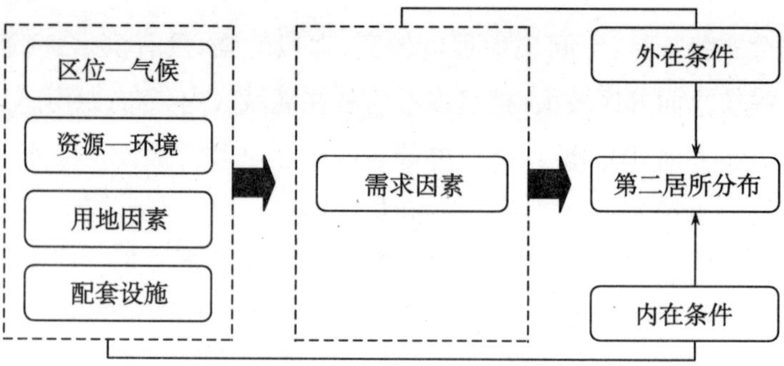

图 6　度假地型第二居所分布内在—外在条件作用机制

第二居所的发展强化和改变了既有旅游地域空间，最终将导致“两个三亚”的形成，产生三亚旅游的地域“二元”结构，使得高端度假（亚龙湾）和大众度假（市区）出现空间分化。

邻接区域是市区（包括老城区、大东海、三亚湾）。它是第二居所的集中分布区域。这是目的地主要的空间扩展区域，也是人口与就业增长的集中区域，面向综合性市场，发展城市休闲度假。

非邻接区域是亚龙湾。发展以高级酒店为载体的度假，位置独立、用地有限、人口稀少、缺乏商业设施。面向中高档度假客人，发展高级公务、商务、会务。

4. 第二居所与城市游憩商业区发展

(1) 研究的意义和界定

开展 RBD 的研究，对于三亚取长补短，适应城市目的地升级发展的形势，具有积极的理论和现实意义。鉴于本文研究的三亚市区内，本地居民与第二居所度假者融合程度较高的特性，本文采纳"将 RBD 作为游憩与商业结合物"的基本观点，同时纳入度假居住的考虑，从二居分布、家庭旅馆、酒店分布、休闲游憩环境四方面来分析第二居所与 RBD 的关系。研究的空间范围是市区和大东海。

(2) 第二居所的分布

知名餐饮场所和购物场所集中于老城区，令这里成为本地人和外来游客购物、餐饮和夜生活主要的消费区域，进而成为第二居所的一个集中分布地域。

(3) 家庭旅馆和酒店的分布

为依托第二居所、满足休闲游憩的需要，并受交通、环境、配套因素的影响，家庭旅馆多位于新的商品房小区，接近老城区和海边。酒店则集中在老城区，沿河、沿海、沿城市干道分布。酒店客源的季节性，影响关联服务业的经营。

(4) 三亚 RBD 的空间范围

综合第二居所、家庭旅馆、酒店和休闲游憩环境等要素的分布，老城区较全面地显示了 RBD 的主要特征，是目前三亚市 RBD 所在。

在这一以解放路为中轴线、面积不到 5 平方公里的空间范围内，聚集了各类第二居所楼盘、家庭旅馆和中低档酒店等住宿设施和风味美食、购物场所、休闲游憩设施场所近百处，并以这些要素综合而成独特的度假城市生活氛围，构成对外来第二居所游客、家庭旅馆游客和中低档酒店游客的强大吸引力。

这一区域，山、海、河、城四位一体相依相融。聚集了红树林、湿地、湖泊等自然环境要素、众多亲水景观和游憩休闲设施，以及各类居住城市文化场所，为市民和游客提供了一个休憩、康体、放松和社交的适宜空间，将成为三亚旅游产业升级发展的战略空间。

(5) 第二居所对 RBD 的影响

RBD 的分布，体现了"住宿导向"因子的影响力。一是通过住宿设施供给吸引市场需求，并令 RBD 功能更加多元化；二是拓展了度假居住空间，推动 RBD 区域的升级发展；三是带动三亚房地产市场价值的形成，促进旅游目的地的转型。

5. 三亚产权酒店研究

(1) 三亚产权酒店概况

①三亚得天独厚的自然环境，吸引了众多产权酒店的落户。海南八家产权酒店中就有五家集中在三亚[①]。分别是三亚湾的天泽海韵度假酒店、海航度假酒店(二期)、天福源滨海温泉度假酒店以及亚龙海的天域度假酒店(二期)、华宇皇冠假日酒店。②从分布来看，三亚

① 另外三家是兴隆的康乐园产权酒店、海口的南海传说产权酒店、陵水的香水湾产权酒店。

已开发的五家产权酒店中，三家位于三亚湾、两家位于亚龙湾，均处于一线海景。③上述产权酒店用地规模较小，以小户型居多；均采取观海设计和高档精装修，并配套完备的健身休闲和水上运动设施，突出滨海特色。

(2) 运营方式

①产权形式。在40～50年的产权期内，与业主签订经营合同，业主一般有投资、部分自用、完全自用三种经营方式可选，并且经营方式可换。②入住规定和优惠。业主使用酒店住宿须提前预约。鼓励业主淡季使用酒店。为促进销售，对于业主消费酒店其他服务项目，设置了VIP折扣优惠。③产权变更。业主产权自有程度越高，变更产权的自主性越强。④管理方面。除华宇皇冠委托了国际酒店管理集团管理，其他的项目都是自己或委托国内酒店管理公司管理。除海航外，其他几家产权酒店还未能实现异地交换入住的服务。

(3) 经营状况

① 从售价看，三亚产权酒店全部定位于中高端，均价超过7 000元/平方米。其中亚龙湾产权酒店的售价是三亚湾的2～3倍(表7)。②所有项目基本上选择了户外广告、参加房展、自办促销会等常规推销形式；部分委托了代理公司销售；而海航度假酒店则借助集团的品牌、空中、连锁等优势拓宽了宣传渠道。③付款方式。所有项目都推出了银行按揭服务，

表7 三亚市五家产权酒店的经营状况

项目＼酒店	天泽海韵	天福源	海航度假酒店(二期)	天域度假酒店(二期)	华宇皇冠假日酒店
起价(元/平方米)	4 000	6 300	7 000	20 000	13 000
均价(元/平方米)	7 000	8 200	11 000	25 000	17 000
开盘时间	2002年8月	2003年4月	2002年	2004年1月	2003年10月
推销方式	网络、报纸、围墙与路牌广告、酒店放置资料、房地产展销会	酒店、网络、路牌、报纸、委托专业公司代理销售	利用海航品牌及空中和连锁优势，路牌、杂志、促销活动	酒店、网络，在酒店一期大堂设销售处进行直销、展销会、户外广告等	香港公司策划及销售代理、机场户外广告、国内大城市直销
按揭方式及折扣	10年按揭7成，1次性付款95折	25年按揭，1次性付款98折	20年按揭，1次性付款99折	10年按揭6成，1次性付款98折	10年按揭4成，1次性付款98折
销售率(%)	90	80	90	85(认购)	40
经营情况	2004年7月营业入住率60%	2004年春节营业入住率60%	酒店入住率年均65%	酒店一期入住率在70%以上	未投入使用

资料来源：根据三亚市房地产交易所"三亚产权酒店项目调查表"整理。

但相对于普通商品房按揭年限要短、首付款比例要高；所有项目对于一次付款都有折扣优惠。④除华宇皇冠销售速度较慢外，三亚产权酒店的销售顺畅。目前投入营业的三家产权酒店经营情况良好。

(4) 三家代表性产权酒店分析

①销售价格。地处亚龙湾的华宇皇冠较高，而地处三亚湾的天福源、天泽海韵较低；另一方面，由于房间景观的差异，各项目最高、最低价之间的差距也较大。②销售率。从销售率来看，地处三亚湾的天福源、天泽海韵业绩良好，而亚龙湾二线地段的华宇皇冠的销售业绩不尽理想。是否临接一线海景对于项目销售的好坏至关重要。③销售市场。总体上，客户中八成以上来自岛外，以北京、上海、浙江等发达地区和北方寒冷地区为主(表8)。④从户型面积大小来看，套内面积在40～80m^2左右的较受消费者追捧。

表8　三家产权酒店购房客户区域比例

地区	上海	江浙	东北	海南	北京	西北	其他地区
比例(%)	18.8	17.1	16.5	14.2	9.4	9	14

资料来源：根据三亚市房地产交易所提供资料整理。

(5) 产权酒店的影响和存在的问题

产权酒店将使购房者可选择的余地加大，将进一步缩小二手物业的流通空间；加剧了三亚酒店行业的竞争压力；引导酒店业和房地产业向高档化、个性化方向发展；影响三亚旅游业的空间布局。

对市场管理提出新的挑战。产权酒店的大堂、餐饮、运动娱乐等公共设施该如何分摊？这些公共部分能否单独出售、抵押？目前没有明确的法律规定。“分时度假”概念在我国实行的条件还不成熟。

投资与利用方面的问题。投资潜在风险较大；过分投资将引发房地产泡沫风险；空置率高。

有关政策门槛。国家已下文将产权酒店“固定回报”的做法列为违法行为；三亚市政府规定：一线海景地原则上将不再用于商品房的房地产开发；缺乏相关法规制约，投资的政策风险较大。

(三) 郊区型第二居所研究——佛山案例

本章从三个不同层次的区域，从人地关系的角度，探讨郊区型第二居所现象特征、影响因素及发展影响。①第一层次：城市层面——集中探讨城市化、郊区化背景下第二居所在城市空间的分布及影响因素。②第二层次：地方层面——重点研究工业化、城市化和区域发展背景下，第二居所的潜在地方影响和与周边区域的关系。③第三层次：度假地层面——主要分析外部需求变化、度假地持续发展背景下，二居发展与度假地的关系（图 7）。

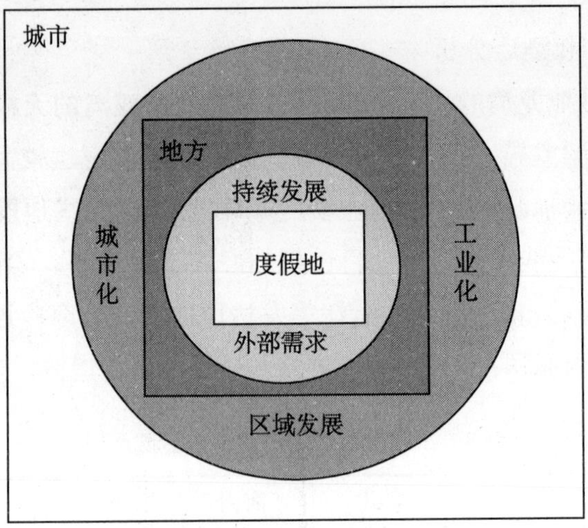

图 7 郊区型第二居所研究的三个层次

1. 佛山第二居所发展背景研究

（1）佛山城市发展

佛山位于珠江三角洲腹地，是一座古老而又年轻的城市。改革开放以来，佛山社会经济迅猛发展，成为中国城市化水平较高、旅游需求和居住需求最旺盛的地区之一。2002 年底，佛山行政管辖范围扩大为一市五区，全市社会经济跨入了崭新的历史阶段，明确了“2＋5”城市组团规划格局，城市容量和中心城区范围扩大，促进新的空间融合。佛山与广州在产业、交通、城市设施、信息、社会、城市管理等方面逐步实现全方位空间融合，构成“广佛都市圈”，影响着居住、游憩和社会空间的形成和发展，为以广佛居民为主体目标市场的房地产业带来新的发展机遇。

（2）佛山房地产的特征

品牌竞争加剧，超级大盘越来越多。众多外地实力房地产商通过土地的争夺，纷纷进入佛山房地产市场，楼盘规模庞大，品牌竞争愈演愈烈。房地产品牌竞争促使市民居住观念升级，对于开发提出了更高的要求。

面向广佛都市圈，市场理性程度高。佛山房地产以广佛都市圈居民为主力客源，同时兼顾外地买家。相对于国内长三角等地市场而言，佛山房地产自用率高，消费者较为理性，这使得佛山的房价比较规范，并不存在过度炒作泡沫。

产品多样化和个性化加强。房地产市场和产品定位更趋多元化，不同楼盘产品采取错位化的个性定位，从而满足了不同的细分需求。

居住布局集中与分散并行。随着配套设施的完善建设，新规划的中心城区将吸引更多人置业定居。另一方面，由于城市中心用地趋于饱和，房地产企业向郊区大举进军，利用用地和自然资源优势，打造休闲型低密度郊区化住宅。

二次置业与二手房市场快速发展。以旧换新、以小换大以及二次、三次置业的现象越来越多。旧城改造搬迁的市区内移民、企业的职工和农村进城务工、经商的人逐年增加，促使市区二手房交易迅速发展，增长潜力巨大。

2. 佛山第二居所空间分布

关于类型特征。佛山第二居所属郊区型，分布广泛，以别墅＋公寓为主，可分为三种类型：位于度假区内的度假区型；依托高尔夫球场发展的高尔夫型；依托花卉、果园、茶园等特色农业资源发展的农业型。

关于空间分布格局。呈现"一核一弧"的格局(图 8)，在"一核一弧"范围内，第二居所楼盘的数量较多、密度较高、类型全面，与周边社区存在物质与社会形态的显著差异。二居分布集中度高，与资源潜力存在空间错位：集中于工业化发达的南海区、顺德区。

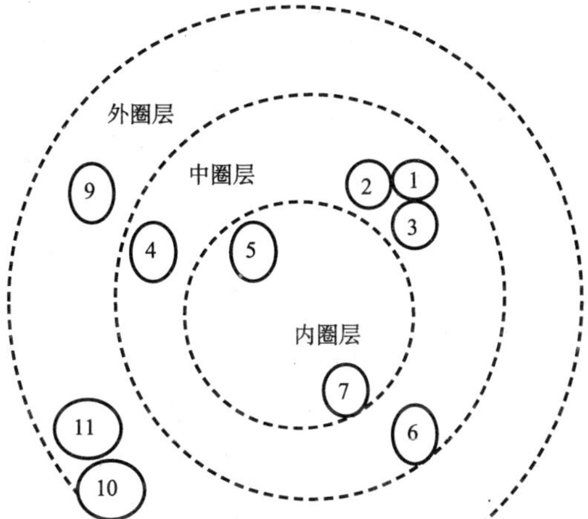

图 8　佛山环城游憩带上第二居所楼盘的空间分布

关于距离与等级分布。佛山第二居所楼盘主要集中在环城游憩带上的中圈层和外圈层，显示出较强的离心分布特征(图 9)。各个等级楼盘的数量较为均衡。度假区型的楼盘多属中小型；高尔夫型的楼盘以大型为主；农业型楼盘以超大型为主。

关于空间分布特征影响因素。受近郊化和广州因素的影响，空间结构呈"一核一弧"特

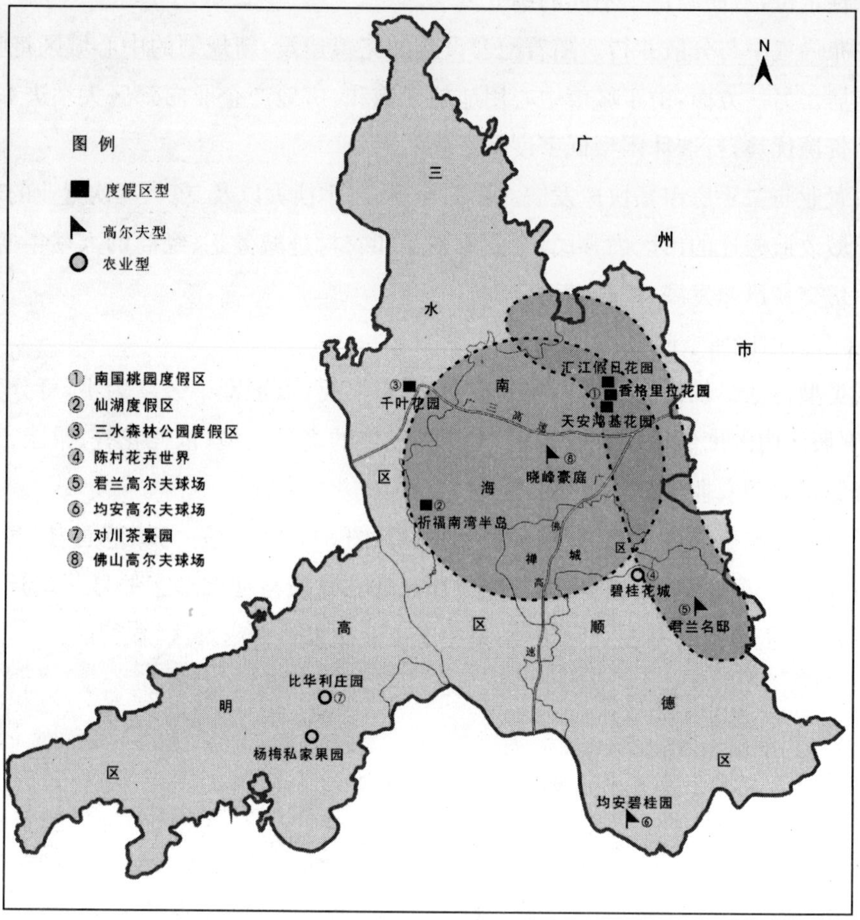

图 9　佛山旅游地和郊区型第二居所楼盘类型的空间分布

征。资源和环境因素的影响，决定了第二居所“三足鼎立”的类型特征。城市市场指向和“飞地”性质，决定了第二居所与周边社区之间二元化社会结构特征。前期行政割据和经济发展水平的差异，导致第二居所布局的地域差异。城市规划为第二居所增加了需求动力、拓展了用地空间、确定了第二居所重点发展区域，并以设施布局影响第二居所空间分布的聚散。交通条件的变化，决定了第二居所分布的距离递增特征。用地条件和地价因素，决定了第二居所大中型为主的规模分布特征。上述四个方面的影响因素，通过拉力—推力综合作用机制，形成郊区型第二居所的空间分布格局(图 10)。

3. 第二居所对东道地的潜在影响

以佛山南国桃园度假区第二居所为实例的研究显示，第二居所对于南国桃园所在的松岗镇的潜在影响体现在六个方面(表 9)。

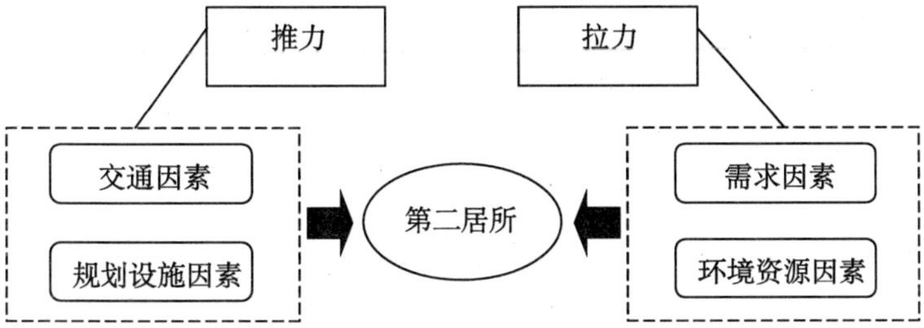

图 10　影响郊区型第二居所空间分布拉力—推力机制

产业影响。第二居所及其关联行业的协调发展，将优化产业结构，促进松岗产业的升级换代，使第三产业在松岗经济中扮演更为重要的角色。

用地影响。二居将加剧度假区的土地短缺矛盾，令周围松岗城镇和乡村社区地价抬升，并加速了工商、乡村、旅游功能用地之间的置换和用地组团的功能空间配置，有助于避免因发展工业而带来的环境问题。

居住空间影响。通过向南带动新城区，以重点地段新型高档住宅区开发为核心，实现南国桃园与镇区、新区与旧区的有机融合改变松岗居住空间布局，引导居住形态向城市模式转换。

社会影响。有利于打破南国桃园度假区内外二元化居住社会空间隔离；彰显南国桃园文化内涵的品牌价值，提升松岗的形象与美誉度，带来整体社会效益的增加；增加松岗人的就业机会和职业技能；带动松岗城镇品位的提高。

市场影响。城市和产业发展引发强大的本地需求；暂住人口增长提供了外部动力，居住观念的变化释放需求潜能。度假区与周边房地产的互动发展，既有助于吸引更多客人，又能让消费者有更大的选择空间。

表 9　第二居所对东道地影响因素的归类

主 要 含 义	影响项目	归类
提升第三产业，优化产业结构，促进产业升级	产业影响	优化供给
增加用地压力但缓解环境矛盾，强化土地功能空间配置	用地影响	
带动新城区和重点地段开发，优化居住空间布局	居住空间影响	
促进社会空间融合和就业，示范、区域定位和品牌效应	社会影响	满足需求
刺激本地居住需求，与本地市场良性互动影响	市场影响	
提高城市档次和水平，兼顾内外市场，促进区域营销和协调	城市化影响	

城市化影响。促进城市水平、标准和功能的提高，实现农村向城市的“空间转化”，农民向市民的“素质转化”，以及农业向非农业的“产业转化”。

上述六个方面的潜在影响大致可归结为两种类型：一类是供给性的；另一类是需求性的。产业、用地和居住空间影响属供给性的，旨在优化城镇的供给结构，从产业、用地和居住空间方面为当地的持续发展提供更强有力的保障。社会、市场和城市化影响属需求性的，主要是为了适应迅速变化的世界，满足地方不断提升进步的需求，在社会、市场和城市化方面保持足够的弹性和成长空间。

4. 第二居所发展与度假地的关系

南国桃园的发展和问题。南国桃园地处广佛都市圈，以高档休闲、度假与居住为特色。面临的主要问题有：产品与设施问题，管理体制问题，房地产发展问题，以及社会分化、竞争等外部问题。

南国桃园的三大楼盘。先后进入桃园的三大楼盘中，香格里拉定位于休闲度假，天安鸿基倡导生态居家理念，打服务牌和桃园牌，汇江假日定位于常住型第一居所。三个楼盘均以风情园林和现代洋房别墅为主。

度假地悖论。桃园的前期发展存在着“度假地悖论”，即度假区为了发展而破坏自然环境、日益倾向于城市环境。这种悖论因度假地发展模式和机制的不成熟而引起，其效应在于将桃园引向度假区定位和既定发展目标的对立面。

人口和空间影响。因房地产开发令南国桃园已成一个人口居住密度较高的地域（表10），与人口密度增加、空间重构相应而出现的一个趋势是：第二居所向第一居所的转化。这种转化体现在产品、配套和市场定位方面。

表 10 南国桃园估计人口密度与有关区域的比较

区域	2004 年			2020 年		
	居住人口（人）	面积（平方千米）	人口密度（人/平方千米）	居住人口（人）	面积（平方千米）	人口密度（人/平方千米）
南国桃园	7 000	7	1 000	12 000	8	1 500
大桃园区①	15 000	9.7	1 546	30 000	10.7	2 804
松夏工业园	15 000	4	3 750	25 000	10	2 500
佛山市	344.25	3 813.64	903	7 800 000	3813.64	2 045

资料来源：根据 2005 年佛山市统计年鉴、佛山城市总体规划、松岗总体规划、南国桃园访谈、楼盘销售数据整理。

① 大桃园区包括南国桃园和周边控制带。2004 年，周边控制带内涉及的五个行政村的人口总数为 27 000 人，实际居住在控制带内的人口数（含暂住与常住人口）估计为 8 000 人，加上桃园内居住的 7 000 人，估算出 2004 年大桃园区的实际居住人口数约 15 000 人。

第二居所发展对度假区发展的影响。就正面影响而言，明确和提升了桃园在广佛环城游憩带上的地位，使之得以发展和提升。就负面影响而言，令度假区"去旅游化"，在某种意义上沦为一种发展与保护难以调和的"问题区域"，逐步演变为城市的郊区居住社区。

五、主要的发现和结论

（一）关于国内外主要研究进展及其比较

国外研究处于较为成熟阶段。国外研究侧重于发展研究、社会影响研究、经济影响研究、二居政策研究。多种成熟理论和技术成果方法的应用，多角度、多层面的探讨，使得研究建立在更加可信的资料和分析基础上。

国内研究处于初级起步阶段。历程短，投入力量和取得的进展较为有限。研究集中度高，视野较窄，主要关注影响因素、发展影响、空间分布、机制对策、发展考据等方面。研究尚未引起广泛的学术关注，旅游视觉的研究尚属空白。

国内外研究具有不同特征。主要体现在研究角度、关注重点、研究导向、研究方法和研究历史等方面。

（二）关于第二居所的概念、特征和类型

第二居所是一个随社会而发展的概念。在本文的研究中，第二居所主要指满足休闲居住需求、修身养性、充分放松自我的居所。

第二居所的主要特征是：配套休闲化、生活度假化、区位偏向化、环境郊野化、市场多元化、需求提升化。

根据产品档次、物业形态、使用目的、空间分布、依托资源等不同角度，第二居所可分为不同类型。

（三）三亚案例研究的主要结论

1. 关于三亚第二居所发展背景

(1) 旅游处于升级发展转折点上。三亚旅游在海南旅游中和全市经济中的地位不断提升，传统景区将在"第二居住地的建设"中被边缘化，三亚将由"销售旅游"转向"经营城市"；三亚旅游与第二居所的发展互相促进，共生共荣。

(2) 房地产发展迅速，影响加强，特征与问题明显。三亚房地产近年增长迅速，受到官方高度重视。体现出较强的空间集中性和靠海性、房价剧涨，小户型与产权式酒店特征明

显，出现季节性空置、过度城市化、产品结构不合理等问题。现行税收和交易程序政策，对于房地产二级市场和第二居所发展具有负面影响。

2. 关于三亚第二居所的影响

(1) 在发展第二居住地方面，三亚和海口存在竞合关系。三亚和海口具有不同的城市生态，二者应加强分工合作、共享岛外市场，实施“第二居住地”战略。

(2) 第二居所加大住宿供给压力。因二居发展而引发的家庭旅馆、产权酒店的兴起，加大了住宿设施的供给，加剧了酒店业竞争。

(3) 本地需求有限，经济适用住房面向本地中低收入阶层。三亚本地需求有限，在房地产市场中被边缘化。住房消费两极分化严重，经济适用房是为满足中低收入者的居住要求。五年内三亚共需新增50万平方米的经济适用住房。

(4) “高考移民”问题可能激化。随着外来购房与移民入住人口的增加，二居移民和原住民争夺教育资源的潜在冲突将显化。

(5) 三亚“候鸟老人”群聚居区开始形成。养老者以工薪阶层为主，追求康体疗养，乐于参与当地社会，谋求房地产投资与就业，促进原住地生活模式扩散。老年度假疗养基地提供了家乡环境的综合性服务，具有较好的市场前景。

3. 关于三亚第二居所的空间分布

第二居所分布集中，偏向性强，以高端市场为主，受诸多因素影响。二居集中于市区、三亚湾、大东海和亚龙湾。市区二居具有滨水、交通、行政、生活导向和滨海指向性。购房客户以岛外市场为主，呈现高端化趋势。二居的主要影响因素是区位—气候、资源—环境、用地、市场和配套因素。

4. 关于第二居所与城市游憩商业区发展

三亚RBD位于老城区，第二居所影响和推动着RBD的升级发展。老城区是知名餐馆、购物场所、酒店、家庭旅馆和游憩设施集中地，吸引了第二居所生活方式者，而成为三亚市RBD所在。通过住宿设施供给、度假居住空间拓展和房地产带动，第二居所影响和推动着RBD的升级发展。

5. 关于三亚产权酒店研究

三亚产权酒店特征明显，面向发达地区和北方市场，经营良好，但面临政策、法律等障碍。三亚产权酒店具有滨海、经营方式灵活、高价、户型小、设计和配套好、自行管理等特征。主要面向经济发达市场和北方寒冷市场，目前销售与经营情况良好。海景因素对于项目销售的好坏至关重要。面临法律依据和保障不足、投资潜在风险较大，空置率高等问题。

(四)佛山案例研究的主要结论

1. 关于佛山第二居所发展背景

(1) 居住和旅游业面临新的契机。行政区域和规划的调整、与广州和珠三角的空间融合,令城市居住、游憩和社会空间重组,为居住和旅游业创造了新的机遇。

(2) 房地产发展机遇与挑战并存。品牌竞争加剧,超级大盘越来越多;面向广佛都市圈,市场理性程度高;产品多样化和个性化加强;居住布局集中与分散并行;二次置业与二手房市场快速发展。

2. 关于第二居所空间分布

(1) 佛山第二居所空间分布特征。以郊区别墅+公寓为主,旅游指向性强,可分为度假区型、高尔夫型、农业型三种类型。空间分布呈现"一核一弧"的格局,社会结构呈现二元地域结构。二居布局与资源潜力存在空间错位。二居楼盘集中于环城游憩带上的中圈层和外圈层,显示出较强的离心分布特征。

(2) 第二居所空间格局影响因素。近郊化和广州因素、资源和环境因素、城市市场指向和"飞地"性质、前期行政割据、经济发展差异和城市规划、交通条件的变化、用地条件和地价因素,影响着佛山第二居所分布的空间格局。

3. 关于第二居所对东道地的潜在影响

第二居所对于南国桃园所在的松岗镇的潜在影响体现在六个方面。包括供给性的产业影响、用地影响和居住空间影响、需求性的社会影响、市场影响和城市化影响。

4. 关于第二居所发展与度假地的关系

(1) 南国桃园的发展。南国桃园以高档休闲、度假与居住为特色,已形成成熟的商务度假、会议接待品牌。南国桃园的三大楼盘定位是:香格里拉—休闲度假康居;天安鸿基—优质服务生态居家;汇江假日—常住型第一居所。

(2) 南国桃园的问题和度假地悖论。产品设施老化、管理错位、资金用地紧缺、内部关系与环境矛盾、社区隔离、外部竞争等,令南国桃园成为一块"问题区域"。度假区为了发展而破坏自然、日益倾向于城市环境,构成了"度假地悖论",将把度假区引向其发展初衷的对立面。

(3) 人口空间影响。人口密度的增加导致度假环境的城镇化;促进周边区域的空间整治和优化;促使第二居所向第一居所转化。

(4) 第二居所对度假区发展的影响。正面影响:明确和提升了南国桃园的游憩和度假定位。负面影响:令度假区出现向非旅游地演变的趋势,促进"旅退居进"的过程;使得开发商借景营销;加剧了对近域市场的依赖和交通压力。

六、进一步研究的讨论

(一) 基础研究讨论

本文所述现象和问题纷繁复杂，具有“散点透视”的特征，与国外研究相比，囿于研究数据和调查深度的限制，第二居所影响和关系的某些重要方面，如第二居所影响效应、空间机制与旅游发展的相互关系等方面的归纳和规律概括未尽深入，在后续研究中，需要设法专门设计和采集调查数据，以支持研究结论的进一步提炼和完善。

通过了解国外第二居所学术关注的热点，充分借鉴已有经验和方法，结合中国特色的第二居所现象和问题，有助于形成研究的主攻方向和生长点，从“前向研究”逐渐转向“后向研究”，将第二居所的研究引向纵深，提高研究的解释与理论应用水平。鉴于第二居所问题和现象的综合性，应强化多学科参与、多角度透视，全方位扫描、多元化聚焦。努力扩大研究的参与面，通过一些基本问题的争鸣吸引更广泛的学术关注，积极扩大这一领域研究的影响。

(二) 实证研究讨论

1. 关于度假地型第二居所

在我国老年化社会和建设节约型社会的背景下，在旅游产业由观光向度假转型之际，第二居所的发展增加了城市游憩的重要性。二居转化的家庭旅馆和其他替代性形式，无疑丰富了旅游住宿选择的可能性。如何应对本地需求乏力的约束条件下，住房消费两极分化、二居市场单一和对外依赖、滨海土地资源耗竭、长期或季节性空置、政策与法律风险的挑战，对于度假地型第二居所发展可持续发展的重要意义。为此，下列四个方面的问题值得进一步深入探索。

空间研究。①第二居所空间分布形态的演化；②第二居所空间竞争研究；③退休社区的空间分布特征研究；④滨海第二居所空间分布的级差地租规律性。

影响研究。①第二居所对目的地的游憩和社会空间的影响；②产权酒店、家庭旅馆对城市住宿接待设施的影响；③养老者和第二居所生活方式者的行为对东道社区的影响；④滨海房地产空置问题研究。

市场研究。①旅游市场与二居客源市场的转化关系；②本地居住与外来需求的关系；③如何增加购房客源的多样性，减少二居市场的单一性。

政策研究。①“候鸟老人”退休社区发展和管理政策；②目的地第二居住地战略的有效性研究；③产权酒店发展涉及的法律法规、配套政策等难点问题。

2. 关于郊区型第二居所

本质上，二居并非南国桃园等郊区型旅游地问题的根源所在。南国桃园具有第二居所特征的房地产开发带来了一个人口密度日益增高的社区，进而出现“旅退居进”，第一居所取代第二居所、休闲游憩空间退化的趋势。在这种旅游发展的“问题地区”，把具有第二居所特征的房地产业放在旅游发展序列的优先位置上，是应受到诘问与质疑的。

在上述意义下，在区域社会经济一体化的背景下和郊区化过程中，第二居所空间分布形态的演化；第二居所在地方发展中扮演的角色，及其在城市与区域空间结构演化中的地位和作用，均是值得深入思考的问题。

参考文献

[1] Bevins, M. I. 1974. Impact on Taxes of Second Homes. *Vermont Farm and Home Science*, Vol. 16, p. 3.

[2] Brown, L. A. et al. 1994. Urban System Evolution in Frontier Setting. *Geographical Review*, Vol. 84, No. 3, pp. 249-265.

[3] Buller, H., K. Hoggart. 1994. *International Counter Urbanization: British Migrants in Rural France*. Aldershot: Avebury.

[4] Chaplin, D. 1999. Consuming work/productive leisure: the consumption patterns of second home environments. *Leisure Studies*, Vol. 18, pp. 41-55.

[5] Clark, P. A. 1992. Second home ownership: The case of Whistler Resort, British Columbia. *Unpublished MA dissertation*. Simon Fraser University (Canada).

[6] Clendenning, J. G. 2004. Seasonal homeowners, community change, and natural resources management in the amenity rich exurbs of the Wisconsin Pine Barrens. *Unpublished PHD dissertation*. The University of Wisconsin-Madison.

[7] Clout, H. D. 1969. Second homes in France. *Journal of the Town Planning Institute*, Vol. 55, pp. 440-443.

[8] Coppock, J. T. 1977a. Second Homes in Perspective. In Coppock J T (ed.) *Second Homes: Curse or Blessing?* Oxford: Pergamon Press.

[9] Coppock, J. T. 1977b. *Second Homes: Curse or Blessing?* London: Pergamon Press.

[10] Cohen, E. 1974. Who is a Tourist: A Conceptual Clarification. *Sociological Review*, Vol. 22, pp. 527-555.

[11] Deffner, A, J. Sayas, E. Panayotatos. 2004. Socio-spatial differentiations and second home settlement development: The case of the Evoikos coastal area in Greece. *Papers of the 38th ISOCARP Congress Urban Planning and the Pulsar Effect*.

[12] Downing, P., M. Dower. 1973. *Second Homes in England and Wales*. London: Countryside Commission, HMSO.

[13] Gallent, N., A. Mace. Tewdwr-Jones M. 2003. Dispelling a myth? Second homes in rural Wales. *Area*, Vol. 35, pp. 271-284.

[14] Gallent, N., M. Tewdwr-Jones. 2001. Second Homes and the UK Planning System, *Planning Practice and Research*, Vol. 16, pp. 59-70.

[15] Gallent, N., A. Mace, M. Tewdwr-Jones. 2005. *Second Homes: European Perspectives and UK Policies*. England: Asgate Publish Limited.

[16] Gartner, W. C. 1987. Environmental Impacts of Recreational Home Developments. *Annals of Tourism Research*, Vol. 14, pp. 38-57.

[17] Girard, T. C., W. C. Gartner. 1993. Second Home Second View: Host Community Perceptions. *Annals of Tourism Research*, Vol. 20, pp. 685-700.

[18] Grahn, P. 1991. Using tourism to protect existing culture: A project in Swedish Lapland. *Leisure Studies*,

Vol. 10, pp. 33-47.

[19] Haldrup, M. 2004. Laid-Back Mobilities: Second-Home Holidays in Time and Space. *Tourism Geographies*, Vol. 6, pp. 434-454.

[20] Hobson, Wallace. 2002. A research report on private residence clubs: a new concept for second home ownership. *International Journal of Hospitality Management*, Vol. 22, pp. 285-300.

[21] Hoogendoorn, G., G. Visser. 2004. Second homes and small-town (re)development: the case of Clarens. *Journal of Family Ecology and Consumer Sciences*, 32.

[22] Jaakson, R. 1986. Second-home domestic tourism. *Annals of Tourism Research*, Vol. 13, pp. 367-391.

[23] King, R., A. M. Warnes, A. M. Williams. 2000. *Sunset Lives: British Retirement to Southern Europe*. Oxford: Berg.

[24] Mellett, R. 2003. Second homes in perspective. *Unpublished report*. Department of Geography, University of the Free State, Bloemfontein.

[25] Mihalic, T. 2002. Tourism and economic development issues. In: Sharpley R. and Telfer D J (ed.), *Tourism and development: Concepts and issues*. Clevedon: Channel View Publications.

[26] Müller, D. K. 2002. Second home ownership and sustainable development in Northern Sweden. *Tourism and Hospitality Research*, Vol. 3, pp. 343-355.

[27] Müller, D. K. 1999. German Second Home Owners at the Swedish Countryside. *On the internationalization of the Leisure Space*. Umea University and Ostersund. European Tourism Research Institute. Mid Sweden University.

[28] Pettersson, R. 1999. *Foreign Second Home Purchases-The Case of Northern Sweden*, 1990-96. CERUM Working Paper.

[29] Phillips, M. 1998. Investigations of the British rural middle class: part 2, fragmentation, identity, morality and contestation. *Journal of Rural Studies*, Vol. 14, pp. 427-443.

[30] Riebsame, W, H. Gosnell, D. Theobold. 1996. Land Use and Landscape Change in the Colorado Mountains: Theory, scale and pattern. *Mountain Research and Development*, Vol. 16, pp. 395-405.

[31] Strapp, James D. 1988. The Resort Cycle and Second Homes. *Annals of Tourism Research*, Vol. 15, pp. 504-516.

[32] Telfer, D. J. 2002. Tourism and regional development issues. In: Sharpley R. and Telfer D J (ed.): *Tourism and development: Concepts and issues*. Clevedon: Channel View Publications.

[33] Tress, G. 2002. Development of Second-Home Tourism in Denmark. *Scandinavian Journal of Hospitality & Tourism*, Vol. 2, pp. 109-122.

[34] Visser, G. 2003. Visible, Yet Unknown: Reflections on Second-Home Development in South Africa. *Urban Forum*, Vol. 14, p. 4.

[35] Ward, N, P. Lowe, S. Seymour, J. Clark. 1995. Rural restructuring and the regulation of farm population. *Environment and Planning*, Vol. 27, pp. 1193-1211.

[36] Williams, A. M., C. M. Hall. 2003. *Tourism, mobility and second homes: between elite landscape and common ground*. London: Channel View Publications.

[37] Williams, A. M., C. M. Hall. 2000. Tourism and migration: new relationships between production and consumption. *Tourism Geographies*, Vol. 2, pp. 5-27.

[38] 保继刚:《旅游开发研究:原理・方法・实践》,科学出版社,2000 年。

[39] 丁名申、钱雷平:《旅游房地产学》,复旦大学出版社,2004 年。

[40] 冯健、刘之浩:“中国第二住宅发展的研究”,《地理学与国土研究》,2000 年第 1 期。

[41] 冯健:《转型期中国城市内部空间重构》,科学出版社,2004 年。

[42] 纪道林:“海南房地产市场基本判断与若干建议”,《中国房地产》,2004 年第 1 期。

[43] 蒋达强:“大城市人口郊区化与住宅空间分布的效应研究”,《人口与经济》, 2002 年第 3 期。

[44] 刘艳红:《中国分时度假发展研究——旅游房地产创新》,经济科学出版社,2005 年。

[45] 刘赵平:《分时度假・产权酒店——饭店业和房地产业的创新发展之路》,中国旅游出版社,2002 年。

[46] 潘丽丽:“杭州旅游房产专题研究”(未刊稿),2004 年。

[47] 戚名琛:“何时能少些浮躁多些实在:诸多离谱‘第二套住宅’论的剖析”,《中国房地产金融》,2002 年第 11 期。

[48] 三亚市城市规划局:“三亚市城市总体规划说明书”,2005 年。

[49] 三亚市国土环境资源局:“建设征用出让土地统计表(1997～2004)”,2005 年。

[50] 三亚市国土环境资源局: “三亚市房地产市场运行和处置积压房地产情况汇报”,2005 年。

[51] 三亚市国土环境资源局,三亚市房产局:“三亚房地产业‘十一五’发展规划”,2005 年。

[52] 三亚市旅游产业发展局:“旅游统计数据(1997～2004)”,2005 年。
[53] 三亚市旅游产业发展局:“三亚市重大旅游投资项目情况表”,2005 年。
[54] 三亚市统计局:“三亚市统计年鉴”,2004 年。
[55] 三亚市统计局:“房地产开发情况表(2001～2003)”,2004 年。
[56] 三亚市统计局:“房地产开发企业财务状况综合表”,2005 年。
[57] 三亚市统计局:“房地产开发企业主要指标综合表”,2005 年。
[58] 斯蒂芬·L.J. 史密斯著,吴必虎译:《游憩地理学——理论与方法》,高等教育出版社,1992 年。
[59] 世界旅游组织专家组:“海南省旅游发展规划”,2002 年。
[60] 田萍、张进:“走进第二住宅”,《金融经济》,2003 年第 5 期。
[61] 威廉·瑟厄波德著,张广瑞等译:《全球旅游新论》,中国旅游出版社,2001 年。
[62] 吴春园:“如何发展三亚的旅游房地产”,海南发展论坛,2003 年 6 月 3 日。
[63] 吴韶清:“香格里拉花园一片属于成功人士的乐土”,金羊网,2004 年 11 月 12 日。
[64] 夏鲁平:“第二住宅:海南地产的优势出路之一”,《特区展望》,2002 年第 7 期。
[65] 宣国富等:“三亚市旅游客流空间特性研究”,《地理研究》,2004 年第 1 期。
[66] 约翰·劳维、艾尔德·彼得逊著,赫维人译:《社会行为地理——综合人文地理学》,四川科学技术出版社,1989 年。
[67] 杨继瑞:“第二住宅现象的分析与趋势”,《国土经济》,2001 年第 6 期。
[68] 周一星、孟延春:“中国大城市的郊区化趋势”,《城市规划汇刊》,1998 年第 3 期。
[69] 张广瑞、魏小安、刘德谦、宋瑞著:《2003～2005 年中国旅游发展分析与预测》,社会科学文献出版社,2005 年。
[70] 张仲伍、孙桂平、赵志超:“我国第二住宅空间分布特征的初步研究”,《河北师范大学学报》(自然科学版),2005 年第 3 期。
[71] 张文忠、刘旺、李业锦:“北京城市内部居住空间分布与居民居住区位偏好”,《地理研究》,2003 年第 6 期。
[72] 张雪筠:“住房商品化与中国城市阶层空间分布的重构”,《理论与现代化》,2005 年第 2 期。
[73] 张翔:“上海市人口迁居与住宅布局发展的探讨”,《城市规划汇刊》,2000 年第 5 期。
[74] 中国城市规划设计研究院:“佛山市南海区松岗镇总体规划(2006～2025)”,2005 年。
[75] 中山大学风景与旅游研究所:“佛山市旅游发展规划(2006～2025)”,2005 年。
[76] 中山大学旅游发展与规划研究中心:“南国桃园旅游专题策划报告”,2004 年。
[77] 中山大学旅游发展与规划研究中心:“黄山市旅游总体规划旅游房地产专题报告”,2004 年。
[78] 中山大学旅游发展与规划研究中心:“海南省城乡总体规划旅游房地产专题报告”,2004 年。